JIANGXINORMALUNIVERSITY

江西师范大学博士文库专项资助成果

中国共产党
防范执政风险研究

A STUDY ON THE PRECAUTIONS
FOR CPC GOVERNANCE RISKS

肖子良 著

中国社会科学出版社

图书在版编目（CIP）数据

中国共产党防范执政风险研究/肖子良著．—北京：
中国社会科学出版社，2018.6
（江西师范大学博士文库）
ISBN 978 - 7 - 5203 - 2600 - 1

Ⅰ.①中…　Ⅱ.①肖…　Ⅲ.①中国共产党—执政—
研究　Ⅳ.①D25

中国版本图书馆 CIP 数据核字（2018）第 104782 号

出 版 人	赵剑英
责任编辑	郭晓鸿
特约编辑	席建海
责任校对	周　昊
责任印制	戴　宽

出　　版	中国社会科学出版社
社　　址	北京鼓楼西大街甲 158 号
邮　　编	100720
网　　址	http://www.csspw.cn
发 行 部	010 - 84083685
门 市 部	010 - 84029450
经　　销	新华书店及其他书店

印　　刷	北京明恒达印务有限公司
装　　订	廊坊市广阳区广增装订厂
版　　次	2018 年 6 月第 1 版
印　　次	2018 年 6 月第 1 次印刷

开　　本	710×1000　1/16
印　　张	21.75
插　　页	2
字　　数	301 千字
定　　价	96.00 元

目　录

绪　　论

一　选题背景和意义

（一）选题的背景

改革开放以来，中国社会发生了重大变革，这种变革在给我国经济社会带来巨大活力的同时，也带来了各种风险和挑战。胡锦涛同志在 2011 年 7 月 1 日《在庆祝中国共产党成立 90 周年大会上的讲话》中指出："全党必须清醒地看到，在世情、国情、党情发生深刻变化的新形势下，提高党的领导水平和执政水平、提高拒腐防变和抵御风险能力，加强党的执政能力建设和先进性建设，面临许多前所未有的新情况新问题新挑战，执政考验、改革开放考验、市场经济考验、外部环境考验是长期的、复杂的、严峻的。精神懈怠的危险，能力不足的危险，脱离群众的危险，消极腐败的危险，更加尖锐地摆在全党面前，落实党要管党、从严治党的任务比以往任何时候都更为繁重、更为紧迫。"① 这一论述准确判断并直面党所面临的"四大考验"和"四大危险"，振聋发聩，使人警醒。

党的十八大报告再次指出："全党必须牢记，只有植根人民、造福人

---

① 胡锦涛：《在庆祝中国共产党成立 90 周年大会上的讲话》，《人民日报》2011 年 7 月 2 日第 3 版。

民，党才能始终立于不败之地；只有居安思危、勇于进取，党才能始终走在时代前列。新形势下，党面临的执政考验、改革开放考验、市场经济考验、外部环境考验是长期的、复杂的、严峻的，精神懈怠危险、能力不足危险、脱离群众危险、消极腐败危险更加尖锐地摆在全党面前。不断提高党的领导水平和执政水平、提高拒腐防变和抵御风险能力，是党巩固执政地位、实现执政使命必须解决好的重大课题。"① 2012 年 12 月 25 日，习近平总书记走访各民主党派，在民建中央，习近平谈到了毛泽东和黄炎培在延安窑洞关于历史周期律的一段对话，称其至今对中国共产党都是很好的鞭策和警示。2013 年 12 月 26 日，习近平总书记在《在纪念毛泽东同志诞辰 120 周年座谈会上的讲话》中指出："全党要牢记毛泽东同志提出的'我们决不当李自成'的深刻警示，牢记'两个务必'，牢记'生于忧患，死于安乐'的古训，着力解决好'其兴也勃焉，其亡也忽焉'的历史性课题。"② 如何始终保持中国共产党的先进性和强大生命力，防范执政风险，巩固党的执政地位，是摆在当代中国共产党人面前的一个重大课题。

当前，世界形势的新变化、国内改革的新深化、党自身出现的新情况，使党执政面临着诸多风险和挑战，主要表现在：

当今世界的发展变化使党面临的风险和考验更加复杂。当今世界正处于大发展、大变革、大调整时期，世界经济格局发生新变化，国际力量对比出现新态势，全球思想文化、交流、交融、交锋呈现新特点。这样的时代背景使我们党维护国家利益、捍卫社会主义建设成果所面临的环境和情况变得更加复杂。当前，经济全球化既反映了当今世界生产力发展的客观状况，又是西方发达资本主义国家在经济领域向全球扩张的集中表现。只

---

① 胡锦涛：《坚定不移沿着中国特色社会主义道路前进为全面建成小康社会而奋斗——在中国共产党第十八次全国代表大会上的报告》，人民出版社 2012 年版，第 49 页。

② 习近平：《在纪念毛泽东同志诞辰 120 周年座谈会上的讲话》，2013 年 12 月 26 日。

要我们的社会主义国家还存在，只要中国特色社会主义事业继续向前发展，西方一些国家企图"西化""分化"我们以实现扩张的企图便不会停止。此外，随着我国越来越多地参与国际事务，由国际新霸权主义、新强权政治和全球化引发的经济摩擦、政治对抗、文化腐蚀、恐怖主义等诸多国际性问题将不可避免地影响到国家安全与稳定。我们党作为中国特色社会主义事业的领导核心，面对异常复杂的国际环境，绝对不能放松警惕，必须应对好各种风险和考验。

党的使命任务变化使党面临的风险和考验具有长期性。当前，我们党执政的中心任务是建设中国特色社会主义，实现中华民族伟大复兴的中国梦。党的使命任务和执政前相比，已经发生了根本性变化，客观上要求我们党必须把发展作为执政兴国的第一要务，作为解决中国一切问题的关键，坚持以经济建设为中心，全面深化改革，不断扩大开放，大力发展社会主义市场经济，解决好人民群众日益增长的物质文化需要同落后的社会生产之间的矛盾。实践证明，以经济建设为中心，大力发展国民经济是提高生产力水平、增强综合国力、改善人民生活的正确途径，但同时党在领导中国特色社会主义事业过程中也面临着一系列风险和挑战。随着改革开放不断深入和社会主义市场经济的不断发展，资源配置方式、社会结构、人民群众生产生活方式发生了巨大变化，不同群体的利益关系深刻调整，一些深层次的社会矛盾日益凸显，对党提高科学执政、民主执政、依法执政的能力和处理各类社会矛盾的能力以及化解各种风险的能力提出了更新更高的要求。国内改革发展过程出现的问题和矛盾如果得不到及时解决，党就得不到人民群众的拥护和支持，党的执政基础就会动摇，进而威胁党的执政地位。

党的历史方位变化使党面临的风险和考验异常严峻。江泽民同志指出："我们党已经从一个领导人民为夺取全国政权而奋斗的党，成为一个领导人民掌握着全国政权并长期执政的党；已经从一个在受到外部封锁的状态下领导国家建设的党，成为在全面改革开放条件下领导国家建设的党。"① 从革命党转变为执政党，从革命的环境转变为和平建设的环境，从封闭的计划经济转变为对外开放和发展社会主义市场经济，迫切需要改变党的领导方式和执政方式，加强党的先进性建设和纯洁性建设，不断提高党的执政能力和领导水平，以适应形势发展变化的需要。从历史上看，一些马克思主义政党比较好地解决了如何建设革命党的问题，但却在如何建设执政党的问题上走了弯路，甚至遭受失败，其主要原因还是经不起历史方位变化带来的各种考验。当前，面对新环境、新情况和新问题，我们党的执政能力还存在不适应不匹配问题，党的作风建设、反腐倡廉建设仍然任重而道远等。我们党所处历史方位的新变化和党的自身建设出现的新情况也使党面临执政风险和考验。

总之，在新形势下，中国共产党能否在领导中国特色社会主义事业的征程中有效地防范和抵御执政风险，直接关系党的执政地位、前途命运和生死存亡，最终关系党能否带领人民实现中华民族伟大复兴的历史使命和执政目标。本书正是基于此背景展开的讨论和论述。

（二）选题的意义

防范执政风险，既是执政党建设中的一个理论问题，也是执政党执政实践中一个具体的现实问题。改革开放以来，我国经济、政治、文化、社会和生态文明建设取得了巨大成就，综合国力日益增强，人民的生活水平显著提高。在这场广泛深刻的改革开放浪潮中，人们的思想观念发生了深刻变化，利益格局经历着重大调整和变动，新的社会问题和矛盾不断增多，威胁党安全执政的因素明显增加，我们党执政面临许多新的、严峻的挑战和风险。认真分析和深入研究社会转型期中国共产党的执政风险，寻

---

① 《江泽民文选》第 3 卷，人民出版社 2006 年版，第 282 页。

找解决问题的有效途径，对于正确处理改革、发展和稳定的关系，维护国家安全稳定，防范执政风险、巩固党的执政地位具有重要意义。

1. 理论意义。

中国共产党防范执政风险问题研究有利于进一步坚持和发展马克思主义党的建设理论特别是执政党建设理论。国际共产主义运动历史经验证明，马克思主义关于党的建设基本理论是指导无产阶级政党的正确理论，但是 20 世纪 80 年代末 90 年代初，苏联和东欧一些社会主义国家的无产阶级政党纷纷丧失政权的沉痛教训说明，无产阶级政党的建设理论不能停滞不前，必须随着社会和时代的发展不断丰富和发展。执政风险是执政党建设理论和实践中的一个重要问题，研究中国共产党防范执政风险问题，分析和总结其规律，进一步推进党的建设理论的实践性和科学性，对于完善和丰富党的建设理论具有重大的理论意义。

2. 现实意义。

首先，从世界角度来看，在国际视野中，研究无产阶级政党防范执政风险问题，有利于推动国际科学社会主义的实践。中国是世界上最大的社会主义国家，加强对防范执政风险的研究，维护中国共产党的执政安全，推动社会主义在中国的成功实践，有利于增强国际社会的社会主义力量，推动国际共产主义运动。

其次，防范执政风险研究有利于增强党的忧患意识、危机意识和执政意识，自觉加强党的自身建设，提高党的建设科学化水平，为实现党的执政目标和历史使命打下良好的基础。当前，党的建设与中国特色社会主义事业总体上是适应的，但在新形势下党内也出现了一些新情况和新问题，如一些党员干部意志衰退和精神懈怠的现象突出；一些党员干部宗旨意识不强、脱离群众的情况还比较严重；发生在党员干部身上的腐败现象呈现多发易发态势；一些党员干部学习动力不足、执政能力与领导社会主义建设事业还不适应等，这些现象和问题解决不好，将会削弱党的执政基础，动摇党的执政地位。在新的历史起点上开展防范执政风险问题研究，有利于增强党的忧患意识、危机意识和执政意识，有利于我们党认识和遵循政党执政规律，有利于提高党自身建设的科学化水平，增强党的先进性，提高党的执政能力和领导水平，使我们党破解执政难题，实现执政目标。

最后，加强执政风险研究，对于我们党采取对策和措施防范执政风险、巩固党的执政地位，实现中国共产党的长期稳固执政具有重大的指导意义。在改革开放的伟大实践中，我们党虽然取得了巨大的成就，执政地位日益巩固，但在继续推进中国特色社会主义的伟大实践中，危害执政安全的因素层出不穷，当前，影响经济社会发展的体制机制问题仍然存在，贫富差距有进一步扩大的趋势，实现共同富裕任重而道远，自然资源和经济社会发展的矛盾日益突出，生态文明建设任务艰巨，重大领域和关键环节的改革阻力较大，影响社会稳定的群体性事件时有发生，这些问题都关系到中国特色社会主义事业的兴衰成败和中国共产党的执政地位和执政前途。通过对中国共产党防范执政风险的研究，更好地探索新形势下执政党建设的规律，采取防范执政风险的对策，不断巩固自己的执政地位，在全面深化改革扩大开放条件下更好地发挥领导核心作用，把中国建设成富强、民主、文明、和谐的社会主义现代化国家，实现中华民族伟大复兴的历史使命。

二　研究现状和研究述评

执政风险是指执政党面临执政地位丧失的一种可能的、潜在的危险。执政风险是当今世界政坛共同面临的突出问题。中国共产党作为执政党，同样面临着执政风险。防范执政风险，巩固执政地位，是中国共产党执政以后的一项基本任务，也是中国共产党将长期面对并必须始终解决好的一个历史性课题。进入新世纪新阶段，世情、国情和党情都发生了深刻变化，我们党执政更是面临前所未有的风险和挑战。因此，在新形势下，我们党必须高度重视防范执政风险问题，不断增强防范执政风险的意识，积极加强党的自身建设，全面提高执政能力和领导水平，只有这样才能化解执政风险，巩固执政地位，完成执政使命。

防范执政风险，是中国共产党巩固执政地位的根本要求，也是研究加强和改进新形势下党的建设的一项重大而紧迫的课题。在新形势下，能否有效地防范和抵御执政风险，直接关系到党的执政地位，关系到党的前途命运和生死存亡，最终关系到党领导的中国特色社会主义事业的兴衰成败。近年来，国内外学术界对中国共产党防范执政风险进行了研究和探讨，现述评如下：

（一）国外研究现状和述评

国外对中国共产党防范执政风险问题做专门研究的人不多，随着我国改革开放不断推进，经济快速发展，社会处在转型期，海外一些专家和学者开始对中国社会存在的风险进行关注，出现了一些与中国共产党防范执政风险问题相关联的专题研究，如中共控制力问题、社会稳定问题、反腐倡廉问题、意识形态问题、执政合法性问题、中国共产党面临的风险和挑战问题等。

1. 关于中共控制力问题的研究①。

"中共控制力"是国外学者的关注焦点和热点问题，通过考察党和国家以及党和社会的相互关系来解读中共控制力的变化。随着中国经济社会的发展，特别是在深化经济体制改革、建立社会主义市场经济体制的背景下，国外学者认为，经济改革在很大程度上削弱了中国共产党的控制力，主要表现在经济改革对于党的经济权力、意识形态和组织纪律的影响上。观点一认为，经济改革使中国共产党的经济权力弱化。如魏昂德（Andrew

---

① 参见闫健《海外对改革开放以来中国共产党的研究》，《国外理论动态》2012 年第 8 期。

Walder）认为，共产党的权力和权威基于对生产资料的事实占有之上。对生产资料的事实占有使得党不仅控制了资源和机会，而且得以对社会的方方面面进行渗透、控制和监管。在此基础上，他认为，对中央计划经济的抛弃实际上瓦解了党的权力和特权的基础，尽管这种结果通常都不是有意为之的。[①] 观点二认为，经济改革使得中国共产党的意识形态不可避免地衰落了。如裴宜理（Elizabeth Perry）指出："改革意味着执政者承认自己的体系出现了问题。因此，它们带来了广泛的幻灭。这对于共产主义体系而言是令人不安的，因为意识形态的真理在共产主义体系中居于核心位置"[②]。观点三认为，改革开放后党内腐败现象的猖獗，表明党失去了对其成员的有效控制。如黎安友（Andrew Nathan）指出了党的意识形态衰落与腐败增加之间的联系，"合法的和非法的经济和社会行为之间的界线逐渐模糊了，社会中逐渐出现了一种日益明显的失范感"[③]。

2. 关于社会稳定问题的研究。

早在中国改革开放初期，一些西方学者就提出，由于中国现代化进程的快速推进，一些社会紧张和冲突必然会加剧，并在中国政治中产生新的紧张和力量。如美国学者白思鼎（Thomas Bernstein）认为，"到 21 世纪初，社会的不安定已经成为中国社会的一个日常特征"。因此，中国面临着"重大的社会管制危机"，并且"政府的失灵使矛盾变成对抗性"。[④] 同时，也有学者认为中国共产党用多重复合的意识形态来满足不同的目标，党与政府、人大形成共同治国的和谐局面，但也存在各种干扰社会稳定的

---

① Andrew Waldered, *The Waning of the Communist State*: *Economic Origins of Political Decline in China and Hungary*, Berkeley: University of California Press, 1995, p. 8.

② Elizabeth Perry, "*Intellectuals and Tiananmen*: *Historical Perspective on an Aborted Revolution*", in *The Crisis of Leninism and the Decline of the Left*: *The Revolutions of 1989*, edited by D. Chirot, Seattle: University of Washington Press, 1991, pp. 142 – 143.

③ Andrew Nathan, *China's Crisis*, New York: Columbia University Press, 1990, p. 103.

④ 杜鸿林、王其辉：《国外学界关于中国共产党执政研究述论》，《天津行政学院学报》2013年第 2 期。

因素和问题。如 2004 年由丹麦学者 K. E. 柏思德（Kjeld Erik Brodsgaard）和新加坡学者郑永年合编的《回归政党：如何治理中国》（*Bringing the Party Back In：How China is Governed*，2004），论述了中国共产党如何在国家和社会发挥了关键性的作用，并考察中共的转型及其转型中遇到的各种问题，如中共在地方的权力仍然稳固但缺乏效率，中共在社区机构中的角色并不明确，在地方上证明中共的合法性仍是其面临的重要任务，中共需警惕向社会民主主义政党转型等。①

3. 关于反腐倡廉问题的研究。

在国外学者看来，尽管中国从腐败产生之日起就发动了反腐败斗争，但是仍然难以阻止腐败的发生。腐败问题是中国改革的一大挑战，腐败问题是中国改革的"致命弱点"，它给中国共产党带来了生死攸关的合法性危机②。如日本学者香川正俊在其著作《中国共产党与政治、行政、社会改革——贫困、差距、腐败、人权》（日本御茶水房出版社 2008 年版）中试图阐明当代中国所面临的各种矛盾和问题，并通过中共及各级人民政府谋求解决的方针和政策，分析探讨中国政治、行政以及社会改革的问题，作者认为"最了解中国面临的问题及其严重性的，应该是中国共产党和它的政府本身"。作者在第 3 部分探讨了中国阶层分化和有关贫困、反腐败政策等问题，作者认为，中国的阶层分化可分为城市与农村的落差，农村比较贫困；同时城市内不同阶层之间的落差，包括下岗工人、农民工与一部分富裕阶层之间的矛盾，体现在社会保障、教育、福利等很多方面，其中不恰当的收入分配是重要因素；另外，还包括贪污腐败等问题，作者指出，如果不切断私营企业家与党和政府干部之间的连带关系，是无法解决

---

① 参见潘世伟、徐觉哉主编《海外中共研究著作要览》，上海人民出版社 2012 年版，第 455—461 页。

② Tony Saich, *Governance and Politics of China*, London and Basingstoke：Palgrave Macmillan, 2004, pp. 330 – 336.

这些问题的。①

　　4. 关于意识形态问题的研究。

　　沈大伟（David Shambaugh）在其专著《中国共产党：收缩与调适》
（2008）（吕增奎、王新颖译，中央编译出版社 2012 年版）中指出，中共
在理论武装方面具有一定的调整和适应能力，经常发动"意识形态运动"，
提出新的意识形态概念，因而其理论武装能力很强。2008 年德国学者 F.
哈尔迪希（Falk Hartig）在其著作《今日中国共产党：从革命党到改革党》
（ *Die Kommunistische Partei Chinas heute*：*Von der Revolutions – zur Reform-
partei*，Campus Press，2008）的第 6 章 "21 世纪初中共的自我理解和意识
形态"中指出："中共的发展也体现在理论—意识形态的转变上，也就是
在改革进程中努力使自身的意识形态去适应现实：选择了一条意识形态由
列宁主义逐步转向民族主义的现代化之路，努力提倡社会主义、党的领
导、现代化和国家利益的相统一。这种理论—意识形态上的转变与创新，
也帮助中共巩固了自身的地位和权力。"②

　　5. 关于执政合法性问题的研究。

　　执政合法性是海外学者关注的一个基本问题。合法性理论是西方研究
执政党问题的一个基本理论，他们往往根据合法性的强弱来判断政党执政
基础稳固与否。西方学者把合法性理论运用到中国共产党的研究中，认为
自从 1978 年以来，中国共产党经历了两次执政合法性基础的转变：第一次
发生在 1978 年，中国共产党执政合法性的基础从意识形态和道德激励转向
经济表现和物质激励；第二次发生在 20 世纪 90 年代，中国共产党执政合
法性的基础逐渐转变为经济增长、稳定和民族主义③。如 2009 年英国学者
K. 布朗（Kerry Brown）所著《朋友与敌人：中国共产党的过去、现在和

---

　　① 参见潘世伟、徐觉哉主编《海外中共研究著作要览》，上海人民出版社 2012 年版，第
500—504 页。

　　② 同上书，第 489—494 页。

　　③ 刘贵丰：《海外学者看中国共产党的建设》，《学习时报》2012 年 11 月 5 日第 5 版。

未来》（*Friends and Enemies*：*the Past*，*Present and Future of the Communist Party of China*，Anthem Press，2009），该书第 5 部分和第 6 部分讨论了中国共产党在 21 世纪面临的全球性问题以及将来要面临的最大挑战。新时期中国经济的发展存在许多挑战，其中经济上过于依赖制造业和出口造成了许多负面影响，如环境问题、能源问题等，如果处理不好，将会转化为社会问题和政治问题，都会影响中共的执政地位。K. 布朗认为，毛泽东和邓小平时期，中共的合法性可以依赖于革命所带来的遗产，但是作为由革命党转变而来的执政党，中共必须领导好经济建设，所以中共当前能否继续保持执政地位，关键的问题是能否带领中国继续保持经济增长，实现由工业经济向知识型经济的转变，这是新时期中共的合法性所在。①

6. 关于中国共产党面临的风险和挑战的研究。

国外学者从不同角度提出了中国共产党面临的风险和挑战，并分析了其原因。从风险来源和类型的角度，美国教授托尼·赛奇在 2001 年出版的《中国政治与治理》一书中指出，新世纪中国共产党面临的风险挑战有四个方面：一是环境恶化问题，二是党内腐败以及责任制缺乏的问题，三是新的科学技术发展带来的挑战，四是政治体制改革的滞后带来的风险危机。

从法制建设存在的风险角度，曾任法国当代中国研究中心主任的法国学者让·皮埃尔·卡贝斯（Jean Pierre Cabestan）在《中国的社会主义法治建设：障碍、压力和风险》（《马克思主义与现实》2006 年第 1 期）一文中认为，能否推进和实现法治是中国共产党长期面临的挑战。他认为，中国要建立真正独立的司法体制和法治社会将受到风险的阻挠，这些困境分为三种：一是来自官僚或者个人对新法规和中央建立的司法制度的抵制；二是来自中国政治体制内所施加的规则和程序的限制；三是财政和人

---

① 参见潘世伟、徐觉哉主编《海外中共研究著作要览》，上海人民出版社 2012 年版，第 514—518 页。

力资源的缺乏，党内的腐败问题和地方保护主义。

从一党制的合理性角度，德国学者杨·威尔戈斯的著作《社会多元化的挑战——1990 年以来共产党的后继党的发展道路》（《经济社会体制比较》2006 年第 1 期）中，在吸收和借鉴东欧一党制得失的基础上，指出了当前中国共产党一党制面临的挑战，即来自于社会多元化与经济现代化的挑战。对此他表示谨慎的乐观。他认为，当今中国共产党所面临的形势与20 世纪 80 年代东欧共产党相比要有利得多，只要能够解决社会多元化和经济现代化带来的挑战，那么一党制是能够在一个非西方社会的背景下长期存在的。

从执政风险的角度，瑞典学者玛利亚·埃丁在 2004 年的文章《重塑共产主义政党和国家：中国的基层干部责任制》（《国外理论动态》2006年第 1 期），通过对中国的基层干部责任制的个案研究，他认为中国共产党的地位并没有衰落，而只是改变了它的治理方式。他指出，"中国共产党正在转变治理方式：即从一些领域撤出的同时，又在另外一些领域重新确立自己的主导地位。控制和监管的性质已经从微观层面转移到宏观层面。党和国家正在使自己从一些职能中摆脱出来以便能有效地履行其他职责"。德国著名专家托马斯·海贝勒教授在《关于中国模式若干问题的研究》（《当代世界与社会主义》2005 年第 5 期）一文中认为中国共产党"适应"执政风险有中国模式的意义："中国共产党治国理政经历了'转型''巩固'两个阶段后，已经进入了'适应'阶段。这一阶段有五个方面的特征：一是意识形态作用减弱。这实际上并非是政权衰退而是政治稳定的一种征候；二是新兴的社会力量，如企业家、中产阶级等的出现。这要求党在社会内部重新定义自身的角色；三是新政治精英出现；四是批判性知识分子阶层再次出现。这个阶层不是反对中国的政治体制，而是试图改善这个体制的结构和治理能力；五是地区与跨地区的社会集团和组织日益要求参与和影响政治体制。"

从改革风险的角度，由 K. E. 柏思德和郑永年主编的《改革中的中国共产党》（*The Chinese Communist Party in Reform*，Routledge Press，2006）一书对中国共产党的现状和面临的挑战、中国共产党内在转型的动力以及中国共产党在国内外压力面前对社会经济变迁的适应性等进行分析和讨论，主要内容包括中国共产党与中国社会经济发展的互动、中国共产党的干部选拔和干部管理、人民解放军在中国政治中的角色、党和国家干部的责任机制与党的变化、中央党校的作用、中国共产党与城市社区的关系、中国共产党与工农的关系、基层民主与党内民主的关系、中国的民主化趋势与政治体制转型以及对中国共产党未来发展趋势的总体研判等。①

从国外学者研究的情况来看，一些国外学者对中国共产党执政取得的成绩给予了正面评价，并对中国共产党执政提出了一些中肯的意见和建议，可供借鉴。但从总体上看，国外学者对中国共产党防范执政风险的相关性研究存在几个问题：

（1）国外学者习惯以西方政治标准和价值标准评价中国问题，仍存在意识形态偏见或固有的冷战思维，采用某种固定模式看待中国的政党制度，对中国的政治、经济和社会发展"误读"或"误判"，甚至是曲解。

（2）国外学者不愿看到中国的发展和进步，从西方政党发展的经验和价值出发来评议分析中国社会主义的理论和实践，把中国当作某种政治研究理论的试验场，而不是秉持中立的态度。

（3）国外不少学术研究是以扭曲、丑化和异化中国社会的战略渗透为目的，裹挟西方国家文化限定下的主流社会价值观以期达到其国家内政外交的利益和需要，这是西方政界、学术界和媒体界惯用的伎俩。

因此，对于国外学者的相关研究，我们要用马克思主义的理论、观点和方法来鉴别，保持清醒的头脑和坚定的立场，取其精华，去其糟粕，为

---

① 参见潘世伟、徐觉哉主编《海外中共研究著作要览》，上海人民出版社 2012 年版，第472 页。

我所用。

(二) 国内研究现状和述评

在政党政治发展时代, 防范和抵御执政风险, 逐渐成为各国执政党特别是一些长期执政的政党关注的问题。中国共产党是我国长期执政的执政党, 因此, 执政风险问题也成为中国共产党提高执政能力、巩固执政地位的重点研究领域和课题。但是, 我国学术界对执政风险问题的研究起步还是比较晚, 最早是郭义福发表的《试论改革开放条件下的执政风险及其防范》(《求实》1999 年第 1 期)。2001 年, 江泽民在纪念建党 80 周年讲话中首次明确提到了 "抵御风险", 自此, 学术界开始加强了对这个问题的研究, 徐晨光教授是我国较早在理论层面将执政党执政安全研究系统化的研究者, 他撰写的著作《执政党执政安全研究》(红旗出版社 2003 年版) 具有开创性意义, 不仅在理论上填补了我国执政党执政安全研究方面的空白, 而且也具有极强的实践价值。随着中国社会转型的加速, 国内外形势和党自身情况的深刻变化, 关于党的执政风险问题的研究不断深入和推进, 并涌现出比较多的学术研究论著和论文, 它们分别从不同的角度对中国共产党防范执政风险进行了分析和讨论。

1. 关于执政风险或执政安全的概念、内涵、特征及中国共产党防范执政风险的重要性和紧迫性的研究。

准确理解和科学把握 "执政风险" 或 "执政安全" 的概念、内涵和特点是开展相关理论探究的基础, 国内学者们从不同的视角对 "执政风险" 和 "执政安全" 进行了科学定义和特征概括, 从政党执政规律出发, 分析中国共产党长期执政所面临的挑战, 对中国共产党防范执政风险的重要性和紧迫性提出理论依据和现实依据。如陆传照在《执政风险与民主执政》(《理论导刊》2006 年第 7 期) 一文中认为: "执政风险是指执政党在执政过程中发生的可能动摇其执政地位的危险。一个执政党从上台那一天开始，就不可避免地面临潜在的执政风险。要巩固党的执政地位，就需要及时识别和有效化解党所面临的执政风险。预防、化解执政风险是一项系统工程，涉及多方面的工作。当前，党的执政风险呈现出风险因素的多发性、敏感性和规避功能脆弱性的特点。坚持民主执政，可以为识别执政风险提供基本依据、为增强执政风险意识提供基本途径、为化解执政风险提供基本力量。"邢文利在《政党执政安全探析》（《理论探索》2006 年第 6 期）一文中认为："执政安全是指执政党在对国家权力的掌握、控制和行使过程中没有危险、不受威胁，是执政体系良性运转的状态，是巩固其执政地位的要件之一，执政安全具有三个方面的特征：相对性、时变性和全局性，分析了中国共产党执政安全面临的主要问题，提出了确保党执政安全的思路。"徐晨光在《执政安全：执政党建设研究新领域》（《湖湘论坛》2005 年第 2 期）一文中认为："执政党执政安全问题，是关系执政党生存与发展的基本问题。在经济全球化和改革开放条件下，执政党执政安全问题显得突出，同时，社会转型也对执政党安全提出了新的课题任务。执政党执政安全是指执政党执政体系处在稳健良性运行以及可与时俱进的状态，具有相对性、发展性的特点。加强执政党执政安全研究是实现党在新时期执政目标的需要，有利于我们正确地面对实际，在复杂的国际国内形势面前做出正确的选择，可以指导我们党的建设实践，对于完善党的建设学科、推进党建科学化具有重要作用。"顾杰在《必须强化共产党执政的坚定意识和风险意识》（《理论月刊》2001 年第 7 期）一文中认为："在新世纪，强化共产党执政的坚定意识和风险意识，构建正确的执政观，不断提高党的执政水平，增强拒腐防变和抵御风险的能力，是摆在我们面前的一项重大而紧迫的任务。"

2. 关于中国共产党领导人防范执政风险思想的研究。

"执政风险"概念的确立虽然时间不长，但中国共产党历代领导人关于防范执政风险的思想却由来已久，这类研究主要围绕毛泽东、朱德、陈云、邓小平、江泽民等无产阶级革命家关于防范执政风险、巩固执政地位的有关思想、观点和论断展开论述和讨论。具有代表性的论文和观点有：王真在《20世纪五六十年代毛泽东抵御执政风险的思想与实践》（《当代中国史研究》2011年第1期）一文中认为："毛泽东作为党的第一代领导集体的核心，高度重视抵御执政风险问题，他正确判断出党的主要执政风险在党内，提出大力加强党的作风建设，练好党抵御执政风险的内功。"张浩在《朱德防范执政风险思想及其当代启示》（《甘肃社会科学》2011年第4期）一文中认为："作为党的第一代中央领导集体的重要成员，朱德对如何防范党的执政风险作了大量深刻的论述，形成了系统而又完整的思想体系，其主要观点有：清醒认识革命胜利后党所处地位、环境及自身变化所带来的执政风险；坚持党的实事求是思想路线，为防范执政风险指明了正确方向；保持党同人民群众的血肉联系，为防范执政风险奠定了群众基础；积极维护党内团结和统一，避免过激的党内矛盾引发执政风险；坚持党对军队的绝对领导，为防范执政风险提供了坚强的军事保障。朱德防范执政风险思想对新时期我们党的执政实践仍然具有重要的启示作用。"王真在《新时期陈云对抵御执政风险问题的战略思考及其当代价值》（《中国延安干部学院学报》2012年第5期）一文中认为："陈云对抵御执政风险的战略思考是多方面的，主要包括五个基本点：主张科学评价毛泽东同志和毛泽东思想；指明改善人民生活才能够实现天下大定；阐明执政党党风问题关乎党的生死存亡；要求警惕资本主义腐朽思想和作风渗入；提出培养和选拔中青年干部是当务之急。"陈小林在《邓小平防范执政风险思想研究》（《求实》2005年第1期）一文中认为："邓小平清醒地看到中国共产党所处地位、环境和自身状况的变化所带来的执政风险，科学地提出了以改革为动力，以建设为主线，包括加强经济建设、民主法制建设、精神文明建设和党的自身建设的防范执政风险的基本对策。研究邓小平防范执政风险的思想，有助于我们深入研究共产党执政规律，巩固党的执政地位。"舒艾香、梅松、李妙颜在《论邓小平的执政风险思想》(《湖北社会科学》2011 年第 7 期)一文中认为："邓小平认为中国共产党面临的主要执政风险有：在改革开放过程中犯错误的风险；党的基本路线坚持不力的风险；精神污染的风险；腐败变质的风险；脱离群众的风险以及西方国家威胁、制裁与和平演变的风险。防范和应对这些风险的基本对策是：改革开放胆子要大，步子要稳；有'左'反'左'，有右反右；坚持两手抓，两手都要硬；坚持党要管党，从严治党。"陈小林在《江泽民防范执政风险思想研究》[《南昌大学学报》(人文社会科学版) 2006 年第 4 期] 一文中认为："江泽民聚精会神地抓执政党的建设，清醒地看到党在长期执政条件下面临的风险和挑战，提出'要增强忧患意识，居安思危'。江泽民同志系统地构建了以'三个代表'重要思想为指导，以改革创新为动力，以党要管党、从严治党为方针，以建设高素质干部队伍为关键，以提高执政能力为重点的防范执政风险的对策体系。深入研究江泽民同志防范执政风险的思想，有助于我们深化对共产党执政规律的认识，更好地推进党的建设的伟大工程和中国特色社会主义伟大事业。"湖南师范大学刘起军撰写的博士学位论文《江泽民执政安全思想研究》，通过论述江泽民执政安全思想的形成和主要包括的内容，列出了江泽民执政安全思想的主要特点，总结了其具有的历史地位。

3. 关于中国共产党防范执政风险的历史考察和历史经验的研究。

对中国共产党防范执政风险的历史考察和历史经验总结是国内学者研究关注执政风险的一个重要领域，这类研究主要对中国共产党执政以来历代中央领导集体防范执政风险的实践进行考察，并根据各个时期和阶段的时代特征，总结了中国共产党防范执政风险的历史经验。如邢文利在《执政安全研究》(光明日报出版社 2012 年版) 一书中，以执政安全为切入点，从掌权安全、控权安全、用权安全等新的角度出发来阐释中国共产党自身建设的宝贵经验，分析执政安全走势，总结党的执政安全思想；车辚在《中国共产党对执政安全问题探索的历史演进》（《云南民族大学学报》2006 年第 3 期）一文中认为："新中国成立以来，中国共产党历代领导集体对执政安全问题做了卓有成效的探索，其成功经验和挫折教训都是我们党宝贵的精神财富。正确处理经济建设和政权建设的关系、经济发展和社会发展的关系、党的建设和国家建设的关系事关党的执政安全。科学发展观和构建社会主义和谐社会重大战略思想的提出，具有价值层面和制度层面的双重含义；先进性建设和执政能力建设使党建理论与战略实现了价值取向和现实取向的统一，这将有助于中国共产党不断提高执政水平，巩固执政基础，改善执政环境，扩大执政资源，确保执政安全。"王真在《中国共产党抵御执政风险的历史考察与基本经验》（《中国延安干部学院学报》2012 年第 3 期）一文中"回顾了中国共产党执政初期对抵御执政风险艰辛而曲折的探索，探讨了十一届三中全会后党领导人民在开拓中国特色社会主义道路过程中不断深化对抵御执政风险规律的认识，总结了在长期执政实践中积累的丰富的抵御执政风险经验，即必须坚持科学理论指导，不断深化抵御执政风险规律性认识；必须坚持科学发展理念，不断提高抵御执政风险的综合国力；必须深化各领域的改革，不断赋予抵御执政风险的生机活力；必须密切党群干群关系，不断巩固抵御执政风险的社会基础；必须加强长效机制建设，不断提升抵御执政风险制度化水平；必须大力加强党的建设，不断增强抵御执政风险意识和能力。"张浩在《改革开放以来中国共产党抵御执政风险的回顾与思考》（《中共福建省委党校学报》2012 年第 7 期）一文中"对改革开放以来中国共产党抵御执政风险的历史进行了回顾，并总结了改革开放以来中国共产党抵御执政风险的主要经验：坚持解放思想、实事求是，用正确的思想路线指引抵御执政风险的实践；以经济建设为中心，把握发展这个执政兴国的第一要务，为抵御执政风险提供雄厚的物质基础；坚持党的群众路线，始终保持党同人民群众的血肉联系，为抵御各种执政风险考验奠定强大的社会基础；加强党的执政能力建设，全面提升党的执政能力和领导水平，增强党抵御各种风险考验的实际本领；始终保持马克思主义政党的先进性，不断增强党的生机活力和自我更新能力，是抵御各种执政风险考验的力量源泉和胜利之本"。袁准、肖飞在《中国共产党防御执政风险、确保执政安全的基本经验》（《湖湘论坛》2006 年第 2 期）一文中认为："中国共产党在领导人民治国理政的长期实践中，为防御各种风险、确保执政安全进行了艰辛探索，取得了举世瞩目的执政成就，积累了丰富的经验，概括起来是：坚持实事求是的思想路线；善于用历史经验警醒全党；以经济建设为中心；坚定不移地相信和依靠群众；坚持四项基本原则；坚持改革开放；不断开创和平共处外交工作新局面；巩固加强党对军队的绝对领导；保持共产党的先进性。这些基本经验对新时期加强党的执政能力建设、把握党的执政规律、巩固党的执政地位，具有重大的理论价值和实践意义。"苏世隆在《中国共产党防范和化解执政风险的基本经验与启示》（《云南行政学院学报》2007 年第 6 期）一文中认为："中国共产党在半个多世纪的执政历程中积累了丰富的防范和化解执政风险的宝贵经验，主要体现在思想理论武器、物质保证、力量源泉、内在动力、领导力量和方向保证等五个方面。"舒艾香、曹庆伟在《中国共产党防范和抵御执政风险的基本经验》（《湖北社会科学》2007 年第 1 期）一文中认为："中国共产党防范和抵御执政风险的基本经验是：坚持以经济建设为中心、不断增强国家的综合国力和提高人民的生活水平；坚持改革开放，建立和完善适应生产力发展要求的经济制度和经济体制；坚持以执政能力为重点，加强和改进党的建设；坚持推进社会主义的自我完善，增强社会主义的生机和活力；坚持科学执政、民主执政、依法执政，加强和改善党的领导；坚持党对军队的绝对领导，加强军队的革命化、正规化、现代化建设；坚持马克思主义的思想路线，解放思想、实事求是、与时俱进、积极推进马克思主义理论创新，用发展着的马克思主义指导新的实践；加强和改进思想政治工作，提高全民族的思想道德素质。"

4. 关于中国共产党执政安全或执政地位的影响因素研究。

影响中国共产党执政安全的因素是多方面的，国内学者从不同角度不同方面对一些因素进行了分析，剖析了哪些因素对中国共产党的执政安全构成威胁、影响到中国共产党的执政地位，并论证了彼此的关系，并在此基础上提出了相应的对策措施建议。如陆传照在《执政风险和党群关系》（《求实》2007 年第 4 期）一文中指出："执政风险和党群关系是密切相关的，党群关系状况是识别执政风险的显著标志，也是预防化解党执政风险的根本途径，执政风险背景下密切党群关系的对策主要有：牢固树立马克思主义群众观和执政风险意识；紧紧抓住发展这个执政兴国的第一要务，同时协调好各个不同群体之间的利益关系；从改革体制机制入手，建立健全密切联系人民群众的机制；抓好执政党的作风建设，深入开展反腐败斗争。"李怀录在《当前我国的贫富差距与党的执政安全》（《学习论坛》2006 年第 11 期）一文中认为："贫富差距过大会导致社会不稳定、穷人与富人矛盾加剧、人民对党和政府的信任度降低，对党的执政安全构成威胁。在现阶段，要正确处理效率与公平的关系，强化社会再分配功能，规范分配秩序，实现机会公平。"安云初在《刍论网络政治参与对执政安全的负面影响》（《广东行政学院学报》2007 年第 4 期）一文中认为："网络政治参与在促进民众政治参与的同时，也可能危害政治体系的运行，危及执政安全，规范网络政治参与行为具有重要的现实意义。"王芝华、曾长秋在《加强党的先进性建设与维护党的执政安全》（《社会科学家》2008 年第 5 期）一文中认为："党的先进性建设与党的执政安全具有内在统一性。加强党的先进性建设是维护党的执政安全的合法性基础和前提，是维护党的执政安全的灵魂和根本，是维护党的执政安全的内在要求。"车辚的《中国共产党执政安全度的评估》（《中共四川省委党校学报》2003 年第 3 期）对党的执政安全指数，从意识形态、政绩等四个角度进行了指标设计，通过分析数据，得出党的执政安全目前在轻度不安全和比较安全之间；张荣臣的《影响党执政安全的十大问题》(《领导之友》2004 年第 6 期) 对影响党执政安全的问题从十个方面进行了深入的分析，即执政理念问题、执政合法性问题、党群关系问题、腐败问题、社会发展问题、国内突发事件问题、复杂国际局势问题、中央权威问题、执政党现代化问题、领导者个人素质和境界问题；曹峻的《经济全球化与中国共产党执政安全》(《广西社会科学》2005 年第 12 期) 指出经济全球化使中国共产党执政安全面临着多方面的威胁和挑战，使中国经济、政治、科技、文化、军事等方面的安全以及非传统安全问题在内容和形式上均有重大变化；江云崛的《科学发展观与党的执政安全》(《云南民族大学学报（哲学社会科学版）2007 年第 5 期》) 指出探索党的执政安全问题的最新理论指南是科学发展观，其对改善党的执政环境具有现实针对性，以科学发展观为指导构建党的执政安全的工作机制具有现实的紧迫性；王芝华的《党的先进性三要素与维护执政安全》(《求索》2009 年第 6 期) 指出先进性是马克思主义政党的根本特征，党的先进性建设包括先进的理论建设、党群关系建设和执政能力建设，这三个要素构成了维护党执政安全的前提、基础和核心，执政党要从这三个核心要素来认识先进性建设，党的先进性建设与执政安全在实践中有机结合，才能巩固党的执政地位；徐晨光在《党的建设与执政安全》(《湖湘论坛》2010 年第 6 期) 一文中认为："执政安全是一个关系到执政党能否稳固、长久、有效执掌政权的重大理论和现实问题，是一个包涵价值安全、人才安全、根基安全、堡垒安全、机制安全及合法性安全等诸要素在内的复杂体系。在新的历史时期，巩固党的执政地位，维护党的执政安全，必须着眼于党的执政安全诸要素，全面加强党的建设。"从上述已有研究来看，对影响因素的分析往往只侧重某个方面，综合和全面分析中国共产党执政安全和执政地位的影响因素的论文较少。

5. 关于中国共产党防范执政风险路径和对策的研究。

这类研究主要结合当前中国所处的国际形势、国内形势和改革开放等时代背景来分析中国共产党所面临的执政风险，并提出防范执政风险的路径和对策。如徐晨光教授在《执政党执政安全多维探究》（湖南师范大学出版社 2004 年版）一书，分析了维护党的执政安全的首要任务、中心环节和有力措施，并从执政理论、依法执政、能力建设、党内民主和权力监督等方面对维护党的执政安全的举措进行了分析；陈小林教授撰写的《中国共产党执政安全问题研究》（江西人民出版社 2007 年版）一书中，作者从中国共产党执政安全的整体性来研究党的执政安全，从加强执政能力建设、开放执政资源、抓住执政机遇、优化执政形象、攻克执政难题、造就执政人才、总结执政经验、保持和发展党的先进性等方面分析了维护党的执政安全应该采取的措施；袁准教授在《中国共产党执政风险防范研究》（中国书籍出版社 2012 年版）一书中，对党执政风险表现形态、执政风险产生的缘由、防范执政风险的战略构想等问题进行深入的探讨；王真教授的专著《中国共产党抵御执政风险研究》（人民出版社 2011 年版）对中国共产党抵御执政风险问题进行了比较深入系统的研究，回顾和总结了党执政后特别是改革开放以来抵御执政风险的历史进程和基本经验，揭示了基本经验中带有规律性的结论，对新世纪新阶段党面临执政风险的发展趋势做出了一个总体判断，从政治、经济、文化、社会、涉外、自然界等领域比较深入具体地探讨了抵御执政风险问题，提出了若干对策性建议；中国科学技术大学付铎撰写的博士学位论文《社会转型期中国共产党执政安全研究》论文以生态学的新视角，分别从国际生态、国内生态、党内生态等方面对执政安全问题进行研究，比较全面地分析了国际、国内、党内等方面存在的影响党的执政安全的主要因素，并有针对性地提出了解决问题的对策，深化了对新形势下如何巩固党的执政安全这一问题的认识；中共中央党校杨坤洋撰写的博士学位论文《中国共产党执政安全问题研究》论述了中国共产党执政安全的基础理论，全面考察了新中国成立后党执政安全的演进与发展，立足于党的新历史方位和新执政使命，系统地分析了新形势下党执政安全的现状和所面临的挑战与考验，初步提出了维护和巩固党的执政安全的对策思路；郑州大学王君君撰写的硕士学位论文《中国共产党的执政风险及其防范对策研究》、中共广东省委党校涂海兵撰写的硕士学位论文《新形势下中国共产党抵御执政风险问题研究》、新疆师范大学丁瀚撰写的硕士学位论文《论新时期中国共产党执政安全及其对策》、兰州理工大学张祥撰写的硕士学位论文《改革开放环境下中国共产党执政安全研究》、中共广东省委党校肖显富撰写的硕士学位论文《新时期中国共产党抵御风险的实践与思想研究》等从不同角度论述了在新的历史条件下，中国共产党面临的主要执政风险，有针对性地提出了防范和化解党的执政风险的对策。

可以看出，国内学者关于中国共产党防范执政风险的研究取得了丰硕成果。上述关于执政风险问题的学术研究成果，初步勾画出了这一选题的研究脉络，也为笔者做进一步研究提供了比较丰富的学术资料。但是，目前关于中国共产党防范执政风险的研究还存在一些不足，主要表现在以下几个方面：

（1）对中国共产党防范执政风险的重要性、紧迫性和理论依据研究比较多，而对中国共产党执政所面临的主要风险、风险来源、防范执政风险的战略举措的研究不够。

（2）当前，我国正处在改革发展的关键时期、社会转型的特殊时期，矛盾的多发期和凸显期，呈现出时代特点和阶段特征，这是我们研究中国共产党防范执政风险必须紧紧抓住的大背景，但是，学术界把中国共产党防范执政风险这一课题与时代背景紧密联系、紧扣党执政过程所面临现实问题和突出矛盾来研究防范执政风险的较少。

（3）中国共产党防范执政风险是一项系统工程，但是，学术界对中国共产党面临的执政风险和防范对策个别研究的多，系统研究的少，构建体系的更少。

（4）学术界对中国共产党防范执政风险的研究视野不够宽广，关于执政党防范执政风险的国别研究和综合比较研究较少，对中国共产党和苏联共产党研究得多，对世界其他类型执政党研究得少，缺乏比较和借鉴。

（5）对中国共产党防范执政风险的具体措施研究得多，从执政党建设规律、共产党执政规律的角度出发对防范执政风险的深层次的规律性问题探讨不够。

因此，进一步的研究须注意三个方面：首先，研究要紧密联系当前世情、国情和党情出现的新情况和新变化，才能提出具有时代特点和针对性的对策和措施，因此，切合当今世情、国情、党情、民情的现实，选择多种视角，采取多种方法，是防范执政风险研究进一步深化的重要保证；其次，要深化对防范执政风险的规律性认识，加强从共产党执政规律和执政党建设规律的角度来对防范执政风险的长效机制研究和巩固执政地位的战略思路和战略布局研究；最后，要把中国共产党防范执政风险放到世界范围内考虑，加强对世界其他执政党执政的成功经验或失败原因的分析和总结，进行经验借鉴。

三　相关概念的界定

（一）政党和执政党

政党政治是当代世界各个国家普遍存在的一种社会政治现象，也是当代世界绝大多数国家采用的政治运作模式。政党政治的主体是政党，核心是控制国家政权，目标是主导国家政治生活，实现党的主张，推进政治、经济、文化和社会的进步和发展。因此，政党是国家政治的主角和主导力量。

现在的"政党"一词，是从西方传播过来的。在西方，所谓政党，原来的含义是指"一部分"，引申意为一种社会政治组织。这种社会政治组织不是从来就有的，而是社会经济和阶级斗争发展到一定历史阶段的产物。从政党发展史来看，真正科学意义上的政党是在欧洲和北美资产阶级革命的过程中逐渐产生和发展起来的。世界上最早的政党是资产阶级政党，是1679年在英国成立的托利党和辉格党。19世纪30年代的美国，以民主党和共和党的成立为标志，人类社会产生了现代意义上的政党政治。19世纪欧洲发生了几次大的工人运动，标志着无产阶级作为一支新的独立的政治力量登上了历史舞台。无产阶级在反对资产阶级的斗争中，把马克思主义同工人运动相结合，产生了无产阶级政党。1847年成立的共产主义同盟，是世界上第一个无产阶级政党。最早执政的无产阶级政党是苏联共产党，它1898年成立，存在93年，执政74年。

　　由于对政党的理解不同，对于政党的定义也众说纷纭。《新大英百科全书》（1988年版）指出："政党是为了在政治系统中通过选举或革命手段，以取得和行使政治权力为目的而建立起来的集团。"① 《日本大百科辞典》指出："政党是以取得国家权力为目标而基于共同的政策组织和动员国民、开展一切政治活动的持久性的政治团体。"② 《大美百科全书》（1990年版）这样写道："政党系人民以其自由意志而结合的有组织团体，旨在通过控制政府或影响政府政策而在政治系统中运作权力。"③ 马克思主义从政党的阶级性本质出发，根据政党的组织和活动内容，对政党做了全面而深入的分析。马克思、恩格斯在《共产党宣言》中指出，政党是在一定阶级基础上组成的，"无产者组织成为阶级，从而组织成为政党"④。列

---

① 转引自冯明宇《论"三个代表"思想对中国共产党执政规律的揭示》，硕士学位论文，哈尔滨工程大学，2004年。
② 转引自王国勇《当代西方政党理论述评》，《贵州民族学院学报》（哲学社会科学版）2009年第5期。
③ 转引自冯明宇《论"三个代表"思想对中国共产党执政规律的揭示》，硕士学位论文，哈尔滨工程大学，2004年。
④ 《马克思恩格斯选集》第1卷，人民出版社1972年版，第260页。

宁指出："在通常情况下，在多数场合，至少在现代的文明国家内，阶级是由政党来领导的；政党通常是由最有威信、最有影响、最有经验、被选出担任最重要职务而称为领袖的人们所组成的比较稳定的集团来主持的。"① 又指出："党是阶级的先进觉悟阶层，是阶级的先锋队。"② 综上所述，政党可以定义为：政党是代表一定阶级、阶层或集团的利益，旨在执掌或参与国家政权以实现其政纲的政治组织。③

政党的主要特征体现在以下四个方面。

（1）具有明确的政治纲领和政治目标。政治纲领是一个政党的行动指南，代表着政党的形象和前进的方向，马克思、恩格斯认为："一个新的纲领毕竟总是一面公开树立起来的旗帜，而外界就根据它来判断这个党。"④ 政党的政治纲领主要规定政党的政治目标、任务和方针政策，集中反映了政党所代表的阶级、阶层或社会集团的根本利益和意志，具有政治纲领是政党区别于其他社会组织的重要标志。政党的纲领是政党指导思想的具体化，一个党有一个明确科学的纲领，是这个党成熟的表现。恩格斯指出："一个新的党必须有一个明确的积极的纲领……只要这种纲领还没有制定出来或者还处于萌芽状态，新的党也将处于萌芽状态；它可以作为地方性的党存在，但还不能作为全国性的党存在；它将是一个潜在的党，而不是一个实在的党。"⑤ 列宁指出："一个政党如果没有纲领，就不可能成为政治上比较完整的、能够在事态发生任何转折时始终坚持自己路线的有机体。"⑥ 可见，制定一个原则性纲领，是一个政党在全世界面前树立起可供人们用来判断党的运动水平的界碑。政党一般以取得政权、参与政权、维护政权为主要政治目标。政党是阶级利

---

① 《列宁专题文集　论无产阶级政党》，人民出版社 2009 年版，第 249 页。

② 《列宁全集》第 24 卷，人民出版社 1990 年版，第 38 页。

③ 参见郭大方《中国共产党执政党建设研究》，军事科学出版社 2012 年版，第 2—3 页。

④ 《马克思恩格斯文集》第 3 卷，人民出版社 2009 年版，第 415 页。

⑤ 《马克思恩格斯文集》第 4 卷，人民出版社 2009 年版，第 318 页。

⑥ 《列宁全集》第 20 卷，人民出版社 1989 年版，第 357 页。

益的集中代表，通过掌握国家政权，推行施政纲领，实现本党的主张并维护本党的利益。

（2）具有完整的组织系统和严格的组织纪律。政党的组织系统是政党存在的表现形式，任何政党要实现政治目标和政治纲领，就必须建立一套稳定和严密的组织系统。否则，政党就会成为一团散沙，丧失凝聚力。严密的组织系统有助于将分散的党员集中起来，统一思想，统一行动，形成合力，为实现政党的政治目标和政治纲领而行动。因此，政党都按一定的组织原则建立从中央到基层的组织系统，通常都有党的领导人、全国代表大会以及各级地方组织和在各种政治或社会机关中的组织，并组成与各级组织系统协调一致的工作机构，以此保证政党活动的正常运转。

政党具有约束党员行为规范的组织纪律。政党要形成一套相对稳定规范的党纪条文，以此约束政党成员的行为，保证政党意志实现和任务完成。不同的政党组织纪律的要求也不尽相同。有的政党要求党员必须参加党的基层组织，有的政党要求党员必须投本党候选人的票，有的政党要求党员必须服从本党的决议、指示和领导，有的政党要求党员定期交纳党费或不定期地进行政治捐款等。

（3）具有一定数量的组织成员和比较稳定的领导核心。组织成员是政党的基本细胞，政党作为一个政治组织，必须由比较固定的组织成员组成，必须把政党所代表的阶级、阶层中最积极和活跃的分子吸收到党内来。一个政党只有广大党员积极认真工作，才能真正发挥政党的政治功能，形成整体合力，实现政治目标。政党的政治纲领最终需要广大党员共同来实现，政党的组织成员是实现政治纲领的骨干力量，同时，政党一般都有比较稳定、具有威信和经验的领导核心，有一批具有政治经验和组织才能的政治精英组成党的领导集体，组织和领导全党的统一行动。

（4）有鲜明的阶级性和法律地位。阶级性是政党的本质特征。政党是在一定的阶级基础上产生的，是阶级的产物；它集中代表了本阶级的利益，是阶级的核心。政党斗争是阶级斗争的集中表现，反映了阶级之间的政治、经济和思想斗争的根本内容。此外，在当今世界，由于政党在社会政治生活中的地位作用日益突出，多数国家在宪法或相关法律条文中对政党作出规定，赋予政党法律地位，保障政党正常的活动，同时也规范和限制政党的活动范围。

执政党的概念相对于非执政党而言，是指在国家中执掌政权的政党，是组织和领导国家政权的政党。当代表某阶级利益的政党通过某种形式取得和掌握领导国家的权力以后，就成为执政党。获得执政权力的政党通过国家政权代表或维护本阶级或阶层的利益。执政党是政党政治的必然产物，它作为一个领导国家的核心力量，在国家的政治、经济、文化、社会生活中发挥着非常重要的作用，这种重要的作用决定了执政党所具有的特定职能。一般来讲，执政党具有以下职能：

1. 行使国家权力。

行使国家权力是执政党最重要的职能。执政党把它所代表的阶级利益和阶级意志集中起来，上升为国家意志，并通过国家机关制定政策的形式予以实现。执政党凭借国家政权的力量、设施、制度和机制等，贯彻其政治纲领、方针和政策。其中，资本主义国家执政党行使国家权力，主要是通过议会组织本党的议员，把本党的政纲、本党所组成的政府的议案或代表本党利益的立法案制定为法律，而后由政府执行；同时，以执政党成员担任官职，组织政府，其领袖担任国家元首。社会主义国家的执政党行使国家权力，通常是通过对国家机构的领导来实现，党通过立法形式把党的意志转化为国家意志，安排其组织和成员进入国家政权机关和部门，贯彻执行本党的路线、方针和政策。

2. 利益表达和整合。

政党总是代表一定阶级、阶层或集团，利益表达就是把一定阶级、阶层或集团的利益、愿望和要求表达出来的过程，利益表达功能是执政党一项重要功能。同时，执政党作为国家的领导核心，必须把它所代表的阶级和阶层的意见和要求加以综合，变成党的政策主张。通过教育、行政、司法等手段进行全局调控和利益协调，有效地统一社会成员的思想观念，整合社会的组织、体制、机制，并根据社会的发展和国内局势的变化，调整其发展战略和策略，在巩固原有阶级基础的同时，兼顾各个阶层、团体和地区的利益，扩大社会影响，争取社会认同，赢得广泛的社会支持。正如西方学者的观点所言：政党"是把群众的偏好变成公共政策的基本组织"，"唯一一种能把多数统治的理想变成事实的组织就是政党"①。

3. 化解矛盾，保持社会稳定。

保持社会稳定是促进社会发展的前提，也是执政党实现本党政治纲领、路线、方针和政策，推进社会发展进步的重要保障。这就要求执政党通过加强党自身建设实现全党的团结统一；通过制定贯彻党的路线、方针、政策，确保社会持续发展；通过各种渠道收集各阶层、团体的政治主张和政治诉求，并协调行政力量加以解决，调解利益纠纷，理顺不满情绪，化解对立矛盾，保持社会公平有序；通过司法、军队、警察等力量，有效抵御外敌入侵和保持社会稳定，保护国家领土主权和人民生命财产安全。

4. 政治教育和动员。

水能载舟，亦能覆舟。人民群众是执政党生存的基础，执政党能否顺民意、得民心，关系执政地位的稳固。所以，执政党必须通过各种方式进

---

① ［美］萨尔托里：《政党与政党体制》，剑桥大学出版社 1976 年版（英文版），第 28 页。

行政治教育和动员，激发人民群众的政治热情，引导民众有序地参与政治活动并发挥积极作用，使广大人民群众了解本党纲领、路线、方针和政策，认同本党的政治立场、政治主张和政治观点，提高本党的凝聚力、号召力和感染力，增强本党的权威，扩大本党的影响。政治动员和教育的功能是执政党必须重视和利用好的一大优势。

5. 选拔社会精英。

在执政过程中，政党不仅应当为民众提供政策方案，而且应当提供人员方案。政治录用和选拔精英是执政党的重要职能之一。执政党要采取内部培养和外部吸纳的方式录用和选拔精英人才，并有组织有计划地将这些精英人才选拔推举到党和政府职位或公共权力职位上去，为实现执政党纲领、意志提供可靠的组织保证。

6. 参与国际事务。

国际地位和国际影响是执政党权威的重要支撑。执政党除了处理好国内事务外，还要积极参与和处理国际政治事务，在国际政治舞台上展示力量、扩大影响，争取执政地位和执政绩效的国际支持。

中国共产党是执政党，在新世纪新阶段，正确认识和把握执政党特点和职能，深刻认识当代世界和中国的发展变化对党执政提出的新要求。以改革创新的精神推动党的建设、提高党的执政能力，既是由发展实践总结而来的政党发展的历史经验，也是适应新的发展形势、处理新的发展问题的现实要求，更是中国共产党防范执政风险，巩固执政地位的根本需要。

(二) 风险和执政风险

在英文中，"风险"（risk）一词开始时主要用于海上探险，特指航海时会碰到触礁等危险的可能性，所以，英文词典中一般把它解释为一种遭遇危险和遭受伤害的可能性。随着人类经济活动的发展，人们多用此词来表示商业活动与金融投资中"预料中的意外损失的可能性"①。随着时代和社会的发展，"风险"一词已经被广泛引申并使用于社会各个领域，已成为人们日常生活中频繁使用，并与危机相关联的最重要概念之一。因此，我们可以对"风险"作如下定义：风险，是指事物发展进程中不确定的变化结果或潜在的危险。在当代社会各个领域，风险无处不在，我们要高度重视和认识事物发展过程中存在的风险问题，否则，潜在的风险就有可能演化成现实的危机。

人们对风险的认识大多以德国社会学家乌尔里希·贝克20世纪80年代后期提出的"风险社会"概念为基础。乌尔里希·贝克认为"风险社会是继工业社会后并传承工业化社会所有危险的一个新社会阶段，因此风险社会的特征是：坐在'文明的火山上'，与其说我们生活在一个充满机会的社会中，不如说我们生活在一个充满危险的社会中来得更为确切②"。他指出工业社会之前的风险主要来自自然，而工业社会之后的风险则更多地与决策相关，并且按照轻重缓急排列出了优先次序：第一是生态危机，第二是全球金融危机，第三是跨国恐怖主义恐怖危险。"风险的概念直接与反思现代化的概念相关。风险可以被界定为系统的处理现代化自身引制的危险和不安全感的方式。"③ 乌尔里希·贝克将后现代社会诠释为风险社会，认为风险社会的主要特征在于：人类面临着威胁其生存的由社会所制造的风险。风险问题已经成为公众关注的焦点，"风险"成为当代社会的主要特征。风险不只是西方社会独有的现象，关注风险与安全是人类的永恒主题。④

当今世界，政党政治是一种普遍的政治现象，据统计，全世界共有

---

① 余潇枫：《非传统安全与公共危机治理》，浙江大学出版社2007年版，第6页。
② ［德］乌尔里希·贝克：《世界风险社会：失语状态下的思考》，张世鹏译，《当代世界与社会主义》2004年第2期，第68页。
③ ［德］乌尔里希·贝克：《风险社会》，何博闻译，译林出版社2004年版，第230页。
④ 参见温志强《社会转型期中国公共危机管理预防准备机制研究》，博士学位论文，天津师范大学，2009年。

各种类型政党 5000 多个。综观世界各国，政党生生灭灭，有百年老党，也有短命新党；有执政党，也有在野党；有合作的党，也有对立的党；有合法公开的党，也有非法被取缔的党。由此可见，政党的命运尤其是执政党的命运是不尽相同的。执政风险是一个带普遍性的国际性问题，执政风险是个普遍的、客观的概念。所谓执政风险是指政党在执政过程中所面临的经济、政治、文化、社会、生态等因素引发的执政党认同下降或丧失执政地位的可能性。简言之，执政风险就是执政党的执政地位面临的一种可能的、潜在的危险。执政风险的责任主体是执政党，其风险是对执政地位的稳固性而言的。任何危及执政党执政地位的危险都可视为执政风险。

认真观察和分析世界上执政党兴衰成败的运动轨迹和历史经验，透过纷繁复杂的政党政治现象，我们可以得出两点结论：一是所有执政党都有执政风险。执政的过程往往就是执政风险酝酿和形成的过程，当风险由局部滋生发育并聚集到一定程度就必然产生执政危机。二是中国共产党作为执政党，和其他执政党一样，也必然存在着执政风险。我们的任务是正确地认识风险，防范党的执政风险，巩固党的执政地位，维护党的执政安全。

（三）执政风险的类型

执政风险的类型可以按不同角度去划分，不同的角度有不同划分法，从风险产生的来源或风险的起因来划分，执政风险可分为内源性风险和外源性风险。内源性风险主要指执政党自身问题而引起的风险，如执政党自身的素质、自身的能力与执政地位不相适应，党自身的腐败，党在重大决策上的失误，党的执政业绩得不到人民群众的认可等。内源性风险是执政党一个最主要的风险源，一个执政党丧失执政地位一般都是由内源性风险造成。外源性风险是指由执政党外部因素而引起的风险，如国际因素和国内因素出现不利状况而引发的执政风险。外源性风险是执政党危机的一个重要威胁源。按风险领域划分，执政风险又可划分为政治领域风险、经济领域风险、文化领域风险、社会领域风险、生态领域风险、外交领域风险等。

新世纪新阶段，影响中国共产党执政安全的因素很多，体现在经济、政治、文化、社会、生态环境、国际关系、党的建设等各个方面。在经济方面，如经济发展速度与发展质量不协调问题，调结构、转方式、促发展的任务艰巨，经济快速发展带来的贫富差距问题，经济体制改革和完善的问题等；在政治方面，如社会主义民主法治建设有待进一步推进，党的执政方式不适应时代的发展，民族团结和发展问题；在文化方面，如信仰危机的问题，道德滑坡问题，社会主义核心价值观培育问题，深化文化体制改革、增强文化发展动力和国际竞争力问题等；在社会方面，如维护社会公平正义问题，化解社会矛盾、正确处理群体性事件问题等；在国际关系方面，如领土领海和边境纠纷问题，周边外交环境问题，经贸合作中的冲突和摩擦问题，外国敌对势力干涉内政问题等；在党的建设方面，党群、干群关系恶化的问题，党员干部腐败堕落问题，党的作风滑坡问题，基层党组织软弱涣散问题，党的执政能力不适应形势发展问题等；在自然环境方面，如环境污染、生态危机问题等。以上各种问题可能交织在一起，并往往在同一个时间和地点集中出现，这就是当前执政风险的复杂性和多发性。

为了更好分析中国共产党所面临的执政风险，本书把中国共产党执政风险分为国际风险、国内风险、党内风险。

1. 国际风险。

新世纪新阶段，国际形势发生新的深刻变化，世界呈现出政治多极化和经济全球化的趋势并向纵深发展，科学技术进步日新月异，综合国力竞争日趋激烈，各种思想文化相互激荡，各种矛盾错综复杂，敌对势力对我国实施西化、分化的战略图谋没有改变，我们仍面临发达国家在经济、科技等方面占优势的压力和挑战。错综复杂的国际环境增加了党执政的风险因素，需要我们党在顺应世界潮流中积极应对、趋利避害，努力把握主动权，防范执政风险。

2. 国内风险。

我国已进入改革发展的关键期、深水区和攻坚期，经济体制深刻变革，社会结构深刻变动，利益格局深刻调整，思想观念深刻变化。这种巨大的社会变革，给我国发展进步带来了巨大活力，也必然带来许多矛盾和问题。这些矛盾和问题就是潜在的风险因素，必须引起高度重视并加以切实解决，否则将直接影响党的执政地位。

3. 党内风险。

执政风险与执政党相生相伴，只要党处于执政地位就会有执政风险，而执政时间越长越容易受"历史周期律"的支配，容易产生脱离群众的官僚主义、贪图安逸的享乐主义、不思进取的保守心态以及腐败堕落现象。世界上丧失政权的一些政党，大多数不是在执政初期丧失执政地位的，而是作为老资格的执政党或长期执政的执政党而丢掉政权的。历史经验表明，执政时间越长，执政风险概率有加大的趋势。中国共产党已经执政六十多年，执政历史还将继续延伸，这就必须高度重视执政风险的防范。

（四）执政风险的基本特征

执政风险具有以下特征：

（1）执政风险具有客观性。执政风险的客观性是指执政风险的存在是不以人的主观意志和愿望为转移的，只要执政活动存在，就必然面临执政风险。对于执政党而言，任何执政主体都希望不要有执政风险，但执政风险作为一种客观存在，时刻潜伏在执政活动当中，并在一定的条件下有可能由潜伏危险变成现实危机。作为执政党，要充分认识到执政风险的客观性，既不能视而不见、不加重视，也不能如临大敌、手忙脚乱，而应客观辩证地看待这个问题。

（2）执政风险具有复杂性。执政党的执政活动是一个复杂的系统，具有复杂的执政要素。执政风险的复杂性首先体现在执政风险产生的原因具有复杂性，执政党在经济、政治、文化、社会等各个方面开展执政活动，执政风险产生的背景、地方和时间都具有不确定性，也是异常复杂的，因此要探究执政风险产生的原因，需要深入研究执政规律和执政要素，要防范和化解执政风险，其手段和办法也必然是复杂和艰难的，执政风险的复杂性也使相关研究具有挑战性。

（3）执政风险具有关联性。执政活动是一个系统，因此，与之对应的执政风险也是一个相互联系的系统。执政党的执政风险由经济、政治、社会、文化、外交、党建等各个子系统所引发的风险构成，这些子系统所产生的执政风险之间又相互联系，形成了共生共存的格局。如经济风险会向政治风险、社会风险或外交风险转化，生态风险也可以转变为政治、外交、社会风险，党建中面临的风险可以影响其他方面的风险。各种风险之间具有相互转化、互为因果的关系，所以防范和化解执政风险问题时，必须从全局和战略性高度思考问题，否则就会出现"头痛医头，脚痛医脚"的局面，化解一个风险的同时，新的风险和问题又产生了。

（4）执政风险具有可防范性。执政风险是可探知和研究的，与任何客观事物一样，执政风险的产生和发展，总是与一定的历史条件和执政环境相联系的，掌握了执政风险发生的条件和特点，就可以采取措施和对策，有效防范执政风险。执政党如果深入研究和把握了执政风险形成发展的内在规律，就能未雨绸缪，早做准备，采取措施，制定出防范执政风险的战略和对策，从而有效地防范和化解执政风险。

第一章　中国共产党防范执政风险的思想基础、历史考察及基本经验

第一节　马克思主义经典作家关于防范执政风险的基本理论

马克思主义经典作家对共产党执政提出了一系列重要思想观点和论断。但是由于当时共产党执政的时间还不长，实践还不丰富，因此经典作家关于防范执政风险的基本思想和重要观点在他们的论著中集中论述得不多，而是散见于各种文献中，本书根据革命领袖的思想脉络，做简要梳理和归纳。

一　马克思、恩格斯关于无产阶级政党防范执政风险的设想和预测

马克思、恩格斯是无产阶级政党的创始人，也是无产阶级政党理论学说的奠基者。19 世纪 40 年代，在面对和科学分析欧洲社会经济政治思想发展的状况后，马克思、恩格斯运用唯物史观创立了马克思主义党建学说，论述了建立无产阶级政党的必要性和必然性，阐明了无产阶级政党的

性质、指导思想和纲领策略、组织原则、历史作用和发展方向等问题，并且依据巴黎公社无产阶级政党短暂的执政实践，对无产阶级加强党的自身建设，巩固执政地位，防范执政风险，进行了科学预测和积极探索。

1. 无产阶级政党以保持自身的先进性建设为首要任务。

先进性是无产阶级政党的根本特征。马克思、恩格斯在《共产党宣言》中对工人阶级政党的性质作了明确规定，即"共产党人不是同其他工人政党相对立的特殊政党。他们没有任何同整个无产阶级的利益不同的利益。他们不提出任何特殊的原则，用以塑造无产阶级的运动。共产党人同其他无产阶级政党的不同之处在于：一方面，在无产者不同的民族斗争中，共产党人强调和坚持整个无产阶级共同的不分民族的利益；另一方面，在无产阶级和资产阶级的斗争所经历的各个发展阶段上，共产党人始终代表整个运动的利益。因此，在实践方面，共产党人是各国工人政党中最坚决的、始终起推动作用的部分；在理论方面，他们胜过其余无产阶级群众的地方在于他们了解无产阶级运动的条件、进程和一般结果"[1]。

无产阶级政党的先进性集中体现在无产阶级政党具有先进的阶级属性、科学的理论指导和先进性的成员组成。在阶级属性上，马克思、恩格斯指出："在当前同资产阶级对立的一切阶级中，只有无产阶级是真正革命的阶级。"[2] 马克思、恩格斯认为，无产阶级是先进生产力的代表，是最有力量、最强大的阶级，是人类历史上最先进、最有前途的阶级，只有无产阶级才能担负起解放全人类的伟大历史使命；在理论基础问题上，无产阶级政党要有一个科学的世界观作为自己理论的基础。马克思、恩格斯创立了唯物史观和科学共产主义理论，并与工人运动结合起来，使无产阶级政党获得了必要的条件和坚实的基础。恩格斯指出："我们党有个很大的

---

① 《马克思恩格斯文集》第 2 卷，人民出版社 2009 年版，第 44 页。
② 同上书，第 41 页。

优点，就是有一个新的科学的世界观作为理论的基础。"① 马克思指出："哲学把无产阶级当作自己的物质武器，同样，无产阶级也把哲学当作自己的精神武器。"② 在先进性的组织成员上，无产阶级政党要保持先进性必须保证其成员的先进性，即党由无产阶级的优秀分子组成。马克思和恩格斯主张，在吸收非无产阶级出身的人入党时，"要求他们不要把资产阶级、小资产阶级等的对无产阶级偏见的任何残余带进来，而要无条件地掌握无产阶级世界观"③。恩格斯还认为，加入者应该是无产阶级群众中具有共产主义觉悟的"最坚定的共产主义者也是最勇敢的士兵"④。

2. 无产阶级政党要确立民主制的组织原则和严格的组织纪律。

马克思、恩格斯非常重视组织制度对规范无产阶级政党组织的作用，揭示了无产阶级政党的组织建设的内在规律性，他们认为，党要领导无产阶级进行革命斗争，就不能只靠少数人，而必须依靠集体的智慧，要确立党的组织原则应该是民主的而不是专制的。因此，在组建共产主义者同盟时，他们就明确提出工人阶级政党必须要有一系列与自己的阶级属性相适应的，和以前的密谋、半密谋或者是涣散的工人组织不同的，新的组织原则和组织形式。

马克思和恩格斯非常重视党内民主，他们认为无产阶级政党不同于以往秘密团体和宗派组织的集中和个人独裁，应该按期举行代表大会，使全党有更多发表意见的机会。1892 年 9 月，恩格斯在写给倍倍尔的信中指出，"应当坚持每年召开一次党代表大会。……让全党哪怕一年有一次发表自己意见的机会，一般说来也是重要的"⑤。马克思、恩格斯强调，无产阶级政党在组织和行动上的统一，是在思想理论一致的基础上逐步地自觉

---

① 《马克思恩格斯文集》第 2 卷，人民出版社 2009 年版，第 599 页。
② 《马克思恩格斯文集》第 1 卷，人民出版社 2009 年版，第 17 页。
③ 《马克思恩格斯文集》第 3 卷，人民出版社 2009 年版，第 484 页。
④ 《马克思恩格斯全集》第 10 卷，人民出版社 1998 年版，第 94 页。
⑤ 《马克思恩格斯全集》第 38 卷，人民出版社 1972 年版，第 474 页。

地实现的，不是依靠强制性手段来维持的，党的章程、纲领和决议都是经过代表大会讨论形成的，有不同意见可以在下次代表大会上提出来讨论。党的权力机关，自下而上地选举产生，其职责由代表大会确定，并向代表大会报告工作。

组织原则和组织形式必须依靠严格的组织纪律来保证，马克思、恩格斯强调，无产阶级政党必须实行严格的组织纪律。1859 年，马克思致恩格斯的信中说，"我们现在必须绝对保持党的纪律，否则将一事无成"。[①] 马克思和恩格斯还为党确定了组织体制、组织制度并制定过组织条例，确立了党的中央机构、地方机构和基层机构——支部，甚至确定了定期报告工作、缴纳党费和调查统计的制度等。在第一国际期间，针对蒲鲁东和巴枯宁无政府主义思潮的挑战。马克思、恩格斯对无政府主义的观点进行了有力的抨击，他们指出："没有任何党的纪律，没有任何力量在一点的集中，没有任何斗争的武器，那么未来社会的原型会变成什么呢？简而言之，我们采用这种新的组织会得到什么呢？会得到一个早期基督教徒那样的畏缩胆怯的而又阿谀奉承的组织。"[②]

3. 要防止无产阶级执政党蜕化变质。

马克思恩格斯认为，无产阶级执政党存在蜕化变质的危险，因为无产阶级执政党是在资产阶级的包围中发展和壮大起来的，在资产阶级的腐朽思想侵蚀和物质贿赂下，个别意志不坚定的党员和领导干部，会出现蜕化变质的现象。恩格斯在晚年对无产阶级执政党蜕化变质的原因做了深刻分析：第一，在资产阶级包围中建党，资产阶级必然要通过各种方式以自己的思想意识和生活方式影响共产党。第二，随着无产阶级革命事业的发展和党的队伍的壮大，大批小生产者和其他非无产阶级出身的人进入党内。他们当中的某些人想用小资产阶级的思想意识和面貌来影响和改造党，侵

---

① 《马克思恩格斯全集》第 29 卷，人民出版社 1972 年版，第 413 页。
② 《马克思恩格斯全集》第 17 卷，人民出版社 1965 年版，第 519 页。

蚀了党的机体，败坏了党的风气，社会上的腐败之风和其他一些没落阶级的庸俗风气也会出现在党内。第三，资产阶级利用剥削工人阶级得来的超额利润的一部分收买无产阶级政党的上层，党内一些人由于"受贿"，而变成资产阶级化的工人贵族。马克思、恩格斯讲这些工人贵族穿上了燕尾服"大模大样地躺在沙龙里的沙发上"，或乐意同"市长大人共进早餐"。由此，恩格斯得出一个重要结论：工人领袖的一部分必然堕落，似乎成为无产阶级运动的一种定律。①

为了防止无产阶级执政党蜕化变质，马克思、恩格斯提出，无产阶级政党必须同自身内部的各种腐化现象做斗争，"把他们的谬论'完完全全'放出来"②，"让他们烂透，使他们几乎自行垮台"③。

4. 无产阶级政党要有旗帜鲜明的政治纲领并采取正确的路线和策略。

无产阶级政党的政治纲领是统一全党思想和行为的基础，无产阶级政党要取得革命胜利并巩固政党地位，必须依靠正确的政治纲领。马克思和恩格斯非常重视无产阶级政党的纲领建设，认为无产阶级政党必须提出自己鲜明的政治纲领，从而对内实现思想统一，把全党团结到共同的理想和目标上来，对外号召和争取群众，以形成强大的革命队伍。马克思和恩格斯指出，"一个新的党必须有一个明确的积极的纲领，这个纲领在细节上可以因环境的改变和党本身的发展而改动，但是在每一个时期都必须为全党所赞同。只要这种纲领还没有制定出来或者还处于萌芽状态，新的党就将处于萌芽状态；它可以作为地方性的党存在，但还不能作为全国性的党存在；它将是一个潜在的党，而不是一个实在的党"。④

党的纲领反映了党的成熟程度和它领导的革命所能达到的水平，如

---

① 参见许青云《马克思恩格斯论保持共产党的先进性》，《郑州大学学报》（哲学社会科学版）2005 年第 4 期。

② 《马克思恩格斯全集》第 36 卷，人民出版社 1974 年版，第 70 页。

③ 《马克思恩格斯全集》第 38 卷，人民出版社 1972 年版，第 444 页。

④ 《马克思恩格斯文集》第 4 卷，人民出版社 2009 年版，第 318 页。

果我们无产阶级政党没有正确的政治纲领，就会失去先锋队的性质。马克思、恩格斯指出，党的纲领一定要把科学社会主义原则和本国的实际结合起来，无产阶级政党要以实际行动实现自己的纲领，为此，必须制定和实行正确的路线和策略。1893 年 10 月恩格斯对倍倍尔说，"一个知道自己的目的，也知道怎样达到这个目的的政党，一个真正想达到这个目的并且具有达到这个目的所必不可缺的顽强精神的政党，这样的政党将是不可战胜的，特别是在当前的情况下，如果它的一切要求都符合本国经济发展的需要，而且正是这种经济发展的政治表现的话，那就更是如此"。①

5. 无产阶级执政党要防止由"社会的公仆"变为"社会的主人"。

1871 年 3 月法国工人阶级通过革命建立了巴黎公社，在世界上第一次推翻了资产阶级国家机器的统治，建立了无产阶级政权。虽然只存在了短短的 72 天，但它使无产阶级政党的执政有了可贵的尝试，获取了非常有价值的经验，是一个伟大的壮举。马克思写了著名的《法兰西内战》一文，高度赞扬了巴黎公社的壮举，认为巴黎公社实行人民民主制度的伟大尝试，实现了"廉价政府"的目标。

正是在科学总结巴黎公社经验的基础上，马克思恩格斯提出了无产阶级专政的国家政权和国家机关公职人员保持廉洁，避免由"社会的公仆"变为"社会的主人"的几项措施：第一，无产阶级国家公职人员必须实行普选制。马克思认为把那些公认的品德高尚、才能出众的工人阶级代表选举出来，组成公社委员会，对选民负责，并可以随时撤换，这样才"能够把适当的人放到适当的位置上去，即使有时犯错误，也总能很快就纠正过来"②，恩格斯也指出，"把行政、司法和国家教育方面的一切职位交给由普选选出的人担任，而且规定选举者可以随时撤换被选举者"。第二，无

---

① 《马克思恩格斯全集》第 39 卷，人民出版社 1974 年版，第 139 页。
② 《马克思恩格斯全集》第 17 卷，人民出版社 1963 年版，第 360 页。

产阶级国家的公职人员必须接受人民群众的监督，并且随时可以罢免。马克思认为只有通过这种真正的责任制和罢免制，才能有效地防止那些人民的勤务员由社会公仆变为社会主人，因为人民的权力只能服务于人民，国家政治权力的运转必须受到"公众"即人民的监督。只有这样，才能真正保证国家权力沿着正确的轨道运行。第三，无产阶级国家的公职人员实行普通工人工资制。恩格斯认为所有国家公职人员都只应领取相当于工人工资的薪金，实行普通工人工资制，这样能够"可靠的防止人们去追求升官发财"，是防止国家和国家公职人员脱离群众，保持公仆本色的又一个"正确的方法"①。第四，无产阶级取得政权后，要实行"议行合一"的政体。马克思、恩格斯评论巴黎公社说："公社是一个实干的而不是议会式的机构，它既是行政机关，同时也是立法机关。"②

　　在马克思、恩格斯所处的时代，全世界还没有一个国家的无产阶级政党执政，但他们通过总结资产阶级政党执政的经验和教训、无产阶级在巴黎公社局部短暂执政的经验和无产阶级政党领导工人运动的做法，进行了大量的思考和探索，形成了无产阶级政党最早的执政理论，这些理论是马克思主义政党执政理论的源头，是极为宝贵的精神财富。由于时代和社会客观条件的限制，马克思和恩格斯对无产阶级夺取政权后如何防御执政风险、巩固执政地位的问题，没有也不可能提出全面和具体的方法措施，其中一些设想不完全适合于当今时代和社会的现实情况，但其为我们研究和解决无产阶级执政党防范执政风险这一问题提供了原则和思路，对于我们今天研究和探索无产阶级政党防范执政风险这一重大课题，有着重要的指导意义和参考价值。

---

① 参见《马克思恩格斯选集》第 3 卷，人民出版社 1995 年版，第 13 页。
② 《马克思恩格斯文集》第 3 卷，人民出版社 2009 年版，第 154 页。

二　列宁关于无产阶级政党防范执政风险的思想

十月革命后，无产阶级政党已经在俄国夺取了政权，实现了由革命党到执政党的伟大转变，俄国无产阶级政党执政后，防范执政风险和巩固执政地位成为摆在新生的执政党面前最紧迫的课题和任务。列宁是世界上第一个领导无产阶级政党夺取政权并开启执政实践的伟大革命导师，为防范党的执政风险，列宁进行了不懈的探索和实践，并提出了一系列重要思想和观点。

1. 无产阶级执政党必须坚持先进的理论为指导。

马克思主义理论是无产阶级及其政党认识世界和改造世界的工具，列宁强调无产阶级政党要坚持和正确对待马克思主义，并把马克思主义理论作为党的科学指导思想和理论基础，强调马克思主义理论对党的建设和事业的伟大指导意义。列宁指出："只有以先进理论为指南的党，才能实现先进战士的作用。"① 对于马克思主义对无产阶级执政党的重要指导意义，列宁指出："我们完全以马克思的理论为依据，因为它第一次把社会主义从空想变成科学，给这个科学奠定了巩固的基础，指出了继续发展和详细研究这个科学所应遵循的道路。"②

同时，列宁还指出必须正确对待马克思主义。他认为，各国无产阶级政党所处的环境和国情都不一样，具有自身的特殊性，不能盲目地照搬照抄马克思主义的某些观点和理论，不能把马克思主义当作僵化的教条，必须以本国的实际情况为依据。列宁指出："我们认为，对于俄国社会党人来说，尤其需要独立地探讨马克思的理论，因为它所提供的只是总的指导原理，而这些原理的应用具体地说，在英国不同于法国，在法国不同于德

① 《列宁专题文集　论无产阶级政党》，人民出版社 2009 年版，第 71 页。
② 同上书，第 338 页。

国，在德国又不同于俄国。"①

列宁要求用马克思主义理论武装全党，提高党员的修养和素质。列宁认为，无产阶级政党成为执政党后，在领导国家进行社会建设的过程中，马克思主义就成为党和国家一切工作的指导原则，必须不断提高全党的马克思主义理论水平。为此，1919 年 3 月，在列宁主持召开的俄共（布）第八次代表大会上，对举办高级和地方党校问题进行了讨论，形成了制度规定，并制定了针对全体党员的教育提纲。列宁还直接参与了第一所高级党校的教学计划和教学大纲的制定工作，并多次给学员作讲演。之后，在列宁主持召开的俄共（布）十大、十一大上，都把开展全党的共产主义教育活动问题作为主要议程进行研究讨论，提出了充分利用各级党校和党的出版物、广播等对全体党员进行共产主义教育，加强对新党员的思想理论教育，认真学习马克思主义基本理论，在实际工作中有效发挥老党员的教育示范作用等建议，并制定了相应规定。②

2. 防止党内出现骄傲自大情绪和特权腐化现象。

列宁认为，党取得执政地位后，骄傲自大情绪的出现可能是党的思想作风建设面临的一个重要问题。1921 年 10 月，列宁在全俄政治教育局第二次代表大会上的讲话中强调，共产党人的"骄傲自大"是党的"三大敌人"之一，他指出："我们党目前也许会陷入十分危险的境地，即变得骄傲自大起来。这是十分愚蠢、可耻和可笑的。大家知道，一些政党有了骄傲自大的可能，这往往就是失败和衰落的前奏。"③ 为此，列宁号召全体党员和领导干部自觉克服骄傲自大的情绪，保持人民公仆的本色。

列宁特别强调要防止党内贪污腐化现象的出现，认识到高额薪金具有腐化作用，对于巴黎公社时期实行的工资制大加赞赏。为了防止党和苏维

---

① 《列宁专题文集　论马克思主义》，人民出版社 2009 年版，第 96 页。
② 参见魏泽焕《列宁执政党领导思想研究》，中共中央党校出版社 1994 年版，第 217—219 页。
③ 《列宁全集》第 38 卷，人民出版社 1986 年版，第 354 页。

埃国家机关工作人员，特别是高级官员变成特权者以及腐化现象的产生，列宁于 1917 年 11 月 18 日主持通过了《人民委员会关于高级职员和官员的薪金额的决定草案》，要求降低企业和国家机关团体中高级职员和官员的薪金，规定苏维埃政府人民委员每月薪金不得超过 500 卢布，并明确规定其家庭成员的住房每人不得超过一间。① 同时，不允许党员享有任何优先权，尤其反对党员利用职权搞特殊化，要求明确各级干部的待遇，使国家机关的职务真正成为"无利可图但是荣耀的职位"②。

3. 加强民主监督，克服官僚主义。

十月革命胜利以后，布尔什维克党由严酷的斗争环境转入安定的和平环境，由被压迫被屠杀的地位变成执政地位。在这种环境下，党内不少人养尊处优，不关心群众的呼声和疾苦，官僚主义在苏维埃国家机关中逐渐产生和蔓延开来，到新经济政策时期官僚主义现象已经很严重，危害了党的形象和执政地位的巩固。列宁对于官僚主义深恶痛绝，他指出，官僚主义侵蚀党的肌体，危害国家政权，"我们所有经济机构的一切工作中最大的毛病就是官僚主义。共产党员成了官僚主义者。如果说有什么东西会把我们毁掉的话，那就是这个"③。因此，列宁强调，无产阶级执政党要抵制各种不正之风及官僚作风，加强对权力运用的监督和制约，也要加强对党员和领导干部的监督和控制，防止他们由人民的公仆变成人民的主人。

列宁提出要用民主监督的方式来消除官僚主义。列宁指出，监督是克服官僚主义、防止权力腐败、保证党的健康发展的重要政治措施，"是使共产主义社会正常地运转所必需的主要条件"④，要确保权力行使者完全按照人民的意愿来行使权力，就必须对权力行使者进行监督控制。列宁特别

---

① 郭泽洲、徐善广、徐卫国编著：《列宁关于执政党建设的理论和实践》，武汉出版社 1992 年版，第 98 页。
② 《列宁专题文集 论马克思主义》，人民出版社 2009 年版，第 249 页。
③ 《列宁专题文集 论无产阶级政党》，人民出版社 2009 年版，第 348 页。
④ 《列宁专题文集 论社会主义》，人民出版社 2009 年版，第 40 页。

重视人民监督权的行使，十月革命后，列宁立即着手建立新的监督机制，提出了"以权利制约权力"的方针，主张用人民的政治权利，通过"自下而上"的群众监督，去制约国家权力。发扬民主，克服官僚主义的一个重要措施就是实行选举制，由人民群众民主选举产生各级权力机关。列宁指出，公开选举是民主的前提，也是通过选举进行监督的前提，"没有公开性而谈民主制是很可笑的"①。对于不称职的国家公职人员，人民群众有权通过一定民主程序撤换和罢免，列宁指出："只有承认和实行选举人对代表的罢免权，才能被认为是真正民主的和确实代表人民意志的机关。"② 为了保护群众的监督权，列宁要求各级苏维埃机关对于群众的批评、建议、检举、控告、指令要及时处理，同时严惩打击报复行为。

列宁主张建立党内监督体系并付诸行动。他认为，加强党的监督是防止和克服官僚主义，保证党的路线、方针和政策贯彻执行不可缺少的措施，应当让一批先进的工人和农民进入国家机关，行使监督权利。1920 年2 月，根据列宁的建议，苏维埃在原国家监察部的基础上成立了有大批工农群众参加的工农检察院，其主要职责是对一切国家机关和工作人员守法与执法情况进行监督。③ 1920 年9 月举行的俄共（布）第九次全国代表大会上，由列宁提议，又成立了党的中央监察委员会，由党的代表大会选举产生，只对党的代表大会负责，直接向它报告工作。党的监察委员会和同级党委会，在组织上是平行的，彼此之间不存在领导与被领导的关系。列宁还努力为监督体系提供法规保障，制定了《监察委员会条例》，该条例就监察委员会的任务、职权以及它的中央机构和地方机构等问题，作了一系列规定。④ 列宁逝世前夕，在认真总结以往监督工作经验的基础上提出，必须从工作和组织上把党的中央监察委员会和工农检察院合并起来，把党

---

① 《列宁选集》第 1 卷，人民出版社 1995 年版，第 417 页。
② 《列宁全集》第 33 卷，人民出版社 1985 年版，第 102 页。
③ 顾玉兰：《列宁关于无产阶级执政党建设的理论及其重要启示》，《理论月刊》2002 年第 7 期。
④ 杨志超：《党的建设科学化的理论与实践研究》，博士学位论文，兰州大学，2012 年。

内监督和群众监督有机结合起来，大大加强了监督效果。①

4. 保持同人民群众的密切联系。

十月革命胜利以后，列宁在论述无产阶级政党的先锋队作用的同时，也特别强调党与人民群众保持密切联系的重要性。列宁指出，人民群众是布尔什维克党的力量和源泉，布尔什维克党夺取国家政权、取得革命胜利，主要原因在于得到了广大人民群众的支持和拥护；现在成为执政党，领导人民进行社会主义建设，同样也要依靠人民群众的力量，只有同广大人民群众保持密切联系，才能取得社会主义建设事业的新胜利。列宁对无产阶级政党执政后所遇到的新问题有着充分的认识，他把密切党群关系问题上升至决定党和国家生死存亡的高度，严厉警告那些有贪图安逸、容易发生蜕化变质危险的不坚定分子："最严重最可怕的危险之一，就是脱离群众，就是先锋队往前跑得太远，没有'保持排面整齐'，没有同全体劳动大军即同大多数工农群众保持牢固的联系。"②他在批评一些患有"左派"幼稚病的共产党员时指出，"先锋队只有当它不脱离自己领导的群众并真正引导全体群众前进时，才能完成其先锋队的任务"。③

列宁指出，无产阶级政党执政后的最大危险就是脱离人民群众。十月革命胜利以后，布尔什维克党由于地位和环境的变化，脱离人民群众的危险大大增加了，为此，他告诫全党，"对于一个作为工人阶级的先锋队来领导一个大国在暂时没有得到较先进国家的直接援助的情况下向社会主义过渡的共产党来说，最严重最可怕的危险之一就是脱离群众"。④"我们的当前任务，就是要最迅速、最有效和最切实地帮助这些年轻的党员成长，

---

① 吕志刚：《列宁关于加强执政党建设的思想及实践评析》，《湖北大学学报》（哲学社会科学版）2005 年第 4 期。

② 《列宁专题文集　论社会主义》，人民出版社 2009 年版，第 304 页。

③ 《列宁专题文集　论无产阶级政党》，人民出版社 2009 年版，第 343 页。

④ 同上。

把他们培养成建设共产主义的干部，使他们最有觉悟，能够胜任最重要的职务，并且同群众即同大多数工人和不剥削他人劳动的农民保持最密切的联系。"①

列宁不仅在理论上强调了保持同人民群众密切联系的重要性，在实践中也建立了一系列防止党脱离群众的制度。如列宁非常重视群众来信来访工作，建立信访制度，详细规定了做好群众来信来访工作的具体措施，列宁还规定，国家机关负责人必须定期向人民代表大会汇报工作。为了使广大党员干部认识到群众工作的重要性，列宁还经常教育广大党员，"在人民群众中，我们毕竟是沧海一粟，只有我们正确地表达人民的想法，我们才能管理。否则共产党就不能率领无产阶级，而无产阶级就不能率领群众，整个机器就要散架"。②

5. 有效开展批评与自我批评。

苏联是世界上第一个社会主义国家，布尔什维克党领导的社会主义事业是一项全新的事业，既没有前人的经验可以参考借鉴，也没有现成的答案，需要通过不断的探索来推进事业前进。因此，在列宁看来，布尔什维克党执政后，不论是党的组织还是党员个人，不犯错误是不可能的，关键在于执政党对自己的错误所抱的态度。列宁强调批评与自我批评是共产党人应有的作风。党员犯了错误并不可怕，可怕的是不敢开展批评和自我批评。正确地开展批评与自我批评，是党的生命力所在，列宁指出，"一个政党对自己的错误所抱的态度，是衡量这个党是否郑重，是否真正履行它对本阶级和劳动群众所负义务的一个最重要最可靠的尺度。公开承认错误，揭露犯错误的原因，分析产生错误的环境，仔细讨论改正错误的方法——这才是一个郑重的党的标志"。③ 在实际工作中，列宁总是积极地引

---

① 《列宁全集》第 38 卷，人民出版社 1986 年版，第 154 页。
② 《列宁专题文集　论社会主义》，人民出版社 2009 年版，第 340 页。
③ 《列宁专题文集　论无产阶级政党》，人民出版社 2009 年版，第 352 页。

导党员自由发表意见，听取他们的批评意见。列宁还建议在党报上开辟专栏，收集党员的意见和建议，甚至是非常尖锐的批评意见。列宁认为，只要正确地开展批评和自我批评，不断改正自身错误，布尔什维克党就一定能取得社会主义建设事业的伟大成就。

第二节　中国共产党历代领导集体关于防范执政风险的思想及实践

新中国成立后，中国共产党在领导人民进行社会主义建设事业的长期实践中，取得了巨大的执政成就和业绩，同时也经历过许多执政风险。回顾党的历代领导集体防范执政风险的历史，总结其宝贵经验，发现其一般规律，对于在新世纪新阶段我们党不断提高抵御执政风险能力，防范执政风险，巩固执政地位，具有重要的参考和指导意义。

一　以毛泽东为代表的第一代领导集体关于防范执政风险的思想和实践

新中国成立后，中国共产党开始成为执掌全国政权的执政党。作为党的第一代领导集体的核心，毛泽东高度重视防范执政风险问题，并就如何防范执政风险进行了深刻的思考和努力的探索，形成了丰富的关于防范执政风险的思想，主要体现在以下方面。

1. 发展经济才能巩固防范执政风险的物质基础。

毛泽东十分重视发展社会生产力，认为革命的主要目的就在于解放和发展社会生产力，强调只有经济发展了我们的政权才会巩固，经济不发展我们党和国家就会灭亡。在新中国成立之前毛泽东就指出："中国一切政党的政策及其实践在中国人民中所表现的作用的好坏、大小，归根结底，看它对于中国人民的生产力的发展是否有帮助及其帮助之大小，看它是束缚生产力的，还是解放生产力的。"① 新中国成立伊始就处于非常严峻的国际环境和形势之下，以美国为首的西方资本主义国家对中国采取了敌对和封锁政策。而旧中国留给我们的是一个十分落后的烂摊子，社会生产力水平极其低下，经济落后，物资匮乏，百废待兴。在这一特定历史条件下，1949 年 6 月 30 日毛泽东在《论人民民主专政》一文中指出："严重的经济建设任务摆在我们面前。"② 毛泽东进一步指出，全党必须把注意力转移到社会主义建设上来，1956 年年底我国社会主义三大改造基本胜利完成后，他更是明确表示，今后"我们的根本任务已经由解放生产力变为在新的生产关系下面保护和发展生产力"。③ 他强调"只有经过十年至十五年的社会生产力的比较充分的发展，我们社会主义的经济制度和政治制度，才算获得了自己的比较充分的物质基础"④。由此可见，毛泽东对解放和发展生产力的重要性的认识是非常深刻的。

为了党能够抵御住来自国内外的一切执政风险，确保党的执政地位，毛泽东根据当时的国际环境和中国国情，参照苏联的建设经验，主持制定了以工业化为主体的过渡时期总路线，明确了发展的任务和目标，即把一个经济落后的农业国建设成为富强的工业国，重点建设重工业，兼顾轻工业等其他产业的发展，自力更生，争取早日实现工业化，提出"将我们现在这样一个经济上文化上落后的国家，建设成为一个工业化的具有高度现代文化程度的伟大的国家"⑤。1956 年，毛泽东在政治局扩大会议上作了《论十大关系》的报告，报告总结了我国社会主义建设的经验，提出许多

---

① 《毛泽东选集》第 3 卷，人民出版社 1991 年版，第 1079 页。
② 《毛泽东选集》第 7 卷，人民出版社 1999 年版，第 250 页。
③ 同上书，第 218 页。
④ 《建国以来毛泽东文稿》（第 6 册），中央文献出版社 1992 年版，第 549、550 页。
⑤ 《毛泽东文集》第 6 卷，人民出版社 1999 年版，第 350 页。

关于社会主义建设的重要理论观点和基本方针，初步探索了符合我国国情的社会主义建设道路。1956 年 9 月召开的八大对当时我国的主要矛盾做了正确的判断，认为在社会主义改造完成后，我国社会的主要矛盾是人民日益增长的物质文化需求同当前落后的社会生产力之间的矛盾，强调我们党正面临着全面开展社会主义建设的新任务，应大力发展社会生产力，改善人民的生活，实现国家工业化。

总的来说，毛泽东对社会主义建设道路的探索在当时的历史条件和时代背景下是基本正确的。在党的领导下，经过艰苦奋斗，到 20 世纪 60 年代我国基本建立起了独立的、比较完整的国民经济体系和工业体系，一个面目一新、自立自强的社会主义新中国屹立在世界东方。正是因为新中国成立后我国国民经济的快速恢复，生产力的迅速发展，才使得我们党奠定了执政安全的物质基础，有效地防范了执政风险。但是，出于党内出现的种种原因，后来在发展方向上偏离了社会主义建设的中心任务，使党的事业遭受了重大损失，但我们党执政之初对社会主义建设道路的探索和尝试仍具有启发性意义。

2. 加强执政党的自身建设尤其是作风建设。

中国共产党在全国执政后，一方面确立了我党在中国的执政地位，另一方面又使我党容易产生腐化变质脱离群众，从而导致党的事业遭受损失的危险。1949 年 3 月 5 日，在党的七届二中全会上，毛泽东面对我党即将全面执政的形势，及时地向全党敲响了警钟并提出了要求，指出"务必使同志们继续地保持谦虚、谨慎、不骄、不躁的作风，务必使同志们继续地保持艰苦奋斗的作风"①。毛泽东同志多次告诫全党，要继续保持同人民群众的密切联系，警惕官僚主义，享乐主义的侵袭，防止党内出现贪污腐化现象，始终保持共产党人的革命本色和浩然正气。新中

---

① 《毛泽东选集》第 4 卷，人民出版社 1991 年版，第 1438、1439 页。

国成立后，由于一些领导干部精神懈怠，经不起新环境的考验，党内出现了享乐主义思想和贪污腐化现象，党坚持七届二中全会精神，先后开展了多次整党整风运动，防范党蜕化变质的风险，并在基层组织中举行一次关于共产党员必须具备八项条件的教育，对犯严重错误和不够条件的党员进行组织处理，并按照"惩前毖后、治病救人"的方针，着重从思想上政治上吸取教训，使全党特别是高级干部受到了教育，党内团结得到空前加强。1951 年 11 月 30 日，毛泽东就天津地委书记刘青山、专员张子善的贪污问题作了重要指示，强调："必须严重地注意干部被资产阶级腐蚀发生严重贪污行为这一事实，注意发现、揭露和惩处，并须当作一场大斗争来处理。"① 接着，毛泽东在为党中央起草的"反贪污、反浪费、反官僚主义"的批示中，深刻指出，"三反"不是一般的问题，而是关系党和国家是否蜕化变质，关系党和人民根本利益的重大问题。为此，1952 年党中央在全国范围内开展了声势浩大的"反贪污、反浪费、反官僚主义"的"三反"运动。可见提倡艰苦奋斗、勤俭节约、反对腐败、清正廉洁，是毛泽东的一贯主张，也是毛泽东管党治党的鲜明要求。

　　1956 年，毛泽东在《论十大关系》报告中指出，"一定要继续学习马克思列宁主义，抵制和批判资产阶级的一切腐朽制度和思想作风"。毛泽东阐明了执政党建设的根本指导思想是马克思列宁主义，并要把马克思列宁主义普遍真理与中中国实际相结合，强调必须用马克思列宁主义教育全党，指导党的各项事业。毛泽东非常重视执政党的党风建设，强调必须坚决反对和克服官僚主义，严惩腐败分子，保持共产党员两袖清风、清正廉洁，始终保持党同人民群众的密切联系，在执政党建设中必须坚持这些重要原则，通过党风廉政建设，提高党的抵御执政风险能力，从而巩固了党

---

① 《毛泽东文集》第 6 卷，人民出版社 1999 年版，第 190、191 页。

的执政地位。

　　3. 正确处理人民内部矛盾。

　　1956 年我国社会主义三大改造胜利完成之后，党中央又开始探索中国社会主义建设和发展的道路。但是国际社会主义运动出现了新形势和新情况，从 1956 年 6 月起，国际上在东欧社会主义阵营中发生了影响很大的"波匈事件"。① 在波兰和匈牙利，一方面，党内和人民群众中发出强烈呼声，要求在独立平等的基础上调整对苏关系，要求在政治、经济上实行变革；另一方面，一些反对社会主义的势力四处活动，意欲利用对斯大林错误的揭露，改变本国的社会主义制度。② 波匈事件引起了党中央和毛泽东的高度重视和深入思考。毛泽东认为，苏共二十大全盘否定斯大林的做法，混淆了人民内部矛盾和敌我矛盾，用解决敌我矛盾的方法来对待斯大林，这就引发了世界性反共风潮以及波匈事件。斯大林的错误和波匈事件表明，社会主义制度下仍然存在着各种矛盾。1956 年秋冬，我国国内也出现了一些不安定的情况。"1956 年 9 月到 1957 年 3 月半年时间内，全国发生数十起罢工、请愿事件，每起事件少则数十人，多则一二百人甚至近千人。在农村，1956 年夏收以后，不少地方连续发生闹缺粮、闹退社的风潮。浙江省农村发生请愿、殴打、哄闹等事件 1000 多起。广东省农村到年底先后退社的有 7 万余户"③。通过冷静分析和认真思考，毛泽东认为，群众闹事问题归根结底是人民内部矛盾，不是你死我活的敌我矛盾。他强调："以后凡是人民内部的事情，党内的事情，都要用整风的方法，用批评和自我批评的方法来解决，而不是用武力来解决。"④ 在毛泽东《关于正确处理人民内部矛盾的问题》指示精

---

　　① 1956 年 6 月在波兰的波兹南发生罢工、游行示威、骚乱甚至流血冲突。同年 10 月到 11 月在匈牙利的布达佩斯等地也发生罢工、游行示威、骚乱甚至流血冲突。

　　② 中共中央党史研究室：《中国共产党历史第二卷（1949—1978）》（上册），中共党史出版社 2011 年版，第 423 页。

　　③ 同上书，第 426 页。

　　④ 毛泽东在中共八届二中全会上的讲话记录，1956 年 11 月 15 日。

神的指导下，我们党有效地化解了当时国内外存在的大量矛盾，成功防范了执政中的一些风险。能否正确区分和处理敌我矛盾和人民内部矛盾，关系到党的执政地位，关系到我国社会主义建设事业的成败，在共产党执政的情况下，正确处理人民内部矛盾是党防范执政风险的一项重要举措。

二　以邓小平为代表的第二代领导集体关于防范执政风险的思想和实践

以邓小平同志为核心的党的第二代中央领导集体在领导中国特色社会主义建设事业的新道路征程中，始终保持着强烈的风险意识和危机意识，高度重视党的建设，大力加强和改进党的建设，关注党的执政地位和执政前途，并就在和平与发展的新时代主题下如何防范执政风险问题作了大量深刻的论述，逐步形成了系统完整的关于防范执政风险的思想，并付诸行动和实践。总结起来，党的第二代领导集体防范执政风险思想和实践主要体现在以下几个方面：

1. 坚持解放思想、实事求是，巩固共产党执政安全的思想基础。

在"文化大革命"时期，由于受到"左"的错误思想的影响，我们党逐渐背离了实事求是的思想路线，脱离了我国的基本国情，使我国的社会主义建设经历了曲折发展的道路，错失了发展机遇，遭受了重大损失。"文革"结束后，"左"的指导思想已经被否定，但是，在实际工作中"左"的指导思想并没有从根本上得到纠正，而且"两个凡是"的思想又影响着人们对事物的认识，严重地阻碍着拨乱反正工作的向前推进，致使党和国家的事业处于徘徊的局面。在这个事关党和国家前途命运的重大历史关头，邓小平深刻总结"文化大革命"的惨痛教训，针对全党思想僵化、迷信盛行的现实，邓小平指出，"一个党，一个国家，一个民族，如果一切从本本出发，思想僵化，迷信盛行，那它就不能前进，它的生机就停止了，就要亡党亡国"①。邓小平最先提出"两个凡是"不符合马克思主义，旗帜鲜明地支持实践是检验真理唯一标准的大讨论，认为我们不能片面理解毛泽东思想，更不能断章取义，主张要准确地完整地学习和运用毛泽东思想，从而明确地解决了党的思想路线问题，重新恢复和发展了毛泽东倡导的实事求是、理论联系实际、一切从实际出发的思想路线，澄清了错误认识，统一了党的思想，明确了前进方向。邓小平指出，"不解决思想路线问题，不解放思想，正确的政治路线就制定不出来，制定了也贯彻不下去"，"思想路线不是小问题，这是确定政治路线的基础。正确的政治路线能不能贯彻实行，关键是思想路线对不对头"②，"从这个意义说，关于真理标准问题的争论，的确是个思想路线问题，是个政治问题，是个关系到党和国家的前途和命运的问题"③。

为了进一步推动思想解放，邓小平在 1978 年 12 月党的中央工作会议上作了《解放思想，实事求是，团结一致向前看》的重要讲话，为随后召开的十一届三中全会确立了指导思想。据此，十一届三中全会强调全党必须"坚持唯物主义的思想路线"，"在马列主义、毛泽东思想的指导下，解放思想，努力研究新情况新事物新问题，坚持实事求是、一切从实际出发、理论联系实际的原则"④ 标志着党"解放思想，实事求是"的正确思想路线在全党得到了重新确立，为防止全党思想僵化的危险、巩固党的执政地位奠定了思想基础。

2. 坚持以经济建设为中心，巩固共产党执政安全的物质基础。

中国是一个发展中国家，面临着极为重要而紧迫的发展任务。在深刻反思历史和过去经验教训的基础上，邓小平把握时代发展的大趋势，同时

---

① 《邓小平文选》第 2 卷，人民出版社 1994 年版，第 143 页。

② 同上书，第 191 页。

③ 同上书，第 143 页。

④ 中国共产党中央文献研究室：《十一届三中全会以来党的历次全国代表大会中央全会重要文件选编》（上册），中央文献出版社 1997 年版，第 272 页。

站在国家和民族前途命运的高度，明确指出，中国解决一切问题的关键在发展。发展是解决所有问题的一把总钥匙，因此中国的主要任务是发展自己。邓小平指出："发展才是硬道理。这个问题要搞清楚。"① 同时郑重地指出："我们当前以及今后相当长一个历史时期的主要任务是什么，一句话，就是搞现代化建设。能否实现四个现代化，决定着我们国家的命运、民族的命运。"② 他还指出："党的十一届三中全会以后，我们集中力量搞四个现代化，着眼于振兴中华。没有四个现代化，中国在世界上就没有应有的地位。"③

　　不搞现代化建设是中国共产党执政的最大风险。党和国家在很长一个时期没能集中力量发展生产力，导致了社会的混乱和进一步的贫穷落后，最终将危及党的执政地位。党的十一届三中全会实现了党的工作重心从"以阶级斗争为纲"到以经济建设为中心的转移，并作出了实行改革开放的伟大决策。邓小平强调，我们要以经济建设为中心，一心一意搞现代化建设，如果我们不能加快速度发展，不能使人民的生活水平迅速提高，我们就有失去执政地位的危险。"离开了经济建设这个中心，就有丧失物质基础的危险。其他一切任务都要服从这个中心，围绕这个中心，决不能干扰它，冲击它。过去二十多年，我们在这方面的教训太沉痛了。"④ 自此，我国社会主义现代化建设事业坚持发展为第一要务，坚持以经济建设为中心不动摇，进一步解放生产力和发展生产力，不断增强我国的经济实力和综合国力，满足人民日益增长的物质文化需求，为防范和化解执政风险奠定雄厚的物质基础。

　　3. 坚持四项基本原则，巩固共产党执政安全的政治基础。

　　面对西方资本主义国家发起的"和平演变"攻势和国内出现的资产阶

---

① 《邓小平文选》第 3 卷，人民出版社 1993 年版，第 377 页。
② 《邓小平文选》第 2 卷，人民出版社 1994 年版，第 162 页。
③ 《邓小平文选》第 3 卷，人民出版社 1993 年版，第 357 页。
④ 《邓小平文选》第 2 卷，人民出版社 1994 年版，第 250 页。

级自由化思潮，邓小平提出了坚持四项基本原则的重要思想，即必须坚持社会主义道路，坚持无产阶级专政，坚持共产党的领导，坚持马列主义、毛泽东思想。1987 年邓小平会见津巴布韦总理穆加贝时曾明确指出："教育人民坚持四项基本原则，这就为我们事业的健康发展从根本上提供了保证。"① "没有四个坚持，中国就乱了。"②

邓小平指出：在整个改革开放的过程中，必须始终坚持四项基本原则。为此，在领导社会主义现代化建设和改革开放的过程中，邓小平旗帜鲜明地反对资产阶级自由化思想，抵御西方的和平演变，防范执政风险。在 1986 年召开的十二届六中全会上，邓小平发表重要讲话指出："资产阶级自由化这个思潮不顶住，加上开放必然进来许多乌七八糟的东西，一结合起来，是一种不可忽视的、对我们社会主义四个现代化的冲击。"因此，"反对自由化，不仅这次要讲，还要讲十年二十年"③。社会主义制度和资本主义制度是在性质上根本对立的两种社会制度，以美国为首的西方国家在武装侵略失败以后改变策略，对社会主义国家实行长期和平演变战略，在 20 世纪 80 年代中后期，苏联和东欧一大批社会主义国家中，共产党丧失了执政权，国家的性质也发生了根本性的变化。面对这一场没有硝烟的战争，邓小平对全党和全国人民谆谆告诫道："（西方国家）要颠覆我们的国家，颠覆我们的党，这是问题的实质。……他们的目的是要建立一个完全西方附庸化的资产阶级共和国。……其核心是打倒共产党，推翻社会主义制度。"④ "现在我们要顶住这股逆流，旗帜要鲜明。因为如果我们不坚持社会主义，最终发展起来也不过成为一个附庸国，而且就连想要发展起来也不容易。只有社会主义才能救中国，只有社会主义才能发展中国。""西方世界确实希望中国动乱。……美国学者有一种提法：打一场无硝烟

---

① 《邓小平文选》第 3 卷，人民出版社 1993 年版，第 202 页。
② 同上书，第 285 页。
③ 同上书，第 182 页。
④ 同上书，第 302 页。

的世界大战。我们要警惕。""中国不能把自己搞乱，这当然是对中国自己负责，同时也是对全世界全人类负责。"①

4. 坚持代表、依靠和教育人民，巩固共产党执政安全的群众基础。

党与人民的关系是鱼与水、血与肉的联系，离开了人民，党的事业就一无所成，党的执政就失去了根本基础，就将成为无源之水和无本之木。任何将党与人民分割开来或对立起来的做法都是错误的，有百害而无一益的。针对党内存在的权力滥用、"家长制"作风、命令主义和官僚主义现象，邓小平曾经严肃指出："我们党内还有一种人，他们把党和人民的关系颠倒过来，完全不是为人民服务，而是在人民中间滥用权力，做种种违法乱纪的坏事。这是一种很恶劣的反人民的作风，这是旧时代统治阶级作风在我们队伍中的反映。诚然，这样的干部为数很少，但是，他们的危害却很大。"② 邓小平在 1980 年 1 月 16 日《目前的形势和任务》一文中说："我们党同广大群众的联系，对中国社会主义事业的领导，是六十年的斗争历史形成的。党离不开人民，人民也离不开党，这不是任何力量所能够改变的。"③ 中国共产党成立伊始，就把实现中国人民的根本利益作为根本宗旨、价值取向和奋斗目标，党除了最广大人民群众的利益，没有自己的特殊利益。

邓小平指出，执政党要保持自身的先进性，必须走群众路线，因为党的宗旨和全部任务就是全心全意为人民群众服务，"党必须密切联系群众和依靠群众，而不能脱离群众，不能站在群众之上，每一个党员必须养成为人民服务、向群众负责、遇事同群众商量和同群众共甘苦的工作作风"，"党的领导工作能否保持正确，决定于它能否采取'从群众中来，到群众中去'的方法"④。

---

① 《邓小平文选》第 3 卷，人民出版社 1993 年版，第 361 页。
② 《邓小平文选》第 1 卷，人民出版社 1994 年版，第 222 页。
③ 《邓小平文选》第 2 卷，人民出版社 1994 年版，第 266 页。
④ 同上书，第 217 页。

改革开放以后，邓小平警告全党，要时刻注意脱离人民群众的危险，他说："要大力加强党的组织、党员同群众的联系，要把国家的形势和困难、党的工作和政策经常真实地告诉群众。要坚决批评和纠正各种脱离群众、对群众疾苦不闻不问的错误。群众是我们力量的源泉，群众路线和群众观点是我们的传家宝。党的组织、党员和党的干部，必须同群众打成一片，绝对不能同群众相对立。如果哪个党组织严重脱离群众而不能坚决改正，那就丧失了力量的源泉，就一定要失败，就会被人民抛弃。全党同志，各级干部，特别是领导干部，必须经常记住这一点，经常用这个标准检查自己的一切言行。"① 在邓小平看来，人民群众是中国共产党抵御执政风险的力量源泉。党只有代表人民群众的根本利益，保持与人民群众的血肉联系，全心全意为人民服务，才能巩固执政的群众基础，防范执政风险。

5. 坚持把共产党内部搞好，巩固共产党执政安全的组织基础。

邓小平总结国际共产主义运动的历史经验，特别是苏联解体和东欧剧变的沉痛教训，指出"中国要出问题，还是出在共产党内部"，提出了要领导人民继续推进社会主义建设的光辉事业，关键是我们共产党内部要搞好。这是对我党历史和现实经验教训与中国社会主义前途命运深思熟虑而得出的一个重要结论。

改革开放之初，党内和社会上曾一度出现企图削弱、取消、反对党的领导的倾向和思想，对此，邓小平从阐述坚持党的领导的历史依据和现实意义出发，在理论上和实践中与否定党的领导的思潮和倾向进行了坚决的斗争和有力抨击。他说："事实上，离开了中国共产党的领导，谁来组织社会主义的经济、政治、军事和文化？谁来组织中国的四个现代化？"② 邓

---

① 《邓小平文选》第 2 卷，人民出版社 1994 年版，第 368 页。
② 同上书，第 170 页。

小平指出："要聚精会神地抓党的建设，这个党该抓了，不抓不行了。"①可见，邓小平已经高度关注党内问题和党的建设问题。

在党的组织建设方面，邓小平认为干部问题是保证党的路线的连续性和国家长治久安的重要因素，邓小平强调要培养和选拔德才兼备的领导干部，加强领导班子建设，同时要注意培养优秀的年轻干部，保证党的事业后续有人。在1992年视察南方的谈话中，邓小平语重心长地说："正确的政治路线要靠正确的组织路线来保证。中国的事情能不能办好，社会主义和改革开放能不能坚持，经济能不能快一点发展起来，国家能不能长治久安，从一定意义上说，关键在人。"②"要注意培养人，要按照'革命化、年轻化、知识化、专业化'的标准，选拔德才兼备的人进班子。我们说党的基本路线要管一百年，要长治久安，就要靠这一条。真正关系到大局的是这个事。"③ 在党的作风建设方面，邓小平认为，党的作风问题不是小问题，是危及党的执政地位的大问题。改革开放之初，邓小平就提醒全党，要反对干部队伍中的不正之风和特殊化，警惕各种腐朽思想的侵袭。后来，他又多次强调，"端正党风，是端正社会风气的关键"。他在总结世界上其他社会主义国家的经验教训后深刻地指出："说到底，关键是我们共产党内部要搞好，不出事，就可以放心睡大觉。"④ 因此，他特别强调要严肃党的纪律，加强对党的监督，抓好廉政建设，并要求从党的高级干部做起。邓小平强调指出，对违反党纪的不管是什么人，不管牵扯到谁，都要执行纪律。在视察南方的谈话中，他再次强调："在整个改革开放过程中都要反对腐败。对干部和共产党员来说，廉政建设要作为大事来抓。"⑤ 在党的制度建设方面，邓小平提

① 《邓小平文选》第3卷，人民出版社1993年版，第314页。
② 同上书，第380页。
③ 同上。
④ 同上书，第381页。
⑤ 同上书，第379页。

出要坚持和完善民主集中制，建立和健全社会主义法制，用制度管人管事。他深刻总结了"文化大革命"的教训，全面分析了党和国家领导制度方面的弊端和问题，指出如果权力集中在个人或少数人手里，必然造成领导干部个人专权。为此，在领导制度上，他提出实行党政分工，中央和地方都要坚持集体领导和民主决策，重大问题由集体讨论决定，贯彻民主集中制，严格地实行少数服从多数，不能由一个人或少数人说了算。在党内民主生活上，他大力倡导同志间的平等和谐关系，反对家长制作风和个人独断专行。他还十分重视党章赋予党员的民主权利，强调党员在党章和党纪面前人人平等，发扬党内民主，充分调动党员的积极性。邓小平指出领导制度、组织制度问题带有根本性、全局性、稳定性和长期性，关系到党和国家是否改变颜色，必须引起全党的高度重视。

三　以江泽民为代表的第三代领导集体关于防范执政风险的思想和实践

1. 未雨绸缪，防范在先，注重增强全党的执政风险意识。

20 世纪 90 年代以来，我国的社会主义现代化建设和改革开放进入一个新的历史阶段，综合国力明显增强，人民生活水平显著提高。但随着改革开放的深度和广度不断扩展，社会主义经济政治体制深刻变革，我国在经济建设、政治建设、文化建设和党的建设等各方面都出现许多新问题、新情况和新矛盾，要解决这些问题和矛盾，把社会主义建设事业全面推向 21 世纪，需要全党进一步统一思想，齐心协力，迎接挑战。面对历史的机遇和挑战，以江泽民为代表的第三代领导集体始终怀着深深的忧患意识，并反复告诫全党务必居安思危，不断强化执政意识，提高执政本领，防范执政风险。2001 年，江泽民同志在庆祝建党 80 周年大会"七一"讲话中，指出："全党同志要居安思危，增强忧患意识。"① 此后，江泽民同志反复强调，"全党同志一定要增强忧患意识，居安思危，清醒地看到日趋激烈的国际竞争带来的严峻挑战，清醒地看到前进道路上的困难和风险"②，把党建设成为"能够经受住各种风险"的马克思主义政党。

2. 坚持理论创新和实践创新，提出"三个代表"重要思想。

在世纪之交的历史阶段，面对时代的发展和社会的变化，以江泽民为核心的党的第三代中央领导集体结合我们党自身建设的实践经验，深刻总结世界社会主义运动的历史经验和世界上一些大党、老党兴衰存亡的经验教训，从防范执政风险的角度出发，提出了"三个代表"重要思想，回答了"建设什么样的党，怎样建设党"这一重大问题。

2000 年 2 月 25 日，江泽民在广东省考察工作时首次提出"三个代表"的重要思想，指出："我们党所以赢得人民的拥护，是因为我们党在革命、建设、改革的各个历史时期，总是代表着中国先进生产力的发展要求，代表着中国先进文化的前进方向，代表着中国最广大人民的根本利益，并通过制定正确的路线方针政策，为实现国家和人民的根本利益而不懈奋斗。"③ 2001 年 7 月 1 日，在庆祝中国共产党成立 80 周年大会上，江泽民发表了重要讲话，全面阐述了"三个代表"重要思想的科学内涵，他指出："总结八十年的奋斗历程和基本经验，展望新世纪的艰巨任务和光明前途，我们党要继续站在时代前列，带领人民胜利前进，归结起来，就是必须始终代表中国先进生产力的发展要求，代表中国先进文化的前进方向，代表中国最广大人民的根本利益。"④ 2002 年 11 月，江泽民在党的十六大报告中进一步阐述了"三个代表"重要思想的时代背景、历史地位、精神实质和指导意义，阐明了贯彻"三个代表"重要思想的根本要求，提

---

① 江泽民：《论党的建设》，中央文献出版社 2001 年版，第 521 页。
② 《江泽民文选》第 3 卷，人民出版社 2006 年版，第 575 页，
③ 同上书，第 2 页。
④ 同上书，第 272 页。

出要把"三个代表"重要思想贯彻到社会主义现代化建设的各个领域，体现在党的建设的各个方面。党的十六大把"三个代表"重要思想同马克思列宁主义、毛泽东思想、邓小平理论一道确立为党必须长期坚持的指导思想并写进了党章。

"三个代表"重要思想的提出和实践，适应了新的形势对各级党组织和党员干部提出的新要求，推动全党以改革的精神加强党的建设，江泽民在中共十六大的报告中郑重提出："贯彻'三个代表'重要思想，必须以改革的精神推进党的建设，不断为党的肌体注入新活力。"① 体现了以江泽民为核心的党的第三代中央领导集体对加强党的建设的决心。中国共产党只有时刻保持忧患意识，以改革的精神加强党的建设，才能体现时代精神，完成时代所赋予我们的任务，党的自身建设才能富有实效，才能防范执政风险，中国共产党才能永远立于不败之地。

3. 把发展作为执政兴国第一要务，加快经济发展，增强综合实力，夯实防范执政风险的物质基础。

江泽民同志从我国社会主义现代化建设的实际出发，结合我国的基本国情，提出了"把发展作为党执政兴国的第一要务"这一重大理论命题。"能不能解决好发展问题，直接关系人心向背、事业兴衰。党要承担起推动中国社会进步的历史责任，必须始终紧紧抓住发展这个执政兴国的第一要务"。② 首先，发展是"党执政兴国的第一要务"。中国需要解决的问题有很多，但主要矛盾是人民日益增长的物质文化需求同落后的社会生产力之间的矛盾，要解决这个主要矛盾，首要任务就是加快发展，增强我国的经济实力。其次，发展是"三个代表"重要思想的理论主题，党要代表先进生产力的发展要求、代表先进文化的前进方向、代表人民的根本利益，最根本最要紧的任务也是加快发展。最后，加快发展是体现社会主义制度

---

① 《十五大以来重要文献选编》（下），人民出版社 2003 年版，第 2413 页。
② 《江泽民文选》第 3 卷，人民出版社 2006 年版，第 538 页。

优越性，体现党的先进性，巩固党执政合法性的重要条件和根本要求，离开了发展，党的执政地位就失去了根基。

江泽民同志对发展的内涵进行了进一步的阐释，他说："社会主义不仅要实现经济繁荣，而且要实现社会的全面进步。"① "我们建设有中国特色社会主义的各项事业，我们进行的一切工作，既要着眼于人民现实的物质文化生活需要，同时又要着眼于促进人民素质的提高，也就是要努力促进人的全面发展。"② "努力开创生产发展、生活富裕和生态良好的文明发展道路。"③ 江泽民在党的十六大报告中强调指出，党要承担起推动中国社会进步的历史责任，必须始终紧紧抓住发展这个执政兴国的第一要务，推动社会全面进步，促进人的全面发展。

为加快发展，1992 年召开的中共十四大做出了具有深远意义的三项决策，其中一项就是抓住机遇，加快发展。大会报告指出，当前国际竞争的实质是以经济和科技实力为基础的综合国力较量。如果我国经济发展慢了，社会主义制度的巩固和国家的长治久安都会遇到极大困难。1993 年，中共十四届三中全会通过了《中共中央关于建立社会主义市场经济体制若干问题的决定》，确立了建立社会主义市场经济体制的总体规划。此后，我国经济体制改革力度不断加大，经济发展走上高速发展的快车道。20 世纪 90 年代中后期，面对以经济和科技为基础的综合国力竞争日益激烈新的国际形势，江泽民多次强调要通过科技进步和创新推动我国生产力的跨越式发展，阐明能否把经济搞上去，不仅是重大的经济问题，而且是重大的政治问题。只有加快发展、增强经济实力、提高综合国力，才能在风云变幻的国际局势中处于主动地位，立于不败之地，巩固社会主义制度。

---

① 江泽民：《在庆祝中华人民共和国成立四十周年大会上的讲话》，《人民日报》1989 年 9 月 29 日。

② 《江泽民文选》第 3 卷，人民出版社 2006 年版，第 294 页。

③ 同上书，第 295 页。

4. 练好内功，强身固本，抓好党的自身建设。

世界政党的发展史和执政规律告诉我们，一个执政党不管它的资格多老、队伍多大，如果不能紧跟时代发展的步伐，不能解决其执政所面临的重大现实问题，不能得到最广大人民群众的支持和拥护，人民就会把它抛弃。资产阶级执政党是如此，马克思主义执政党也是如此。因此，中国共产党如果不能解决其面临的重大现实问题，一旦失去了先进性，必然会面临执政风险，甚至丧失政权。江泽民从"办好中国的事情关键在于党"的逻辑出发，总结了世界执政党执政的经验教训，从历史和现实、理论和实践、国际和国内的结合点的分析入手，指出"必须坚持、加强和改善党的领导。这是我们的事业胜利前进的根本保证"[①]。江泽民在党的历次重要会议上都反复强调要加强党的自身建设，提高党自身素质和能力。在党的十四大上，他提出"努力提高党的执政水平和领导水平，使我们这个久经考验的马克思主义政党，在建设中国特色社会主义的伟大事业中更好地发挥领导核心作用"[②]；在十五大上，他要求"全党要按照新的伟大工程的总目标，从思想上、组织上、作风上全面加强党的建设，不断提高领导水平和执政水平，不断增强拒腐防变的能力，以新的面貌和更强大的战斗力，带领人民完成新的历史任务"[③]；党的十六大上，他提出："加强和改进党的建设，一定要坚持党要管党，从严治党的方针，进一步解决提高党的领导水平和执政水平，提高拒腐防变和抵御风险能力这两大历史性课题。"[④]

---

①　《十五大以来重要文献选编》（上册），人民出版社 2000 年版，第 692 页。

②　江泽民：《加快改革开放和现代化建设步伐，夺取有中国特色社会主义事业的更大胜利——在中国共产党第十四次全国代表大会上的报告》（1992 年 10 月 12 日）。

③　江泽民：《高举邓小平理论伟大旗帜，把建设有中国特色社会主义事业全面推向二十一世纪——在中国共产党第十五次全国代表大会上的报告》（1997 年 9 月 12 日）。

④　江泽民：《全面建设小康社会，开创中国特色社会主义事业新局面——在中国共产党第十六次全国代表大会上的报告》（2002 年 11 月 8 日）。

四　以胡锦涛为代表的中央领导集体关于防范执政风险的
思想和实践

新世纪新阶段，世界形势呈现出政治多极化、经济全球化、文化多元化、科技迅猛发展的显著特征，国内正处于改革发展的关键期和社会的转型期，各种社会问题和矛盾日益凸显，使党的执政面临着新的挑战和风险。以胡锦涛为代表的中央领导集体分析世界形势发展的特点，根据本国发展的实际情况，先后提出了一系列防范和应对执政风险的方针政策。

1. 倡导忧患意识，强化执政风险观。

2002 年 12 月 5 日，胡锦涛同志担任总书记伊始，就带领中共中央书记处的同志来到河北省平山县西柏坡学习考察，回顾党领导人民进行革命斗争的光辉历史，重温毛泽东提出的"两个务必"的重要论述，号召全党继续大力发扬艰苦奋斗的作风。他指出，"全党同志特别是各级领导干部必须清醒地看到激烈的国际竞争给我们带来的严峻挑战，清醒地看到我们肩负的任务的艰巨性和复杂性，清醒地看到我们工作中存在的困难和风险，增强忧患意识，居安思危"。[①] 胡锦涛同志时刻保持"忧患"意识，指出中国共产党只有具备强烈的忧患意识，有了"安而不忘危，存而不忘亡，治而不忘乱"的危机感和紧迫感，才能够未雨绸缪，以积极的态度和充足的准备防范风险和危机，以保持长期执政的地位。

在党的十七届四中全会上，胡锦涛同志告诫全党，"全党必须牢记，党的先进性和党的执政地位都不是一劳永逸、一成不变的，过去先进不等于现在先进，现在先进不等于永远先进；过去拥有不等于现在拥有，现在

---

① 胡锦涛：《坚持发扬艰苦奋斗的优良作风，努力实现全面建设小康社会的宏伟目标》，《人民日报》2003 年 1 月 3 日。

拥有不等于永远拥有"。① 在日益复杂的国际和国内环境中建设和发展中国特色社会主义，党面临着长期执政考验、改革开放考验、市场经济考验、外部环境考验等诸多风险，中国共产党作为中国特色社会主义事业的领导核心，要带领广大人民应对并战胜各种风险和挑战，就必须加强和改进新形势下党的自身建设，增强"生于忧患，死于安乐"的危机意识，提高党的执政能力和领导水平，完成历史和人民赋予的使命和任务。

2. 着眼于解决经济社会发展中出现的突出问题，提出了科学发展观和构建社会主义和谐社会理论，为防范执政风险指明了根本方向。

发展问题不仅是经济问题，而且更是政治问题，只有解决好了发展问题，党才能得到人民的支持和拥护，党的执政基础才会更加牢固，为党长期执政提供良好条件和奠定坚实基础。

以胡锦涛为代表的中央领导集体牢牢抓住发展不放松，经济社会发展取得了举世瞩目的成就。但是，在中国经济持续发展过程中也积累了许多矛盾和问题，经济建设重速度、轻质量，经济增长主要依靠高投入和高消耗，发展过程中出现了贫富差距扩大的趋势，人与环境的矛盾日益突出，生态环境日益恶化。对此，以胡锦涛为代表的中国共产党人对发展中带来的问题进行了深入的思考，提出了以人为本、全面协调可持续的科学发展观，在实际工作中用科学发展观指导党的各项事业，促进了经济社会协调发展，保障了民生事业，巩固了人民安居乐业、安定团结的政治局面。

以胡锦涛为代表的中央领导集体带领人民抓住机遇、应对挑战，把中国特色社会主义伟大事业推向前进，在坚持发展经济的同时，把建设社会主义和谐社会放在重要位置。中共十六届六中全会审议并通过了《中共中央关于构建社会主义和谐社会若干重大问题的决定》（以下简称《决定》），《决定》认为，社会和谐是中国特色社会主义的本质属性，是国家

---

① 《中共中央关于加强和改进新形势下党的建设若干重大问题的决定》，新华社，2009 年 9 月 27 日。

富强、民族振兴、人民幸福的重要保证。构建社会主义和谐社会，是我们党以马克思列宁主义、毛泽东思想、邓小平理论和"三个代表"重要思想为指导，全面贯彻落实科学发展观，从中国特色社会主义事业总体布局和全面建设小康社会全局出发提出的重大战略任务，反映了建设富强民主文明和谐的社会主义现代化国家的内在要求，体现了全党全国各族人民的共同愿望。全会全面分析了当时的形势和任务，研究了构建社会主义和谐社会的若干重大问题。

胡锦涛同志多次强调，我们要构建的社会主义和谐社会，是在中国特色社会主义道路上，中国共产党领导全体人民共同建设、共同享有的和谐社会。妥善协调各方面的利益关系，形成全体人民各尽所能、各得其所而又和谐相处的社会，是巩固党的执政基础、防范执政风险的必然要求。构建社会主义和谐社会，必须坚持以马克思列宁主义、毛泽东思想、邓小平理论和"三个代表"重要思想为指导，坚持党的基本路线、基本纲领、基本经验，坚持以科学发展观统领经济社会发展全局，按照民主法治、公平正义、诚信友爱、充满活力、安定有序、人与自然和谐相处的总要求，以解决人民群众最关心、最直接、最现实的利益问题为重点，着力发展社会事业、促进社会公平正义、建设和谐文化、完善社会管理、增强社会创造活力，走共同富裕道路，推动社会建设与经济建设、政治建设、文化建设协调发展。正确处理人民内部矛盾，必须坚持把最广大人民的根本利益作为制定政策、开展工作的出发点和落脚点，正确反映和兼顾不同方面群众的利益，建立健全社会利益协调机制，完善正确处理人民内部矛盾的工作机制，综合运用政策、法律、经济、行政等手段和教育、协商、调解等方法，依法及时合理地处理群众反映的问题，努力把矛盾和纠纷解决在基层，消除在萌芽状态，做到防微杜渐。

3. 提出要实现好、维护好、发展好最广大人民的根本利益，强调着力保障和改善民生，做到发展为了人民，发展依靠人民，发展成果由人民共享，不断增强党的群众基础。

民生关系到人民群众的根本利益，决定了人民群众对执政党执政是否认同、信任和支持，越是关心群众，把人民群众的根本利益放在心上，越能得到人民群众的支持，党的执政基础就会越牢固，党领导的中国特色社会主义事业就会顺利推进，反之，如果得不到人民群众的支持，党的事业就会遭受失败。

胡锦涛同志强调要始终把实现好、维护好、发展好最广大人民的根本利益作为党和国家一切工作的出发点和落脚点，做到发展为了人民，发展依靠人民，发展成果由人民共享，不断增强党的群众基础。他指出："我们要始终不渝地坚持全心全意为人民服务的根本宗旨，时刻把群众的安危冷暖放在心上，真诚倾听群众呼声，真实反映群众愿望，真情关心群众疾苦，着力保障和改善民生。"[1] 以胡锦涛为代表的中央领导集体特别重视民生问题，胡锦涛指出："社会建设与人民幸福安康息息相关。必须在经济发展的基础上，更加注重社会建设，着力保障和改善民生，推进社会体制改革，扩大公共服务，完善社会管理，促进社会公平正义，努力使全体人民学有所教、劳有所得、病有所医、老有所养、住有所居，推动建设和谐社会。"[2] 以胡锦涛同志为代表的中央领导集体对中国特色社会主义事业做出了"四位一体"建设的总体布局，以人民利益为宗旨，在社会建设方面，把改善民生作为社会建设的重点，以不断提高和改善人民群众的生活水平为奋斗目标，充分体现了中国共产党立党为公、执政为民的执政理念。

4. 提出了要坚持以执政能力建设和先进性建设为主线，加强学习型政党建设，增强党防范风险的能力。

"党的先进性建设"是以胡锦涛为代表的中央领导集体继提出"加强

---

① 胡锦涛：《在党的第十七届一中全会上的讲话》，《人民日报》2007 年 10 月 22 日。
② 胡锦涛：《在中国共产党第十七次全国代表大会上的报告》，《人民日报》2007 年 10 月 25 日。

党的执政能力建设"后提出的又一重大党建战略思想，是对马克思主义执政党建设思想的继承和创新。2005 年 1 月 14 日，胡锦涛在新时期保持共产党员先进性专题报告会上的讲话中鲜明提出"加强党的先进性建设，始终是我们党生存、发展、壮大的根本性建设。抓住了先进性建设，就抓住了党的建设的根本，就抓住了加强党的执政能力建设、巩固党的执政地位的关键"。① 胡锦涛反复强调当前党的建设要坚持以执政能力建设和先进性建设为主线，着力提高党总揽全局、协调各方的能力和水平，不断提高党的领导水平和执政能力，不断增强拒腐防变和抵御各种风险的能力。为了提高党的执政能力，胡锦涛还提出建议，要求各级党组织、党员干部都要养成学习习惯，认真学习执政本领，提高自身素质，应对时代和社会的发展和变化，使党始终走在时代前列。胡锦涛关于党的执政能力建设和先进性建设思想，对于加强执政党的自身建设、巩固党的执政地位、防范执政风险，都具有重要而深远的意义。

5. 为了防范党内腐败现象可能引发执政风险，提出要加强党的先进性和纯洁性建设，保持党的组织纯洁、思想纯洁、作风纯洁和清正廉洁。

党的十六大以来，以胡锦涛为总书记的中央领导集体，紧密联系治国理政实践，毫不放松地加强党的反腐倡廉建设，在继承与坚持中发展，在发展中不断创新，不仅把党的"反腐倡廉工作"提升为"反腐倡廉建设"，还把"标本兼治、综合治理"的"八字"方针，发展为"标本兼治、综合治理、惩防并举、注重预防"的"十六字"方针，提出从教育、制度、监督和惩治等方面建立健全与社会主义市场经济体制相适应的惩治和预防腐败体系，为执政党在新世纪、新阶段的反腐倡廉建设开拓了新思路、开创了新局面，使执政党的反腐倡廉建设在法制化、科学化和系统化的轨道上迈出了新的步伐。

---

① 　胡锦涛：《在新时期保持共产党员先进性专题报告会上的讲话》，《人民日报》2005 年 1 月 15 日。

加强执政党的反腐倡廉制度建设，充分发挥制度在惩治和预防腐败中的保证作用。胡锦涛十分重视制度建设，他认为："制度问题更带有根本性、全局性、稳定性和长期性。"① 胡锦涛指出："反腐倡廉制度建设是惩治和预防腐败体系建设的重要内容，是加强反腐倡廉建设的紧迫任务。要以建立健全惩治和预防腐败体系各项制度为重点，以制约和监督权力为核心，以提高制度执行力为抓手，加强整体规划，抓紧重点突破，逐步建成内容科学、程序严密、配套完备、有效管用的反腐倡廉制度体系，切实提高制度执行力、增强制度实效。"②

五　以习近平同志为核心的党中央关于防范执政风险的思想和实践

党的十八大以来，世情、国情、党情继续发生深刻变化，在中国特色社会主义的道路上，我们仍然面临着发展机遇和风险挑战。习近平总书记指出："我们共产党人的忧患意识，就是忧党、忧国、忧民意识，这是一种责任，更是一种担当。要深刻认识党面临的执政考验、改革开放考验、市场经济考验、外部环境考验的长期性和复杂性，深刻认识党面临的精神懈怠危险、能力不足危险、脱离群众危险、消极腐败危险的尖锐性和严峻性，深刻认识增强自我净化、自我完善、自我革新、自我提高能力的重要性和紧迫性，坚持底线思维，做到居安思危。"③ 这既是对我们党面临深刻变化的外部环境和自身状况作出的科学判断，更是向全党再次发出的郑重告诫和提醒。面对"四大考验""四大危险"，以习近平同志为核心的党中央，带着强烈的忧患意识和问题意识，把全面从严治党纳入到"四个全面"战略中统一部署，开启了全面从严治党的征程，对有效防范中国共产

---

① 中共中央文献研究室：《十六大以来重要文献选编》（下卷），中央文献出版社 2008 年版，第 181 页。
② 胡锦涛：《建设科学严密完备管用的反腐倡廉制度体系，不断取得党风廉政建设和反腐败斗争新成效》，《中国监察》2010 年第 2 期。
③ 习近平：《在十八届中央政治局第十六次集体学习时的讲话》（2014 年 6 月 30 日）。

党执政风险产生了积极影响，取得了实际成效。

1. 以上率下，抓作风建设，进一步密切党同人民群众的关系。

习近平总书记指出："党的作风就是党的形象，关系人心向背，关系党的生死存亡。执政党如果不注重作风建设，听任不正之风侵蚀党的肌体，就有失去民心、丧失政权的危险。我们党作为一个在中国长期执政的马克思主义政党，对作风问题任何时候都不能掉以轻心。"① 党的十八大以来，以习近平同志为核心的党中央从自身做起，以上率下，开启了一场以反对"四风"为切入点的作风建设。

2012 年 12 月 4 日，中共中央政治局召开会议，审议通过了中央政治局关于改进工作作风、密切联系群众的八项规定。党中央以贯彻执行八项规定为切入口，坚决反对党内存在的形式主义、官僚主义、享乐主义和奢靡之风等"四风"问题，大力加强党的作风建设。八项规定犹如一缕清风，改变中国，领导干部考察不封路、不清场，重拳治理公款吃喝、公款旅游、公款送礼、公车私用，在重要节点加强正风肃纪，开通网站发动群众举报"四风"，党中央以作风建设为突破口，率先垂范，以上率下，说到做到，开创了管党治党的新局面。

2016 年 11 月 30 日，中共中央政治局审议通过规范党和国家领导人有关待遇等文件，对党和国家领导人办公用房、住房、用车、交通、工作人员配备、休假休息等待遇进一步作出规定，这些规定坚持从严要求，按照"保障工作需要、待遇适当从低"的原则，统一规范，强化约束，再次向全党全社会宣示"全面从严治党必须从领导干部特别是高级干部做起，要求别人做到的首先自己做到，要求别人不做的自己坚决不做"的鲜明态度。这些文件和规定是对中央八项规定的拓展和深化，表明党中央对党的作风建设持续发力，不断向前推进。

---

① 习近平：《在十八届中央政治局第十六次集体学习时的讲话》（2014 年 6 月 30 日）。

　　五年来，落实中央八项规定精神、纠正"四风"取得举世瞩目的成效，截至 2017 年 6 月 30 日，全国共查处违反中央八项规定精神问题 17.61 万起，处理党员干部 23.86 万人，给予党纪政纪处分 12.78 万人。① "八项规定"得到了人民群众的支持和称赞，从一个新名词，变得家喻户晓，深入人心。2016 年底，中国社科院一项调查显示，九成以上领导干部和普通干部，八成以上城乡居民对党风廉政建设和反腐败斗争有信心或比较有信心，比 2012 年分别提高 9.9、21.3、10.2 个百分点。②

　　作风问题具有顽固性和反复性，作风建设不可能一蹴而就，改进作风没有休止符，作风建设永远在路上。"踏石留印、抓铁有痕"成为党的十八大以来加强党的作风建设的鲜明特征，充分体现了党中央建设共产党人的优良作风，塑造共产党人良好形象，密切联系群众的坚强决心。

　　2. 以"猛药去疴，刮骨疗毒"的决心和勇气，推进反腐败斗争。

　　腐败是社会毒瘤，是影响经济发展、社会稳定、执政党执政安全的重大风险。我们党的干部队伍主流是好的，但党内也存在一些消极腐败现象，严重破坏党与群众的血肉联系，损害党的纯洁性，危及党的执政基础。反腐败斗争，建设廉洁政治事关人心向背、政权稳定，事关党和国家的生死存亡。习近平总书记指出："反对腐败、建设廉洁政治，保持党的肌体健康，始终是我们党一贯坚持的鲜明政治立场。党风廉政建设，是广大干部群众始终关注的重大政治问题。'物必先腐，而后虫生。'近年来，一些国家因长期积累的矛盾导致民怨载道、社会动荡、政权垮台，其中贪污腐败就是一个很重要的原因。大量事实告诉我们，腐败问题越演越烈，最终必然会亡党亡国！我们要警醒啊！"③

　　党的十八大以来，我们党以坚决的态度开展反腐败斗争，坚持"老

　　① 黄武：《以坚定决心严抓狠治》，《中国纪检监察》2017 年第 15 期。
　　② 同上。
　　③ 习近平：《紧紧围绕坚持和发展中国特色社会主义学习宣传贯彻党的十八大精神》（2012 年 11 月 17 日），《十八大以来重要文献选编》（上），中央文献出版社 2014 年版，第 81 页。

虎""苍蝇"一起打,着力构建不敢腐、不能腐、不想腐的体制机制。习近平总书记指出:"党面临的最大风险和挑战是来自党内的腐败和不正之风。权力寻租,体制外和体制内挂钩,形成利益集团,挑战党的领导。我们惩治腐败的决心丝毫不能动摇,惩治这一手始终不能软。"诛一恶则众恶惧。"要保持政治定力,持续强化不敢腐的氛围,使有问题的干部及早收手、收敛,遏制腐败现象的蔓延势头。同时也要抓不能腐的制度建设。"①

在高压反腐的同时,我们党正在扎紧制度的笼子,大力加强制度建设,把权力关进制度的笼子,让权力在阳光下运行;在治标的同时,加快治本的步伐,实现纪法分开、纪在法前、纪严于法;深化党的纪检体制改革,落实党风廉政建设主体责任和监督责任,强化责任追究;加强对党组织的巡视工作,实现巡视全覆盖,通过巡视工作查处一批严重违纪违法案件,发挥巡视的利剑和震慑作用。

五年来,我们党始终保持惩治腐败高压态势,反腐败斗争取得显著成效,截至 2017 年 7 月,共立案审查中管干部 200 余人,纪律处分领导干部 100 多万人,追回外逃人员近 3000 人②,使不敢腐的目标初步实现,"不能腐""不想腐"的效应初步显现,反腐败斗争压倒性态势已经形成。国家统计局调查显示,人民群众对党风廉政建设和反腐败工作的满意度从 2013 年的 81% 增长到 2016 年的 92.9%。③

3. 坚持思想建党和制度治党相结合,进一步提高管党治党水平。

思想建党是我们党的光荣传统和政治优势,制度治党是运用带有根本性、长期性和稳定性的制度来管理党员。充分发挥教育和制度的作用,是

---

① 习近平:《在中央政治局常委会听取中央巡视工作领导小组关于二〇一四年中央巡视组第二轮巡视情况汇报时的讲话》(2014 年 10 月 16 日)
② 姜潇、朱基钗:《彰显领导核心作用——党的十八大以来全面加强党的建设成就综述》,http://www.gov.cn/xinwen/2017-08/06/content_5216324.htm。
③ 同上。

我们党管党治党的宝贵经验。习近平总书记指出："从严治党靠教育，也靠制度，二者一柔一刚，要同向发力、同时发力。"① 党的十八大以来，以习近平同志为核心的党中央，坚持思想建党和制度治党相结合，一手抓思想教育，一手抓制度约束，迈出了管党治党的新步伐。

习近平总书记指出，"坚定理想信念，坚守共产党人精神追求，始终是共产党人安身立命的根本。对马克思主义的信仰，对社会主义和共产主义的信念，是共产党人的政治灵魂，是共产党人经受住任何考验的精神支柱。"② "理想信念就是共产党人精神上的'钙'，没有理想信念，理想信念不坚定，精神上就会'缺钙'，就会得'软骨病'。"③ 在思想教育方面，党的十八大以来，以习近平同志为核心的党中央大力加强理想信念教育，着力筑牢共产党人的精神之"钙"。2013 年下半年开始至 2014 年，全党自下而上分批开展党的群众路线教育实践活动；2015 年起开展"三严三实"专题教育；2016 年启动"两学一做"学习教育；2017 年将"两学一做"学习教育常态化制度化。通过学习教育活动，进一步坚定了共产党人的理想信念和远大追求，提高了共产党员的党性修养，奠定了为实现中华民族伟大复兴中国梦的思想基础。

在制度治党方面，以习近平同志为核心的党中央把制度治党作为全面从严治党的重要利器，实现党的制度建设重心由建章立制向制度治理的战略转向。习近平总书记指出："制度不在多，而在于精，在于务实管用，突出针对性和指导性。如果空洞乏力，起不到应有的作用，再多的制度也会流于形式。牛栏关猫是不行的！要搞好配套衔接，做到彼此呼应，增强整体功能。要增强制度执行力，制度执行到人到事，做到用制度管权管事管人。制定制度要广泛听取党员、干部意见，从而增加对制度的认同。要

① 习近平：《在党的群众路线教育实践活动总结大会上的讲话》，人民出版社 2014 年版，第 16 页。
② 习近平：《习近平谈治国理政》，外文出版社 2014 年版，第 15 页。
③ 同上书，第 414 页。

坚持制度面前人人平等、执行制度没有例外，不留'暗门'、不开'天窗'，坚决维护制度的严肃性和权威性，坚决纠正有令不行、有禁不止的行为，使制度成为硬约束而不是'橡皮筋'。"① 党的十八大以来，党内法规制度建设全面加速，我们党陆续出台一系列重要和关键的法规制度，从"八项规定"的出台，到党的十八届六中全会审议通过《关于新形势下党内政治生活的若干准则》和《中国共产党党内监督条例》，制度治党不断开创新局面，五年来，中央共出台或修订近80部党内法规，超过现有党内法规的40%，使从严治党、制度治党有规可循、有章可依。② 制度治党的成效不断显现，党内的一些不正之风有明显改观，党组织和党员的执行力大大增强，依规治党的观念正深入人心。

4. 从严管理干部，抓住"关键少数"，提高党的领导能力和执政能力。

党员干部是党的各项路线方针政策的具体组织者和执行者。从严治党重在从严管理干部，重点是要抓住领导干部这个"关键少数"。习近平总书记指出："从严治党，关键是要抓住领导干部这个'关键少数'，从严管好各级领导干部。"③ 党的十八大以来，我们党把从严管理干部作为一项经常性、基础性、关键性工作，贯穿到从严治党的全过程，取得了积极成效。

习近平总书记指出："我们的党员、干部队伍庞大，管理起来难度很大，但又必须管好，管不好就会出乱子。我们国家要出问题主要出在共产党内，我们党要出问题主要出在干部身上。"④ 党的十八大以来，我们党建立健全干部队伍管理制度体系，强化制度对领导干部的约束，强调制度的执行力，一些制度正发挥着有力的监督和约束作用，把权力关进制度的笼

————————

①　习近平：《在党的群众路线教育实践活动总结大会上的讲话》（2014年10月8日）。

②　姜潇、朱基钗：《彰显领导核心作用——党的十八大以来全面加强党的建设成就综述》，http：//www.gov.cn/xinwen/2017 - 08/06/content_ 5216324. htm。

③　习近平：《在参加十二届全国人大三次会议上海代表团审议时的讲话》（2015年3月5日）。

④　习近平：《在党的群众路线教育实践活动总结大会上的讲话》，人民出版社2014年版，第21页。

子正在逐步实现；进一步匡正选人用人导向，修订党政领导干部选拔任用工作条例等制度，防止干部"带病提拔"，坚决反对跑官要官，拉票贿选，营造良好的政治生态，打造一支高素质的执政干部队伍；加强干部队伍的日常监督和管理，强化领导干部的批评和自我批评，使"红红脸、出出汗"成为常态，落实对领导干部提醒、约谈、函询和诫勉的实施办法，使领导干部始终处于监督之下，在聚光灯下行使权力。

第三节　中国共产党执政以来防范执政风险的基本经验

一　防范执政风险必须坚持马克思主义的指导

执政党的指导思想是否正确，思想路线是否符合客观实际，决定着执政事业的兴衰成败。中国共产党的指导思想是马克思主义，党的一切执政理论和实践都是与马克思主义紧密联系在一起的，我们党 60 多年的执政历史充分证明，只有毫不动摇地坚持马克思主义，不断开拓马克思主义发展的新境界，党的执政地位才得以巩固，党才能开创和巩固执政兴国的新局面。

马克思主义是我们立党立国的根本指导思想。坚持马克思主义的指导思想地位，是党和国家的根本利益之所在，是党和人民团结一致、始终沿着正确方向前进的根本思想保证。江泽民曾深刻指出："一个党、一个国家、一个民族，特别是像我们这样的大党，这样的大国，这样人口众多的民族，如果没有正确的理论为指导，如果没有以正确理论为基础的强大的精神支柱，那么，我们的党、国家和民族将是不可想象的，就会成为一盘散沙，就谈不上凝聚力、战斗力、创造力，就不会有美好的未来。"① 新中

---

① 江泽民：《论党的建设》，中央文献出版社 2001 年版，第 87—88 页。

国成立后，我们党坚持以马克思主义为指导，创造性地走出了一条适合中国国情的社会主义改造道路，确立了社会主义制度，又用马列主义的立场、观点、方法，分析和解决社会主义建设的具体问题，在许多重大问题上提出了正确的思想理论观点，进一步丰富了毛泽东思想。党的十一届三中全会后，党在执政实践中坚持和巩固马克思主义指导地位，把马克思主义同中国国情和时代特征紧密结合，不断推进马克思主义中国化，形成了包括邓小平理论、"三个代表"重要思想以及科学发展观等重大战略思想在内的科学理论体系——中国特色社会主义理论体系。这一理论体系以一系列新的重大理论观点、重大战略思想，继承、丰富和发展了马克思列宁主义、毛泽东思想，是马克思主义中国化最新成果，是当代中国的马克思主义。改革开放以来，我们党正是以中国特色社会主义理论体系为指导，用与时俱进的科学理论武装全体党员，教育全国人民，统一了全党的意志，筑起了抵御各种错误思想侵蚀的坚固防线，确保了中国改革开放和现代化建设的正确方向，有力应对了各种复杂形势、经受了严峻考验，从而较好地防范和化解了执政风险，中国特色社会主义伟大事业取得了辉煌成就。正如胡锦涛在纪念党的十一届三中全会召开30周年大会上的讲话中所深刻指出的那样："30年来，我国改革开放取得伟大成功，关键是我们既坚持马克思主义基本原理，又根据当代中国实践和时代发展不断推进马克思主义中国化，形成和发展了包括邓小平理论、'三个代表'重要思想以及科学发展观等重大战略思想在内的中国特色社会主义理论体系，赋予当代中国马克思主义勃勃生机。"①

与时俱进，不断发展着的马克思主义是中国共产党防范和化解执政风险的思想理论武器。党的执政实践和经验告诉我们，什么时候坚持马克思主义，什么时候坚持用发展着的马克思主义指导新的实践，党的事业就顺

---

① 胡锦涛：《在纪念党的十一届三中全会召开30周年大会上的讲话》，《人民日报》2008年12月19日第1版。

利发展，反之就会遭受失败和挫折，就会走弯路。否定马克思主义的科学性、抛弃马克思主义的指导地位是错误的，把马克思主义当作一成不变的教条也是错误和有害的。我们党能否防范和化解执政风险，战胜前进道路上的各种困难，经受住执政过程中的各种考验，继续把中国特色社会主义伟大事业推向前进，实现中华民族伟大复兴的历史使命，关键在于坚持马克思主义的指导地位，在于在顺应时代发展的潮流中研究新情况，解决新问题，不断推进理论创新和实践创新，用发展着的马克思主义指导党的各项事业，为党防范和化解执政风险、巩固执政地位提供正确思路和可靠保证。

二 防范执政风险必须通过发展奠定物质基础

生产力是人类社会发展的最终决定力量，解放和发展生产力是社会主义的根本任务和发展社会主义的关键所在。建设中国特色社会主义，最根本的就是一切都要从我国仍处在社会主义初级阶段这个最大的国情出发，把发展作为党执政兴国的第一要务。解决中国所有问题的关键在于发展，如果不发展生产力，国家的经济实力就得不到增强，人民生活水平就得不到改善，社会主义的优越性就无法得到体现，党就会失去人民群众的支持和拥护，党的执政地位将受到威胁。以经济建设为中心，解放和大力发展生产力，才能为中国共产党防范执政风险、确保执政安全奠定物质基础。无产阶级夺取政权后，特别是建立社会主义制度以后，面临的任务很多，但最根本的、能够带动全局的，是以经济建设为中心，解放和发展生产力。不以经济建设为中心，不提高人民生活水平，不巩固执政的物质基础，共产党就难以执政，就有丧失政权的危险。

坚持把发展作为党执政兴国的第一要务，把发展作为解决中国一切问题的关键，是党通过艰辛探索得出的一条基本的执政经验。毛泽东同志指出："中国一切政党的政策及其实践在中国人民中所表现的作用的好坏、大小，归根结底，看它对于中国人民的生产力的发展是否有帮助及其帮助之大小，看它是束缚生产力的，还是解放生产力的。"① 历史和人民之所以选择中国共产党作为执政党，从根本上说，就是因为只有中国共产党能够带领人民群众解放和发展生产力，实现国强民富的伟大目标。在社会主义改造基本完成以后，党的八大作出了把党和国家的工作重点转移到经济建设上来的重大决策。然而，由于党缺乏建设社会主义的经验，在指导思想上走向以阶级斗争为纲的道路，偏离了经济建设这个主题，使我国的发展一度停滞，社会主义建设受到了严重挫折。党的十一届三中全会在深刻总结我国社会主义建设的经验教训的基础上，做出了把党和国家工作重点转移到社会主义现代化建设上来的正确战略决策，从此以后，党坚持以经济建设为中心，认定"发展是硬道理"，提出了发展是党执政兴国的第一要务，抓住机遇，加快发展，努力用发展的办法和成果解决前进道路上的问题，我国国民经济得到了持续快速的发展，国家综合国力显著增强，人民生活水平大幅度提高，提高了党在人民群众心目中的威信，为中国共产党对内凝聚民心、对外抵御颠覆，防范和应对执政风险，巩固执政地位奠定了坚实的物质基础。邓小平同志指出："不坚持社会主义，不改革开放，不发展经济，不改善人民生活，只能是死路一条。基本路线要管一百年，动摇不得，只有坚持这条路线，人民才会相信你，拥护你，谁要改变三中全会以来的路线、方针、政策，老百姓不答应，谁就会被打倒。"② 这是对我们党防范和抵御执政风险经验的深刻总结。

当前我国还处于社会主义初级阶段，以经济建设为中心，坚持科学发展，不断满足人民群众日益增长的物质文化需要，是我们党巩固执政地位的根本要求。改革开放以来，我党毫不动摇地坚持发展是硬道理的战略思想，牢牢扭住经济建设这个中心，不断解放和发展社会生产力，不断夯实

---

① 《毛泽东选集》第 3 卷，人民出版社 1991 年版，第 1079 页。
② 同上书，第 370、371 页。

我国社会主义制度的物质基础。当前我国进入全面建成小康社会、实现"两个百年"目标新的发展阶段，这是中华民族发展史上一个新的里程碑，也是继续发展的一个新的历史起点。在前进的道路上，我们面临的问题和困难还有很多。解决这些矛盾和困难，从根本上说，都必须依靠发展。只有紧紧抓住和搞好发展，用发展的办法解决发展中遇到的问题，党才能从根本上把握人民的愿望，把握社会主义现代化建设的本质，把握执政兴国的关键，这是保证我们党始终走在时代前列，应对新世纪、新征途各种风险考验，带领全国人民实现中华民族伟大复兴"中国梦"的必由之路。

三　防范执政风险必须密切党群关系，巩固执政的群众基础

建立稳固的执政基础是执政党执政的必要前提和根本条件。人心向背历来是决定一个政党、一个政权兴衰成败的根本因素，正所谓"得民心者得天下，失民心者失天下"。回顾中国共产党执政60多年的历史，中国共产党之所以能够成功地防范和应对执政风险，一个主要原因就是始终赢得人民群众的拥护和支持。我们党的执政历史表明，党之所以能够长期执政，成为中国特色社会主义事业的领导核心，就是因为围绕人民群众的根本利益制定方针政策，团结和依靠各种社会力量，不断扩大群众基础，保持与人民群众的血肉联系，赢得了最广大人民群众的拥护和支持，巩固了党的执政基础。无产阶级政党只有依靠人民，密切党群关系，立党为公，执政为民，才能防范被人民抛弃的危险，这是对共产党执政的兴亡规律的一个重要经验总结。

我们党执政后，为了巩固党的执政基础、防范脱离群众的危险，几代领导集体围绕巩固党的执政基础、保持与人民群众血肉联系这个核心，制定和实行正确的路线、方针和政策。在党和人民群众的关系这一重大问题上，中国共产党始终保持着清醒认识。毛泽东指出："共产党人的一切言论行动，必须以合乎最广大人民群众的最大利益，为最广大人民群众所拥

护为最高标准。"① 毛泽东同志于 1944 年 9 月 8 日在张思德同志追悼会上所作的演讲《为人民服务》中，明确提出我们共产党人"完全是为着解放人民的，是彻底地为人民的利益工作的"②，鲜明地表达了党为人民服务的宗旨。在党的七届二中全会上，毛泽东同志提出了"两个务必"的重要思想，要求全党经受住执政考验，防止因脱离群众导致人亡政息的危险。十一届三中全会后，邓小平同志指出，人民群众喜欢不喜欢，高兴不高兴，满意不满意，赞成不赞成，拥护不拥护，是衡量我们一切工作是非曲直的标准，提出"群众是我们力量的源泉，群众路线和群众观点是我们的传家宝"。③ 十三届四中全会后，江泽民同志在认真总结前两代领导人的执政经验的基础上，进一步深化了党的建设理论，提出"三个代表"重要思想，并指出"始终做到'三个代表'，是我们党的立党之本、执政之基、力量之源"④。江泽民同志在庆祝中国共产党成立八十周年大会上的讲话中提出："全心全意为人民服务，立党为公，执政为民，是我们党同一切剥削阶级政党的根本区别。"⑤ 这是我们党首次明确提出"执政为民"的执政理念。胡锦涛同志进一步发展了党执政为民的理念，提出了"群众利益无小事"，"情为民所系、权为民所用、利为民所谋"等新思想新论断，反映了党的执政理念和群众观点的不断丰富发展。

坚定不移地相信群众、依靠群众、为了群众是我们党防范和应对执政风险的力量之源和胜利之本。我们党在人民群众中成长、发展和壮大，始终为人民的利益而奋斗。在长期革命、建设和改革的征程中，我们党形成了一切为了群众、一切相信群众、一切依靠群众，从群众中来，到群众中去的群众路线和优良传统。这是我们党赢得人民群众支持、充分调动和发

① 《毛泽东选集》第 3 卷，人民出版社 1991 年版，第 1096—1097 页。
② 同上书，第 1004 页。
③ 《邓小平文选》第 2 卷，人民出版社 1994 年版，第 368 页。
④ 江泽民：《论"三个代表"》，中央文献出版社 2001 年版，第 7 页。
⑤ 《江泽民文选》第 3 卷，人民出版社 2006 年版，第 279 页。

挥人民群众积极性、主动性和创造性的根本保证，也是我们党战胜一切艰难险阻，取得一个又一个伟大胜利的根本保证。我们党一贯强调，党执政后最大危险是脱离人民群众。这是极为重要的政治观点，既总结了我党九十多年奋斗的基本经验，体现了我们对共产党执政规律、社会主义建设规律的深刻认识，也反映了我们对世界其他政党兴衰规律的思考。习近平指出："我们要与人民心心相印、与人民同甘共苦、与人民团结奋斗。现在我们谈不上说一块苦，但一定要一块过、一块干，保持和发扬党的光荣传统和优良作风，保持同人民群众的血肉联系，切实把工作做好。"① 在新世纪新阶段，为了始终保持党同人民的血肉联系，建立良好的党群关系，我们必须坚持与人民群众同呼吸共命运的立场，牢记全心全意为人民服务的宗旨，践行党的群众立场、观点和路线，要做到情为民所系，权为民所用，利为民所谋，问政于民、问需于民、问计于民，与人民群众心连心、共患难，我们党就能获得最广泛、最可靠、最牢固的群众基础，才能永远立于不败之地。

四　防范执政风险必须实行正确的战略策略

实行正确的战略策略是防范执政风险的可靠保证和有力武器。为了更好地为人民执好政、掌好权，实现执政目标，完成执政使命，我党在治国理政的实践中形成和总结一系列宝贵的战略策略，如提出了"坚持稳定压倒一切的方针"，"正确处理改革发展稳定的关系"，"构建社会主义和谐社会"等，这些都是党在具体执政实践中采用的战略策略，也是党防范和化解执政风险的战略举措。

保持社会和谐稳定，实现国家长治久安，是世界各国执政党治国理政、稳固政权的共同理想和目标，也是中国共产党执政以后领导中国特色

---

① 习近平：《在中央政治局会议上关于改进工作作风、密切联系群众的讲话》（2012 年 12 月 4 日）。

社会主义建设事业所要解决的重大课题。"文革"时期，我们党错误坚持以"阶级斗争为纲"的政治路线，结果出现了长达十年的社会动乱，各项发展基本停滞，社会主义中国到了崩溃的边缘，给党的执政造成了极大风险，是我党执政史上一个惨痛的教训。邓小平吸取过去的经验教训，强调中国的发展需要一个稳定的社会环境。没有稳定的社会环境，什么都搞不成，已经取得的成果也会失掉。江泽民也指出，稳定是发展和改革的前提，发展和改革必须要有稳定的政治和社会环境。胡锦涛也多次强调，保持社会稳定，是推进改革开放和社会主义现代化建设的基本前提，是全面建设小康社会的重要保证，也是构建社会主义和谐社会的必然要求。正是在社会稳定的环境下，我国取得举世瞩目的发展成就。可见，坚持稳定压倒一切的方针是我们党执政经验的深刻总结，是党防范执政风险的重要战略。

正确处理改革发展稳定的关系是改革开放 30 多年我们党积累的宝贵经验之一。我们党十分注意从大局上把握建设有中国特色社会主义的实践，十分注意从宏观上正确处理改革、发展、稳定三者的关系，把改革的力度、发展的速度和社会可以承受的程度统一起来，在政治和社会稳定中推进改革和发展，在改革和发展中实现政治和社会的长期稳定。江泽民指出，"改革、发展、稳定三者关系处理得当，就能总览全局，保证经济社会的发展；处理不得当，就会吃苦头，付出代价"，"改革是经济和社会发展的强大动力"，"稳定是发展和改革的前提"。① 胡锦涛指出："必须把促进改革发展同保持社会稳定结合起来，坚持改革力度、发展速度和社会可承受程度的统一，确保社会安定团结、和谐稳定。"② 这些思想精辟阐述了实践中需要解决的最重大问题及其相互关系，为全

---

① 江泽民：《在党的十四届五中全会闭幕时的讲话》，《人民日报》1995 年 10 月 9 日。
② 胡锦涛：《在纪念党的十一届三中全会召开 30 周年大会上的讲话》，《人民日报》2008 年 12 月 19 日。

党全国人民从总体上认识和把握建设中国特色社会主义提供了科学的指导。改革是动力，发展是目的，稳定是前提，只有坚定不移地推进发展，才能不断增强综合国力和国际竞争力，更好地解决前进中的矛盾和问题。只有坚定不移地推进改革，才能为经济和社会发展提供强大动力。只有坚定不移地维护稳定，才能不断为改革发展创造有利的条件和外部环境。要统观全局、精心谋划和整体把握，做到在社会稳定中推进改革发展，通过改革发展促进社会稳定。这是我们党防范执政风险，巩固执政地位的基本条件。

党的十六大首次提出"社会主义和谐社会"，党的十六届四中全会《决定》指出："形成全体人民各尽其能、各得其所而又和谐相处的社会，是巩固党执政的社会基础、实现党执政的历史任务的必然要求。"可见，构建社会主义和谐社会既是我们党抓住和用好重要战略机遇期、实现全面建设小康社会宏伟目标的必然要求，也是我们党把握复杂多变的国际形势、有力应对来自国际环境的各种挑战和风险的必然要求。妥善协调各方面的利益关系，正确处理人民内部矛盾，构建全体人民各尽所能、各得其所而又和谐相处的社会，关系最广大人民的根本利益，关系党执政的社会基础、实现党执政的历史任务，关系全面建设小康社会的全局，关系党的事业兴旺发达和国家的长治久安，是党防范执政风险的重要战略举措。

执政党防范执政风险，必须采用正确的战略策略。正确的战略策略来源于科学的理论，又是对实践经验的科学总结。因此，这就要求我们党不断创新执政理论，不断总结新的执政经验，制定出符合客观实际的、科学的战略策略，从而有效应对和防范执政风险，为党的安全执政提供保证。

五　防范执政风险必须大力加强党的自身建设

加强党的自身建设是执政党防范和抵御执政风险的关键和基础，高度重视和不断加强自身建设，是中国共产党从小到大、由弱到强，在战胜困难中不断成熟的一大法宝。只有坚持加强和改进党的自身建设，不断提高党的领导水平和执政能力，使党始终成为中国特色社会主义事业的坚强领导核心，发展党的先进性，保持党的纯洁性，才能有效防范和应对执政风险。历代党的中央领导集体大力加强和推进党的建设，使党始终走在时代前列，始终成为领导中国革命、建设和改革发展的核心力量，取得了伟大成就，巩固了党的执政地位。

毛泽东同志高度重视党的建设，他指出，党的建设是中国革命取得胜利的三大法宝之一。面对即将全国执政的伟大胜利，毛泽东提醒全党，夺取革命胜利，只是万里长征走完了第一步，今后的道路更曲折漫长，工作更艰苦。新中国成立后，党面临着巩固新生政权、恢复经济社会发展的历史任务。如何在执政条件下从严治党，使党永不蜕变，成为摆在全党面前的一个崭新课题。毛泽东同志告诫全党要警惕敌人的糖衣炮弹的腐蚀，提出了"两个务必"的重要论断，强调"必须向一切内行的人们（不管什么人）学经济工作"①。他还提出党的建设必须密切联系党的政治路线，从政治上建设党；必须把思想建设放在党的建设的首位，创造性地提出从思想上建党；党必须实行民主集中制的原则和严格的纪律，通过加强集体领导、加强民主集中制来改善党的领导；党要实行任人唯贤的干部路线和干部政策，提出培养和造就千百万无产阶级事业的接班人；指出三大作风是共产党区别于其他政党的显著标志，要把作风建设放在重要位置，坚持全心全意为人民服务的宗旨。

以邓小平为核心的党的领导集体，科学地总结了正反两方面的经验，把加强执政党建设问题与党所面临的新形势、新任务紧紧联系起来，围绕着党的基本路线，提出了一系列执政党建设的思想并进行了不懈的探索。第一，提出了一个新的执政党建设目标，即"把我们党建设成为有战斗力

---

① 《毛泽东选集》第 4 卷，人民出版社 1991 年版，第 1481 页。

的马克思主义政党，成为领导全国人民进行物质文明和精神文明建设的坚强核心"；第二，为了坚持党的领导，必须改善党的领导，必须对党和国家的领导体制进行改革，他明确指出"要处理好法治和人治的关系，处理好党和政府的关系，注重从领导制度和工作机制上解决问题"①；第三，提出了干部队伍建设的"四化"方针；第四，针对伴随改革开放出现的腐败情况，告诫全党，不惩治腐败就会有丧失政权的危险。

党的十三届四中全会以后，我们党根据时代发展和国内外形势的深刻变化，开始日益重视加强党的执政能力建设问题。江泽民同志明确指出："我们的各项工作能否做好，我们能否在激烈的国际竞争中始终占据主动，我们的事业最终能否成功，很大程度上取决于中国共产党的领导水平和执政能力。"② 面对日益复杂的国内外形势和环境，针对在新的历史条件下建设一个什么样的党和怎样建设党的问题，江泽民同志提出了"三个代表"重要思想，领导全党继续推进党的建设新的伟大工程，进一步提高了党的领导水平和执政能力以及拒腐防变和抵御风险的能力，把中国特色社会主义事业全面推向新世纪。

党的十六大以来，以胡锦涛为核心的党的领导集体面对新形势、新任务，做出了围绕党的目标和任务，以执政能力建设为重点，以党的先进性建设为主线，全面加强党的思想建设、组织建设、制度建设、作风建设、干部队伍建设战略思路和布局。一是提出要大力加强党的执政能力建设，认为中国特色社会主义事业能否顺利推进，关键在于我们的党能否不断提高自己的执政能力；二是第一次鲜明提出加强党的先进性建设，并创造性地阐述了党的先进性建设重大战略思想，认为能否永葆党的先进性，关系党的执政地位。为此，党的十七大明确提出要以改革创新精神全面推进党的建设新的伟大工程，把党的执政能力建设和先进性建设作为主线，全面

---

① 《邓小平文选》第3卷，人民出版社1994年版，第177页。
② 江泽民：《论党的建设》，中央文献出版社2001年版，第182页。

加强党的执政能力建设。

　　我们党高度重视自身建设以防范执政风险。党在全国范围内执政以后，在党的中央全会上就党的建设问题专门做出决定的就有八次，先后通过了《关于增强党的团结的决议》（1954 年 2 月中共七届四中全会通过）、《关于党内政治生活的若干准则》（1980 年 2 月中共十一届五中全会通过）、《中共中央关于整党的决定》（1983 年 10 月中共十二届二中全会通过）、《中共中央关于加强党同人民群众联系的决定》（1990 年 3 月中共十三届六中全会通过）、《中共中央关于加强党的建设几个重大问题的决定》（1994 年 9 月中共十四届四中全会通过）、《中共中央关于加强和改进党的作风建设的决定》（2001 年 9 月中共十五届六中全会通过）、《中共中央关于加强党的执政能力建设的决定》（2004 年 9 月中共十六届四中全会通过）和《中共中央关于加强和改进新形势下党的建设若干重大问题的决定》（2009 年 9 月中共十七届四中全会通过），这表明了党高度重视加强自身建设以防范执政风险的决定性作用。

　　历史经验教训告诉我们，党要履行好执政使命，完成好执政任务，就必须加强自身建设，搞好自身建设是党防范和应对执政风险的内在动力和基本要求。从过去看，我们党正是通过维护党内团结、严格党内生活、密切党群关系、整顿党的作风、加强能力建设等方法来搞好自身建设，有效地化解了各种危及执政地位的风险。面对现在和展望未来，只有加强党的自身建设，才能保证党在复杂多变的国际环境中始终走在时代前列，在应对各种风险和考验中始终维护人民群众的根本利益，在实现中华民族伟大复兴的历史征程中始终成为坚强的领导核心。

第二章 世界执政党防范执政
风险的经验借鉴

马克思主义认为，任何事物发展都是矛盾普遍性与特殊性的辩证统一。一方面，执政党执政过程中不能只强调执政的共性，而忽视执政的特殊性，照搬别国的执政模式和执政经验；另一方面，也不能只强调执政的特殊性，忽视了政党执政的普遍规律，否则执政党就不能巩固执政地位，稳固政权。虽然世界上各类执政党的性质、信仰、纲领、执政模式、执政理念、执政基础等与我们党不同，但是它们要获取政权成为执政党，巩固执政党的地位，领导国家发展经济和推动社会进步，这是执政党执政的一般规律和共同特征。各类政党的执政经验包含了对丰富的执政实践的理性认识和总结，我们通过对政党执政实践和过程进行科学分析和总结，得出政党执政的规律和特征。只有研究和借鉴各类政党执政经验，正确认识和把握执政一般规律和特殊规律，才能取其精华、去其糟粕，为我所用。中国共产党防范执政风险既需要认真总结 60 多年来我们党的执政历程和执政经验，也需要打开眼界、开阔视野、放眼世界，认真研究和借鉴世界其他国家政党执政的成功经验。

第一节　苏联共产党丧失执政地位的原因分析和教训

苏联共产党是一个建党 93 年，执政 74 年，拥有 1900 万党员的老党和大党，执政时期存在各种执政危机和执政风险，量变引起质变，最后各种危机积重难返，苏联共产党领导人在化解执政风险时又出现严重失误，无力回天，最终导致亡党亡国。苏联共产党丧失政权和苏联解体是20 世纪国际共产主义运动的重大历史事件，20 多年来，学术界一直在讨论、研究和总结苏联共产党丧失政权的原因和教训。苏联共产党丧失执政党地位的教训为我们敲响了警钟：无产阶级夺取政权不容易，执掌好政权尤其是长期执政更不容易，党的执政地位不是与生俱来的，也不是一劳永逸的。恩格斯说过："没有哪一次巨大的历史灾难不是以历史的进步为补偿的。"① 正所谓以史为鉴，可以知兴替，总结苏共垮台和苏联解体的原因和教训，对于认识无产阶级政党执政规律、把握社会主义建设规律、增强中国共产党的忧患意识、提高防范和化解执政风险的能力具有重要和深远意义。

一　苏联共产党丧失执政地位的主要原因

苏联共产党丧失政权的原因不是单一的，而是由政治、经济、社会和意识形态等多种错综复杂因素综合作用的结果，学术界从各个角度对这个问题作了全方位的思考、讨论和研究，原苏联专家学者和政治家、西方学者和我国学者在对苏联解体的全面分析中，由于历史定位、国家利益和阶

---

① 《马克思恩格斯文集》第 10 卷，人民出版社 2009 年版，第 665 页。

级立场的不同,对苏联共产党丧失政权原因的分析研究也各有其侧重点。本文主要从执政党巩固执政地位、范执政风险的角度进行分析和阐述。

1. 经济管理权高度集中,经济社会发展战略严重失误,国民经济发展停滞甚至倒退,人民生活水平长期得不到提高。

(1) 苏联共产党实行高度集中的计划经济体制,使经济发展质量和水平低下。

苏联共产党在经济方面建立了严格的计划管理体制,主要特征表现为管理权高度集中,国家主要通过行政机关下达强制性的指令和决议,对整个国家的经济活动和企业进行集中统一管理和指挥。这种经济管理体制,在工业化初期集中人力、物力和财力发展重工业发挥了重要作用,但作为经济调控的主要手段,其本身又存在着严重缺陷,管理方法以行政手段为主,否定市场在资源配置中的作用,强化政府的职能,企业完全按照国家的计划指令去组织生产,结果导致经济效率差。由于政府对经济活动管得太多,政企不分,政府内官僚主义盛行,严重阻碍了经济发展的动力和活力。高度集中的计划经济体制,使广大劳动者被排斥于组织生产的过程之外,权力被一小部分领导人控制,违背经济规律的情况时有发生。赫鲁晓夫时期,苏共把基层党组织分为工业党和农业党,致使管理体制更加混乱无序。农庄农场对于种植何种作物没有自主权,只能机械执行上级命令,政府对经济活动的每一个环节都管理得过死,但对造成的损失和浪费却不承担责任,影响了生产者的积极性。勃列日涅夫时期,在许多集体农庄里,庄员群众实际上不参加讨论和解决农庄经营的根本问题。[①] 随着生产力的发展,经济规模总量的扩大,社会分工的日益细化,高度集中的经济体制已经越来越不适应形势了,从而严重激化了生产力与生产关系的矛盾,威胁着上层建筑的稳固性。

---

① 参见潘正祥、詹德斌《苏共亡党亡国的民心因素》,《江淮论坛》2003 年第 2 期。

（2）苏联共产党关于本国社会发展阶段的理论严重脱离现实。

在社会主义建设中，苏共长期奉行超越社会发展阶段的"左"倾路线方针。根据科学社会主义的观点，人类社会要从资本主义发展到社会主义、再发展到共产主义，无产阶级掌权后，还要经历几个历史阶段和较长的时间才能逐步建成社会主义和共产主义。但是苏联经济建设总的指导思想长期脱离实际、超越阶段，对苏联社会主义所处阶段的认识和估计一直偏高，对社会主义建设任务，总是希望经过较短时间努力把社会推进到更高的阶段。按照斯大林的观点，苏联 1926 年前是向社会主义过渡的时期，1926—1936 年为社会主义建设时期，1936 年宣布社会主义建成，1939 年宣布进入共产主义建设时期；赫鲁晓夫主持苏共中央工作后、制定经济发展战略仍然急于求成，实行赶超战略。20 世纪 50 年代他提出苏联已进入"全面展开共产主义建设时期"，1961 年苏共二十二大总结报告中又提出要在 20 年内基本建成共产主义社会；20 世纪 70 年代勃列日涅夫宣布苏联"建成了发达社会主义社会"①；20 世纪 80 年代初安德罗波夫声称，苏联处在"发达社会主义的起点"；戈尔巴乔夫上台，又说苏联社会尚处于发展中的社会主义阶段。可见，从赫鲁晓夫起历届苏联领导人都未能摆脱对社会阶段判断的不切实际问题，因此所确定的经济发展战略目标也会带有不切实际成分。苏联经济建设过分强调速度，片面追求赶超，实行赶超战略、带来了一系列负面效应和后果：突出重工业生产，导致国民经济结构失调；追求经济发展的高指标，导致高消耗低效益的粗放型发展模式；忽视技术改造和生产质量，导致铺张浪费严重，以上种种弊端直接影响经济的发展质量，不能满足人民群众日益增长的物质文化需要，动摇了苏共执政的群众基础。

---

① 参见熊辉、谭诗杰《苏共理论建设的教训及启示探析》，《贵州师范大学学报》（社会科学版）2013 年第 5 期。

（3）经济社会发展政策失误导致国民经济比例严重失调、经济发展停滞、人民生活水平长期得不到提高。

苏联共产党在经济发展过程中，实行传统的高度集中的计划经济体制，否定并排斥市场机制的作用，制定了以重工业和军工工业为中心的"赶超型"发展战略。重速度、轻效益，重数量、轻质量，重积累、轻消费，给苏联经济的可持续发展及社会进步带来了严重后果。苏联的国民经济比例严重失调，由于过分强调发展重工业和军事工业，不重视农业和轻工业发展，导致农业、轻工业、重工业三者结构比例严重失调，农业和轻工业发展缓慢甚至停滞，经常出现农业歉收和粮食危机，人民日常生活必需品严重缺乏，市场供应严重不足。特别是苏联由于同美国争夺世界霸权开展军备竞赛方面耗费大量财力，给国家发展和人民生活带来沉重的负担。20世纪80年代中期，苏联军费高达国民收入的20%，军工生产占工业生产总产值的1/3左右，而当时苏联国民收入仅为美国的50%左右，军费却与美国大体相当。①

赫鲁晓夫和勃列日涅夫时期沿袭了斯大林时期的经济政策，人为提高工业产品的价格，压低农业产品的价格，用农业补贴工业，将更多的财力和资金投入到重工业和国防工业的发展。这种经济政策一方面导致农民缺乏生产积极性，使农业长期处于落后状态；另一方面导致重工业发展因后劲不足，最终也陷入停滞状态甚至出现倒退。十月革命前，俄国的生活水平在欧洲居第五位，而在1970年后，苏联跌至欧洲最后几位，列世界第50位。苏联国内粮食短缺、消费品匮乏，人民生活水平急剧下降，甚至出现了第二次世界大战以来最困难的局面，如1990年，苏联1200种主要消费品中有95%供应短缺，211种商品中有188种不能自由买卖。② 这与苏

---

① 张毅：《苏联政府公信力的丧失及其启示》，《中共四川省委省级机关党校学报》2013年第4期。

② 黄宗良、郑异凡、左凤荣、关贵海：《苏共执政丧权亡党历史教训再探——"苏共执政的历史教训"座谈会述要》，《国际政治研究》2002年第3期，第94页。

联作为超级大国地位极不匹配。因为生活水平长期得不到提高，苏联人民对社会主义的前途和苏共的执政能力产生了怀疑。20 世纪 80 年代中期苏联经济陷于停滞状态，企业和劳动者的生产积极性难以调动和发挥。同时苏联经济结构向国防工业倾斜，与人民日常生活相关的产业仅占很小一部分，导致轻工业与重工业的比例严重失调，从而使农业、轻工业部门技术越来越落后，成了本国经济发展的短板，与人民生活水平息息相关的生活资料生产能力严重不足，苏联的国力和军事实力增强了，但人民生活却仍旧落后和贫困，从而引起人民群众对执政党的不满，严重动摇了苏共的执政基础。

2. 高度集权的政治体制和执政方式，激化了执政集团与人民群众的矛盾，损害党群关系，戈尔巴乔夫的改革彻底取消了苏共的领导。

苏联的政治体制和执政方式的基本特征，突出表现在实行高度集权的领导体制，实行自上而下的干部委任制度，党的监督机制软弱无力并且效率低下。

（1）苏共过度集权，党政不分，以党代政。

苏共长期执政过程中以党代政，党政职能不分，过多地干预国家日常行政事务。列宁逝世后，斯大林从理论上进一步把以党代政视为党的领导，20 世纪 30 年代起，苏共州以上党委开始设立负责生产业务的部门，苏共中央设工业部、农业部、运输部和计划、财政、贸易等与政府部门相应的部门，党政机构重叠，党组织频繁干预行政部门的工作。赫鲁晓夫时期，赫鲁晓夫既是党的第一书记，又是苏联部长会议主席，把州和边疆区党委及下属党组织划分为工业党组织和农业党组织两个平行系统。勃列日涅夫时期，苏共中央的经济部门多达 24 个，其中 11 个与政府部门完全重复①。"党政不分、以党代政"的党政关系体制导致苏共

---

① 盛仕英：《新时期中国共产党降低执政成本问题》，硕士学位论文，扬州大学，2008 年，第 22 页。

执政水平和能力日趋低下。党组织忙于行政事务之中，不但使各级苏维埃政权和管理机关不能充分发挥职能，损害了人民当家做主的权利，而且造成党的各级机关热衷于行政工作，忽视了党的自身建设，党内一系列问题滋生，党权大于政权，党的机关掌管政府的事务。苏共高度集权、过度集权，权力越来越集中于党的高级领导机关和领导人手中，由于缺少监督，导致权力失控和党内官僚主义泛滥，严重影响了党在群众心目中的形象。

（2）苏共推行高度集权的政治体制，忽视民主与法治建设，个人专断之风盛行，损害了党的威信。

作为苏联社会主义事业领导核心的苏共，在执政实践中长期忽视民主和法制建设。苏共历届领导人都热衷于搞集权政治，粗暴践踏党章和法律、侵犯人民权利的事情时有发生。斯大林时期，苏联肃反扩大化，许多干部群众遭到迫害。在20世纪30年代中后期的"大清洗"中，有几百万人被送进劳改营，一百多万人被枪决，数百万人死于虐待，而罪名往往只有一个，即"人民的敌人"。[1] 肃反严重扩大化使苏联人民的民主权利被剥夺和践踏，在人民群众中造成了恐怖阴影。苏联宪法虽规定了人民享有民主权利，但一直缺乏具体法令和措施给予保障。由于缺乏当家做主的权利，人民参与政治生活和经济生产的积极性受到抑制，厌倦虚假的选举和投票，甚至盲目支持"持不同政见者"，形成"凡是共产党人厌恶的人，无论是谁都一定是英雄"的概念。[2] 苏共变成了一个官僚和个人集权的党，苏共历史上的几次重大决策失误，如由限制富农到消灭富农的政策转变、出兵阿富汗到最后解散苏共，都是在个人专权和少数人主导下导致的，共产党的民主集中制原则已经不起任何作用。人民已经不再信任苏共，苏共已经失去了执政的群众基础。

---

① 潘正祥、詹德斌：《苏共亡党亡国的民心因素》，《江淮论坛》2003年第2期，第70页。
② ［苏］罗麦德维杰夫：《论苏联的持不同政见者》，群众出版社1984年版，第9页。

（3）戈尔巴乔夫的改革彻底颠覆了苏共的执政地位。

戈尔巴乔夫执政之初，曾尝试改革党的领导体制和执政方式，实行党政分开模式。但经济改革进展并不顺利，受到严重挫折后，戈尔巴乔夫认为苏共党内存在体制机制问题，从而严重影响到经济改革的实施，因此转向大刀阔斧的政治体制改革。由于在政治体制改革中没有坚持党的领导，苏联政治权力开始从党转移到苏维埃，苏共逐渐失去执政地位。1988 年 6 月苏共第 19 次代表会议决定，恢复并进一步强化作为国家权力机关的苏维埃的权力、地位和作用，苏维埃统筹和负责国家经济和社会生活的所有重要问题。与此相适应，苏共对各级党组织的职责和权力作了限制，撤销了党内设置的各生产职能部门，改设各种与党的工作相关联的委员会，只负责制定方针政策，不承担具体管理职能，大幅度的裁减和压缩党的机关工作人员。这些改革破坏了苏共几十年来领导国家的组织系统和工作机制，摧毁了党政一体化政治体制，放弃了党对国家的领导，在党内造成混乱和动荡，党员干部理想信念动摇，导致信仰危机。苏共"二十八大"改组了党中央政治局，此后，苏联的权力中心从苏共政治局向总统委员会转移。接着戈尔巴乔夫决定实行总统制，完全摆脱和抛弃苏共的领导。"8·19"事件后，戈尔巴乔夫宣布辞去苏共中央总书记职务，要求苏共中央自行解散、各加盟共和国共产党和地方党组织自行决定自己的前途，并以总统名义发布命令，停止苏共在国家机关、军队和司法机关中的活动。苏联最高苏维埃也正式通过决议，暂停苏共在苏联全境的活动。至此，苏共彻底丧失了执政地位。

3. 苏共在思想文化工作中长期实行专制主义和教条主义政策，舆论宣传脱离实际，加剧了社会上的思想混乱和信仰危机，人民思想僵化，导致人民对党离心离德。

苏联共产党执政后，以列宁为代表的领导人非常重视思想文化工作，用马克思主义作为科学理论和意识形态指导党的各项事业，进一步巩固了苏维埃政权、维护共产党的执政地位。但是，从斯大林时代以后，苏共实行文化专制主义，把马克思列宁主义教条化，使党的指导思想长期处于僵化状态，导致了整个社会的信仰危机。

（1）在思想政治工作中大搞文化专制主义和教条主义，压制理论创新。

苏共领导人垄断对马克思主义和社会主义重大理论问题的理解和解释，控制人民群众的思想，思想政治工作严重脱离国内外现实，使群众产生逆反心理。在20世纪20年代，苏共党内产生大争论，斯大林以维护列宁和列宁主义的名义，垄断对列宁主义的解释，就连恩格斯的著作《俄国沙皇政府的对外政策》一文，在斯大林的反对下也不能在苏联发表。[①] 20世纪50年代，斯大林亲自指导编辑了《政治经济学教科书》，把苏联30年代社会主义建设的经验，如工业国有化、农业集体化、中央指令性计划等，当成划分真假社会主义的主要标准和所有国家社会主义建设必须遵守的"普遍规律"，使社会主义变成僵化的固定模式。[②] 长期以来，苏联政界、理论界对马列主义采取教条主义的态度，不是随着社会主义实践的发展进一步丰富和发展马列主义，而是把科学的生机勃勃的马列主义变成封闭的、僵化的、脱离实践的、同人民群众格格不入的教条，最后在思想文化领域形成了一种专制主义的政策和体制。

专制主义和教条主义使马克思主义失去了吸引新的优秀思想的能力，不能与时俱进，失去了科学的批判能力和鉴别能力，马克思主义逐渐失去了对广大人民群众的凝聚力和领导作用，导致最终丧失社会主义阵地、马列主义阵地。

（2）苏共在思想教育工作中，长期采取说教、灌输方式渲染成就，而

---

① 黄宗良、郑异凡、左凤荣、关贵海：《苏共执政丧权亡党历史教训再探——"苏共执政的历史教训"座谈会述要》，《国际政治研究》2002年第3期。

② 参见熊辉、谭诗杰《苏共理论建设的教训及启示探析》，《贵州师范大学学报》（社会科学版）2013年第5期。

对现实问题却视而不见，导致群众的思想混乱。

苏共在思想教育方面搞实用主义、形式主义，广大党员干部只习惯背诵马克思主义书本知识，并在实践中生搬硬套，缺乏马克思主义的创新精神；广大理论工作者在研究中缺乏原创性，只习惯对领导人的讲话进行歌颂和诠释。1938 年出版的由斯大林亲自审定的《联共（布）党史简明教程》，被誉为"马克思列宁主义的百科全书"，是马列主义基础课教材。这本歪曲史实、存在不少错误理论的教科书，在苏共党内被奉为经典，广为流传，禁锢了许多党员、干部、理论工作者和大学生的头脑①。在后斯大林年代，苏联思想文化战线依然缺乏活力和创新，在工作实践中碰到新情况、新问题，不是去分析时代背景和特征，而是到经典作家语录和书本上寻找原因和答案。勃列日涅夫时期，思想界也是一潭死水，在党内发起的一场所谓"发达社会主义"的理论大讨论，变成了引经据典、空洞抽象的概念游戏，对党的实际工作毫无用处。苏共每次党代会召开后，都会组织大规模的学习宣传活动，组织全国上下深入学习，但由于这些说教严重脱离实际，人们对理论学习、政治活动感到反感，甚至产生厌倦情绪。年青一代中的大部分人对列宁和马克思的著作不感兴趣，有的人甚至对党产生严重的对立情绪，有的则逃避现实不问政治，人们逐渐对苏共和社会主义产生信任危机和信仰危机。

苏共长期把马克思主义当成教条，思想日益僵化，最终导致了苏共的意识形态丧失吸引力和凝聚力，促成了苏共的垮台和苏联的解体。正如邓小平指出的："一个民族，如果一切从本本出发，思想僵化，迷信盛行，那它就不能前进，它的生机就停止了，就要亡党亡国。"②

4. 没有正确处理复杂的民族问题，导致民族关系紧张和民族矛盾尖

---

① 周尚文：《苏共执政体制的弊端与后果》，《江西师范大学学报》（哲学社会科学版）2012 年第 4 期。

② 《邓小平文选》第 2 卷，人民出版社 1994 年版，第 143 页。

锐，加速了苏共垮台和苏联解体。

苏联是一个民族众多的国家，全国有 150 多个大小民族，仅俄罗斯联邦境内就有 16 个民族自治共和国、5 个民族自治州、10 个民族区，生活着100 多个不同民族①。苏共自身也是一个多民族政党，解决民族问题和处理民族矛盾是苏共治国理政的重要内容。历史上，苏共在解决历史遗留的民族问题、促进各民族发展、增进各民族团结等方面取得了一定的成绩，但后来在执政过程中，苏共执行错误的民族政策，伤害了民族感情，破坏了民族团结，使党内分裂、国家民族矛盾加剧恶化，最终导致苏共解散、国家解体。

（1）缺乏科学的民族理论指导处理民族问题，苏共领导人忽视了民族问题的长期性和复杂性，错误地把民族矛盾和阶级矛盾相混淆。

在斯大林执政时期，苏联领导人深受片面错误的民族理论影响，认为在社会主义制度下，产生民族矛盾的社会阶级基础不再存在，因此民族问题得到彻底解决，苏联开始了一个新的民族融合时期，由多民族向单一的苏维埃民族发展，从而放弃了民族自治和民族平等的原则，对民族问题的长期性、复杂性和尖锐性认识不足，缺乏处理民族矛盾的思想准备和应对举措。在民族工作中，斯大林等苏共领导人认为地方民族主义是产生民族矛盾的主要根源和潜在危险，奉行大俄罗斯主义，在民族融合中，推行俄罗斯民族一体化，完全忽视或抹杀其他民族优良传统和特点。当时苏联共产党没有正确认识民族矛盾的性质和属性，没有认识到民族矛盾是属于人民内部矛盾的范畴，把民族矛盾等同于阶级矛盾，采用阶级斗争的方式处理民族分歧问题，大大伤害了少数民族群众的感情，破坏了民族团结。在 20 世纪 30 年代的"大清洗"运动中，各加盟共和国少数民族党政干部因所谓"资产阶级民族主义"罪名而受到镇

---

① 　叶书宗：《苏共自行解散与在处理民族问题上的失误》，《上海行政学院学报》2001 年第 2 期。

压，许多少数民族知识分子也遭到迫害。在卫国战争期间，斯大林以少数民族中出现叛徒和"国家安全"为由，强迫11个民族的300万人从克里米亚、伏尔加河流域和某些具有同一民族的邻国边境地区迁徙到西伯利亚、中亚、哈萨克斯坦等艰苦地区，引起少数民族的强烈不满，留下了十分严重的后遗症[①]。在赫鲁晓夫和勃列日涅夫执政时期，仍然沿袭了斯大林时期的民族政策，尽管非俄罗斯民族受到较温和待遇，但依旧坚持对"资产阶级民族主义"的批判。少数民族对大俄罗斯主义的不满和怨恨情绪，是产生民族分裂主义的深厚土壤和深刻原因。

（2）采取阶级斗争、政治运动等简单粗暴的方式处理民族问题，使民族矛盾积怨加深，人心涣散。

苏共在推行一系列错误的民族政策上，践踏民族平等友好原则，奉行大俄罗斯主义，压制、欺侮少数民族，在民族地区搞单一经济，推行一体化，不尊重少数民族的语言文字和风俗习惯，强制推行俄语，强迫少数民族迁徙。[②] 20世纪30年代，为了对农业实行社会主义改造，苏共将各少数民族在极短的时间里强行纳入集体化轨道，并对乌克兰、白俄罗斯、哈萨克斯坦以及高加索地区各民族的强烈反抗进行了武力镇压，严重伤害了一些民族的感情，埋下了民族矛盾和冲突的隐患。

苏共在民族工作上的失误，造成苏联民族冲突和暴力事件不断发生，1973年1月，格罗兹尼发生大规模车臣人聚众游行示威并演变成流血冲突，民族间积怨进一步加深[③]。各民族在经济上发展不平衡，在政治上权利不平等，各加盟共和国的自治权利得不到保证，经常受到中央政府的压制，从而使民族本位意识不断增强，分裂倾向逐渐滋长，苏

---

① 参见黄丹、严向远《转型时期中国政治资源的充分开发》，《甘肃理论学刊》2005年第4期。
② 李敬珠：《苏联解体原因研究综述及其深层次根源探析》，《辽宁行政学院学报》2013年第7期。
③ 叶书宗：《苏共自行解散与在处理民族问题上的失误》，《上海行政学院学报》2001年第2期。

共错误的民族政策和做法，直接损害了各民族人民的利益，民族分裂主义的情绪暗流涌动，当控制他们的苏共力量一旦削弱，国家难免陷于分裂。

5. 苏共长期忽视自身建设，形成特权阶级，腐败盛行，失去了执政的阶级基础和群众基础。

由于苏共不重视党的建设，自身弊病长期得不到改正和革除，逐渐从一个领导人民夺取政权和开展社会主义建设取得了巨大成就的无产阶级政党，蜕化演变成一个脱离群众、腐败盛行和腐朽没落的政党，并最终丧失政权。

（1）忽视了党的组织建设，民主集中制原则遭到破坏。

苏共执政以后，列宁对发扬党内民主，实现集体领导，防止个人集权有过制度安排的设想，但没有完全实现。列宁之后，苏共领导人热衷于中央集权的领导体制，没有发展党内民主，民主集中制和集体领导原则遭到破坏。斯大林当政后，苏共成为一个高度集权、缺乏民主的党，苏共领导者个人意志起决定作用，党的政策制订、文件出台由少数人说了算，容不下党内的不同意见，连政治局委员也没有发表自己意见的权利。同时因为党内实行严格的保密制度，党的工作没有透明度，普通党员干部都没有工作积极性，更谈不上积极为党建言献策。苏共在领导体制方面实行"家长制"，以个人专权代替集体领导，以"一言堂"代替集体智慧，缺乏党内民主机制，使党难以做出科学的决策。苏共历史上几次重大决策失误，如20世纪30年代决定实行党内大清洗、出兵阿富汗等，都是由于缺乏民主决策，由个别领导人的意见付诸实施，造成严重后果。苏共的党代会也流于形式，起不到最高权力机构的作用。戈尔巴乔夫执政后，走上了民主的另一极端，片面强调民主，不讲集中，允许党内派别活动，在1990年7月苏共二十八大上，彻底抛弃了"民主集中制"。在保护民主的名义下，允许党员可以公开发表不同意党组织决议的意见；在"自治原则"的名义下，赋予地方组织以独立于党中央的权限，党不再是统一的战斗组织；在自由讨论的名义下，允许党内有派别，可以成立不受党委领导的组织。苏共抛弃"民主集中制"原则带来极为严重的后果，党组织涣散，失去战斗力，党内分裂，派别林立，已经完全失去了无产阶级政党的先进特质，为苏共的垮台和苏联的解体提供了可能。①

（2）党的监督机制不健全，领导人独断专行。

政党执政后，掌握了国家政权，为了避免权力滥用，必须建立对权力的监督机制。苏共由于长期实行集中制，忽视了党的监督机制的建立和完善，权力过分集中，对党的事业带来严重危害，党内长期是"家长制""一言堂"，领导者个人集权，独断专行。从斯大林执政开始，党的中央监察委员会地位降低，隶属于中央委员会，其对各级领导干部的监督职能不能真正发挥，各级最高领导人成为党和国家重大事务的决策者，群众无法监督。赫鲁晓夫时期，苏共改革党和国家的监督体系，将党和国家两个独立的监察机关合并为党和国家监察委员会，但由于其地位没有提高，因此监督作用和效果十分有限。勃列日涅夫时期，党和国家监察委员会改为人民监督委员会，但其履行监督职能时必须受到同级行政领导人领导，因此监督作用有所弱化。② 在戈尔巴乔夫执政时期，他独断专行，不受任何约束和监督，甚至架空了中央政治局、书记处和中央委员会，最后戈尔巴乔夫个人以党的总书记名义宣布解散党，苏共遭到毁灭性失败。

（3）形成了特权阶级，党的组织腐朽变质，丧失民心。

在苏联高度集中、领导职务固化的政治体制下，苏联党政干部的特权现象也"制度化"，苏联形成了一大批特权阶层。据俄国学者估计为 50 万

---

① 张荣臣：《论 20 世纪共产党执政的历史经验和教训》，博士学位论文，中共中央党校，2002 年。

② 张达伟：《党的执政能力建设中干部队伍素质研究》，硕士学位论文，集美大学，2011 年。

至70万人，加上他们的家属共有 300 万人之多，约占全国总人口的 1.5%。[1] 特权阶层享有特殊的工资待遇和优厚的物质生活条件，他们按级别享用不同规格档次的别墅和豪华轿车、游艇；周末到莫斯科郊外中央休养场所休养和每年免费到海滨休假，内部设有"医疗餐厅"，中央领导人可以在那里购买价廉物美的特供食品，他们还享有特殊的医疗护理等。法国著名作家罗曼·罗兰 1935 年到莫斯科访问时发现，时任苏联作家协会主席的高尔基即被当作特权阶层供养起来，在豪华的别墅里，为高尔基服务的有四五十人之多，他家里每天有亲朋食客数十人。罗兰认为苏联已经出现"特殊的共产主义特权阶层"和"新贵族阶层"，他写道："保卫国家伟大的共产主义军队及其领导人正在冒险变成特殊阶层，而且，比什么都严重的是，变成特权阶级。"[2] 特权阶级使苏联共产党自身同人民群众区别开，脱离人民群众，不能代表人民群众的根本利益，人民群众也把特权阶层看作是敌对阶级，是自身利益的剥夺者和攫取者，对苏共丧失信心。因此，在苏联剧变前夕，对苏联公民的民意调查显示，只有 7%～8% 的人认为苏共代表人民，70%～80% 的人认为它只代表它自己。[3]

（4）党内各种腐败现象滋生蔓延，严重败坏了党在人民群众中的形象。

在苏共党内，特别是高级干部中间还滋长贪污腐败现象。勃列日涅夫的女儿和女婿就卷入了贪污腐化的丑闻。在计划经济体制下，为了争到经济项目，地方领导人常以重金贿赂主管计划的中央领导人。由于权力高度集中，又缺乏监督，苏共党内以权谋私、买官卖官、贪污腐化等各种腐败现象日益严重，党和人民群众的关系越来越疏离，党渐渐失去了公信力和威信，人民群众对腐败深恶痛绝，对苏共深感失望失去信心，对党和政府

---

① 王立新：《人民利益代表的蜕变：苏联共产党在代表最广大人民根本利益上的教训与启示》，《安徽农业大学学报》（社会科学版）2004 年第 1 期。

② ［法］罗曼·罗兰：《莫斯科日记》，上海人民出版社 1995 年版，第 115 页。

③ 赵晓昕：《苏共垮台的深刻启示：基于党群关系视角》，《企业家天地》2009 年第 12 期。

的对立情绪日益滋长。苏联解体前《西伯利亚报》曾进行过一次问卷调查，调查结果被登在《莫斯科新闻》上，被调查者中认为苏共代表工人的占 4%，认为其代表全体人民的占 7%，认为其代表全体党员的占 11%，而认为苏共代表党的官僚、干部、机关工作人员的占 85%[①]，这说明当时绝大多数苏联人民不再认同苏共是人民利益的代表，苏共的工人阶级政党的性质已发生了变化，人民已不再信任和拥护苏联共产党，乃至 1991 年 12 月 25 日克里姆林宫上空红旗落地之时，人民群众漠不关心，莫斯科乃至全国并没有大规模的群众起来反抗，夺权者比较顺利地夺得了政权。因此可以说，苏共党内特权和腐败成为脱离群众、缺乏战斗力的一个重要因素，因而是苏联剧变的一个深层因素。

二　苏联共产党丧失执政地位的教训和启示

苏共丧失执政地位和苏联的解体，是 20 世纪的重大事件，它不仅对国际共产主义运动和各国社会主义事业造成了严重的负面影响，而且也给苏联和其他社会主义国家人民留下了沉痛的教训。因此，认真总结和吸取其深刻的教训，对于中国共产党防范执政风险、巩固执政地位有十分重要的意义。

1. 共产党在执政过程中必须正确处理好理论与实际结合的问题，既要坚持马克思主义，又要发展马克思主义，坚持与时俱进，不断进行理论创新，用发展的马克思主义指导新的实践。

马克思主义具有与时俱进的理论品质，随着时代、实践和科学的发展而不断发展。共产党人必须把坚持和发展马克思主义结合起来，在坚持的基础上结合本国实际和时代特征运用和发展马克思主义。任何借口时代的变化抛弃马克思主义，或不顾时代的变化教条式地对待马克思主义，都是

---

① 黄苇町：《苏共亡党十年祭》，江西高校出版社 2004 年版，第 67 页。

错误的，都将动摇共产党的领导地位和葬送社会主义的前途。从历史角度分析，苏共垮台和苏联解体主要是由于苏共长期教条式地理解马克思主义，脱离苏联的实际国情，在许多方面实行了一些错误的路线、方针和政策，是党和国家各项事业矛盾积累的恶果。苏共一贯重视思想理论和意识形态工作，为开展马克思主义理论的宣传和研究工作，一方面组织专家学者整理、翻译和出版了大量马克思恩格斯和列宁的著作，另一方面成立马列主义研究院和红色教授学院等专门研究机构。然而，在对待马克思主义问题上，苏共缺乏理论创新，养成了教条主义、本本主义的思维定式。列宁逝世后，斯大林神化列宁，教条式地理解和解释列宁的著作和观点。随着斯大林在全党领导地位的确立，全党兴起了对斯大林的个人崇拜，把斯大林的思想、语句和观点当成颠扑不破的真理和神圣不可侵犯的教条。斯大林逝世以后，苏共虽然破除了对斯大林的迷信和崇拜，但长期存在的教条主义的风气依然没有从根本上改变，理论界和学界失去了创新的生机和活力，陷入了僵死不变的教条主义泥坑。因此，苏共无法抵挡错误思想的侵袭，社会主义事业遭受严重挫折。

马克思主义认识论认为，理论来源于实践，又反作用于实践，对实践具有指导作用。实践总是不断进步和发展，因此，作为来源于实践又指导实践的理论也必须随着社会的发展和形势的变化不断向前发展，实现理论创新，只有这样，理论才能更好地指导实践，并推动实践向前发展。科学社会主义理论是马克思主义关于社会主义运动的科学理论，为我们揭示了人类社会发展的一般规律以及社会主义必然走向胜利的历史趋势，正是在科学社会主义理论的正确指导下，世界社会主义蓬勃发展。因此，一方面，无产阶级政党必须坚持科学社会主义理论的指导，用科学的理论指导社会主义事业的实践，否则，社会主义事业就会迷失方向，步入歧途。另一方面，我们又必须深刻认识到，马克思主义是一个不断发展的、开放的理论体系，不是一成不变的教条和僵死固化的理论，它所提供的是一种科学的世界观和方法论。因此，我们必须在实践发展的基础上不断推进马克思主义理论创新。正如恩格斯所说："马克思的整个世界观不是教义，而是方法。它提供的不是现成的教条，而是进一步研究的出发点和供这种研究使用的方法。"① 列宁也说："我们决不把马克思的理论看作某种一成不变的和神圣不可侵犯的东西；恰恰相反，我们深信：它只是给一种科学奠定了基础，社会党人如果不愿落后于实际生活，就应当在各方面把这门科学推向前进。"② 苏联共产党执政的历程表明，一部社会主义运动史，就是一部社会主义不断发展的理论创新史。社会主义理论的每一步创新，都给社会主义事业带来新的发展，理论创新推动着社会主义事业的发展，社会主义事业的兴衰成败直接取决于社会主义的理论发展。社会主义要想在未来有比较好的发展前景，无产阶级政党就不能拘泥于马克思主义的个别原理和结论，而必须随着时代的发展，根据新的实践经验，不断创新社会主义理论，用以指导新的实践，只有这样，才能不断把社会主义推向前进。

2. 社会主义事业的成败关键在于执政党，在于坚持、加强和改善党的领导，把党自身建设好。

共产党作为执政党是领导社会主义事业的领导核心，也是维系民族团结、国家统一的凝聚力量。共产党要更好地发挥执政党作用，必须加强党的自身建设。党的建设的过程，也是改革的过程。要不断改革和完善党的领导体制，使党与时俱进。要适应社会发展的要求，不断加强党的先进性建设，巩固和扩大党的执政基础。苏联国家社会制度的演变，其深刻的内在根源也在于党的建设问题上，忽视了加强党的建设这个根本性工作。面对社会发展的要求和改革的迫切需要，苏联共产党并没有意识到党的建设与党的执政地位的密切关系，而是把苏共的执政地位看作必然的，把历史

---

① 《马克思恩格斯文集》第 10 卷，人民出版社 2009 年版，第 691 页。
② 《列宁专题文集 论马克思主义》，人民出版社 2009 年版，第 96 页。

上党的先进性当作现实中的先进性，认为党的先进性建设可以一劳永逸，从而放松了党的先进性建设。一方面，没有坚定地保持党的工人阶级先锋队性质和坚持党的领导地位；另一方面，没有根据时代的发展和社会的需要对党的领导体制中的弊端进行大胆的改革。这使得执政党脱离人民群众，也丧失了先进性，不能应对社会主义事业的复杂局面，也不能成为社会主义事业的领导核心，从而丧失了执政地位。

历史和现实表明，共产党是工人阶级和最广大人民群众根本利益的忠实代表者，是社会主义革命和建设事业的领导者，党的执政地位是历史和人民的选择确立形成的，但并不是一成不变的，要巩固党的领导地位，必须加强党的自身建设。党的领导体现在执政实践过程中，只有通过党领导建设和发展社会主义事业，得到人民群众的认同，党的执政地位才能进一步加强和巩固。因此，共产党要加强党的建设，切实坚持、加强和改善党的领导。

3. 无产阶级政党必须密切联系群众，巩固执政的群众基础。

执政党在政治上要及时把握民心民意，代表人民群众的根本利益，克服滥用职权、以权谋私等腐败现象。苏联国内的一项民意调查表明，在苏共瓦解前夕，85% 以上的人已经不再认为苏共是代表工人阶级和广大群众的利益，而是认为党是官僚和机关干部的利益代表。[①] 因此，巩固党的执政地位，最根本的是坚持全心全意为人民服务的宗旨，充分发挥党密切联系群众的优势，坚持立党为公、执政为民。人民群众是共产党执政的根基，人民群众和执政党是水和舟的关系，水能载舟，亦能覆舟。因此，我们要站在执政党的生死存亡和中国特色社会主义事业兴衰成败的视野和高度，大力加强党群关系的建设，严防党脱离群众的危险。如果我们党长期脱离群众，成为在人民之上的"特殊阶层"，如果领导干部变质腐化，将

---

① 冯德军、董丽娇：《党的最大政治优势与执政后的最大危险论析——也谈密切联系人民群众》，《甘肃理论学刊》2011 年第 5 期。

严重损害我们党在群众中的形象，败坏了社会主义声誉，使广大人民群众对党和社会主义丧失了信心。

共产党要把实现最广大人民的根本利益作为党的一切工作的出发点和落脚点。人民群众是历史的创造者和推动者，民心向背决定着党的前途和命运。只有坚持立党为公，执政为民，全心全意为人民服务，努力实现好、发展好、维护好人民群众的根本利益，党才能赢得人民群众的支持和拥护，才能在执政过程中防范和战胜各种风险，巩固执政地位，实现长期执政。

第二节　墨西哥革命制度党得失政权的经验、教训和启示

墨西哥革命制度党（Partido Revolucionario Institucional，PRI）是墨西哥第一大党，自 1929 年到 2000 年连续执政 71 年，革命制度党执政期间，带领墨西哥人民创造了社会安定、经济发展的"墨西哥奇迹"，将墨西哥从一个封闭、贫穷落后的农业国家，发展成为一个对外开放、经济较发达的工业化国家。"墨西哥奇迹"为革命制度党的长期执政奠定了物质基础和合法性基础，然而，在 2000 年 7 月总统大选中，革命制度党失利，丧失政权。"创业难、守业更难"，任何一个政党取得政权不容易，执掌好政权尤其是长期执掌好政权更为不容易。墨西哥革命制度党在大选中的失败，并非偶然，它由盛到衰经过了一个长期的演变过程。深刻吸取墨西哥革命制度党执政的成功经验和失败教训，对于中国共产党增强执政意识和忧患意识，加强执政能力建设，防范执政风险，巩固执政地位具有十分重要的借鉴意义。

一　墨西哥革命制度党连续执政的成功经验

革命制度党高度重视执政理论的凝聚作用，最大限度地团结国内各阶级，制定和采取一系列正确的社会经济政策，取得了令人瞩目的政绩，巩固了执政基础，连续执政 71 年，其成绩经验值得研究和总结。

1. 革命制度党高度重视指导思想和执政理论的凝聚作用，形成了国内民众思想上的广泛共识和对执政党的认同。

革命制度党奉行的"革命民族主义"执政理念，在政治上，主张继承发扬墨西哥革命的传统，建立一个现代的国家。在经济上，主张建立国家所有制、社会所有制和私有制并存的混合经济体制；在社会方面，主张建立民主、公正、自由、平等的新社会，通过社会变革，实现社会公正；在文化方面，主张保护墨西哥多元的民族文化传统，尊重印第安人的习惯和社会组织形式；在外交方面，坚决地捍卫民族独立与国家主权，反对帝国主义、新殖民主义、种族主义、国际恐怖主义，反对干涉内政，主张各国人民自己选择本国的发展道路、各国主权平等、和平解决争端以及建立国际政治新体制和国际经济新秩序。[①]

墨西哥革命制度党坚持"革命民族主义"的指导思想，把当时中间阶级的利益和愿望进行了全面的融合和体现，将资产阶级、工人、农民各阶级的要求中具有建设性意义的内容加以变通和改造，吸收进了自己的纲领。这种极具包容性的指导思想使革命制度党以当时"人民的全部价值观"的代表者身份，占据了一切重要的政治思想空间，凝聚了全国民众的人心，在墨西哥人民中形成了以革命制度党理论主张为核心的对国家重大问题的广泛共识。在"革命民族主义"思想的指导下，革命制度党顺应墨西哥当时的社会发展形势，进行了不同程度的社会经济改革，

---

① 参见李国伟《墨西哥革命制度党失去政权的原因》,《当代世界与社会主义》2005 年第 3 期。

使墨西哥的经济得到快速发展，维护了国家的主权与独立，领导全国人民创造出了政治安定和经济繁荣的"墨西哥奇迹"，因此，在绝大多数人中，革命制度党获得了长期执政的持续认同，维护了执政党的执政地位。

2. 革命制度党建立职团主义组织体系，广泛团结国内各阶级，扩大执政的社会基础。

墨西哥政治的一大创造和特色是职团主义结构执政党的建立，革命制度党最大的特点是它的职团主义的组织体系。所谓"职团主义"（又译"社团主义"等），是"把整个社会纳入国家指挥下的各种'社团'（或'职团'）的理论和实践"。① 革命制度党既有广泛的基础，又是高度集权的组织，革命制度党的内部是按照工人部、农民部和人民部三个部的垂直领导系统和横向的协调系统组织起来的，三个部的成员都是革命制度党的党员。农民部主要由全国农民联合会组成，全国农民联合会在长时期里一直是革命制度党内规模最大、力量最强的组织，它的主体是土改中受益的农民，是一支庞大的社会政治力量；工人部由许多劳工联合会组成，通过劳工大会来控制全国绝大部分工会组织；人民部所代表的社会层面最为广泛，它由全国小土地所有者联合会、全国合作社联合会以及国家工作人员联合会等 13 个团体组成，人民部通过全国人民组织联合会来控制国家机关及自由职业者等众多的基层组织。

革命制度党通过职团主义结构吸纳了全国绝大多数的阶级和阶层民众，避免了社会各阶级阶层之间的斗争，而是通过党内谈判程序解决各阶级阶层之间的矛盾，较好地协调和整合了整个社会利益，扩大和稳固了执政的社会基础，从而实现了革命制度党长时期人心凝聚、有序和平的权力交接和稳定的社会环境。职团主义的组织体系是墨西哥始终保持经济持续

---

① 《简明不列颠百科全书》（第七卷），中国大百科全书出版社 1986 年版，第 126 页。

增长和政治稳定最重要的组织保障，是革命制度党连续稳固执政的重要因素之一。

3. 革命制度党根据发展需要制定合适的经济社会政策，取得了良好的执政业绩。

革命制度党执政时期的历届总统根据形势的需要和社会力量对比变化进行政策调整和宏观调控，制定并实施了一套能反映民众要求、比较符合国情的社会经济政策，使本国社会经济取得了较快的发展。

墨西哥革命制度党始终追求经济增长与维护政治稳定的协调统一。在经济社会政策方面，实行国家、社会与个人并行的混合经济体系。从实践来看，墨西哥的公有制经济有效保持了社会稳定，但难以促进经济高速发展，私营经济具有较强的活力，但是容易造成贫富两极分化，激化社会矛盾。从20世纪40年代到80年代，墨西哥革命制度党一直在"卡德纳斯主义①"和"阿莱曼主义②"之间往复运动，趋利避害，根据形势的需要和社会力量对比关系进行政策调整和宏观调控，当外资等私人资本和经济快速发展，造成社会财富分配高度不平等、阶级矛盾激化时，政府政策向左偏，依靠利益集团，节制私人资本；当国家过度干预经济，造成严重的资本外流与经济衰退时，政府政策转而向右偏，扶植私人资本。墨西哥政府这种经济发展钟摆式左右制衡机制，为墨西哥的经济社会均衡发展提供了制度保障，使墨西哥经济保持健康快速发展，避免了在现代化过程中社会可能出现的动荡和不安定因素③。

革命制度党在其执政期间取得了骄人的政绩，经过几十年的发展，墨西哥已从一个农矿业国家转变成一个中等程度的工业化国家，成为拉丁美

---

① 所谓"卡德纳斯主义"，是指在经济发展中强调宪法中的民众主义原则，以土地改革和石油国有化等政策为主导。

② 所谓"阿莱曼主义"则是指限制土地改革，鼓励私有企业发展，集中体现宪法中的"私人积极性"原则。

③ 参见曾昭耀《政治稳定与现代化——墨西哥政治模式的历史考察》，东方出版社1996年版。

洲第一位的石油生产和出口国，第二位的制造业生产国，并实现了经济的多样化，基本上形成了较为完整的工业生产体系，满足了大多数民众日益增长的物质文化需要。从 1950—1985 年，墨西哥人口从 2500 万增加到7700 万，而人均 GNP 却从每年 362 美元上升到 2734 美元，人均寿命从41.5 岁上升到 64.2 岁，而文盲率却从 80% 下降到 6%[1]，墨西哥已经成为拉丁美洲仅次于巴西的第二大经济强国。

二　墨西哥革命制度党失去政权的主要原因及其教训

革命制度党领导墨西哥在取得了近 50 年的骄人执政业绩之后，出现了一系列危机，到 20 世纪 90 年代初，墨西哥政局出现剧烈动荡，1994年初南部恰帕斯州发生农民武装暴动，1995 年初爆发了金融危机[2]。在2000 年的墨西哥大选中，连续执政 71 年的革命制度党不敌反对党国家行动党，丧失了执政权，结束了其一党长期执政的历史。革命制度党由盛到衰是一系列内外因素作用的结果，主要是由于革命制度党指导思想的转变、经济政策失误、职团主义组织体系衰落、腐败现象严重等原因导致的。

1. 放弃了党的指导思想和执政理论——革命民族主义，削弱了执政的理论基础。

墨西哥革命制度党成立后，一直高举以主权独立、民主自由、公正平等为中心的"革命民族主义"旗帜，在这一理论指导下，革命制度党赢得了民众的支持，维护了党的团结，发展了民族经济，保持了政权的长期稳定。从德拉马德里政府开始，特别是在卡洛斯·萨利纳斯执政时期(1988—1994 年)，为推行经济改革政策，革命制度党放弃了原来党的指导思想，于 20 世纪 90 年代初，提出了"新民族主义"和"社会自由主义"

---

① 刘德威：《墨西哥革命制度党的历史兴衰》，《当代世界社会主义问题》2000 年第 1 期。
② 同上。

的新主张。1991 年 11 月 1 日，萨利纳斯在国情咨文中正式提出，"社会自由主义"将成为革命制度党的指导思想，即为适应经济全球化趋势和对外开放的需要，放弃反帝、反霸和反美的口号，在坚持"社会利益原则"下实行自由主义。这一理论在 1993 年革命制度党的十六大上被确立为党的指导思想。在这一理论的指导下，萨利纳斯政府在经济领域大刀阔斧地进行改革，取消"进口替代"战略，"出口导向"正式确立为国家对外战略的标志①，这与革命制度党一贯遵循的墨西哥革命的宗旨完全相悖，实践中也导致社会财富过于集中在少数人手中，贫富两极分化日益加剧，为社会增加了许多不稳定因素，许多党员和民众对此十分不满。1996 年前后，革命制度党有 6000 多名党务工作人员和干部宣布脱党②。虽然塞迪略总统执政时期，革命制度党十七大又重新举起革命民族主义的旗帜，但实际上，塞迪略推行的具体政策都奉行了新自由主义思想。墨西哥革命制度党的指导思想转变为新自由主义后，一方面使党在广大民众及党员面前丧失了其原有的、鲜明的特征，因而降低了党的感召力、吸引力和凝聚力；另一方面使党内思想多元化，出现了党内分歧，破坏了党的团结统一；此外由于新自由主义改革侵害了广大民众的利益，因而恶化了党同社会阶层的传统联盟关系，极大地削弱了党的力量。因此，革命制度党在墨西哥大选中失败后的第二天，在革命制度党全国执行委员会的会议上，奥尔蒂委员尖锐地指出，这次革命制度党竞选失败的原因在于党"背离了革命的方向和建党原则"，"党背叛了自己，将民族主义变成新自由主义，将主权变成全球化"。革命制度党参议员、曾任内政部部长和普埃布拉州州长的巴莱特认为，革命制度党之所以失败，是由于"党失去了指南，在意识形态上出现偏差，新自由主义的瘟疫在党内蔓延"，"将'社会自由主义'强加给党，

---

① 参见王晓德《自由贸易与墨西哥经济的发展》，《南开经济研究》2001 年第 1 期。
② 参见郭珍果《墨西哥革命制度党的历史兴衰》，《领导之友》2006 年第 2 期。

篡改了党的原则，使党力量削弱，与基层失去联系"①。墨西哥《进程》周刊评论说，"德拉马德里开始敲响革命制度党的丧钟，萨利纳斯使党奄奄一息，而塞略迪葬送了党"②。

2. 经济政策的失误，导致一系列经济社会危机，动摇了党的群众基础。

在德拉马德里、萨利纳斯和塞迪略三届革命制度党政府执政期间，执行了新自由主义的经济政策进行经济结构改革，但由于经济政策的失误，诱发了一系列经济社会危机，主要表现在以下几方面：

第一，萨利纳斯执政后大幅度推进国有企业私有化改革，主要是借助外国资本实现国有企业的私有化，导致资本和财富向少数人身上集中。第二，实行金融开放政策，萨利纳斯执政后，政府颁布了一系列鼓励外国直接投资的法令，允许外资拥有全部的股权。1994 年 10 月，政府进一步放宽对外资的限制，允许外国银行、经纪人公司和保险公司进入墨西哥，由于没有及时对金融机构建立监管机制，使金融自由化和无序化，导致了1994 年墨西哥金融危机的爆发。第三，实行贸易自由化改革，签订美、加、墨三国"北美自由贸易协定（NAFTA）"，使墨西哥农业和民族产业受到相当程度的冲击，导致农民生计维艰和小企业的倒闭风潮。③

墨西哥革命制度党的新自由主义经济政策改革，由于没有正确处理好经济发展与社会公正的关系，造成贫富差距加大，损害了社会绝大多数人的利益。据墨西哥官方统计，到 20 世纪末，墨西哥贫困人口达 4600 万，占总人口的 45%，占全国人口 10% 的富人拥有全国财富的 80%。④ 仅在萨利纳斯一届政府的 6 年中，墨西哥的亿万富翁人数由 1 人增加到 24 人。新

---

① 参见徐世澄《连续执政 71 年的墨西哥革命制度党缘何下野》，《拉丁美洲研究》2001 年第 5 期。

② 徐世澄：《墨西哥政治经济改革与模式转换》，世界知识出版社 2004 年版，第 147 页。

③ 参见张达伟《党的执政能力建设中干部队伍素质研究》，硕士学位论文，集美大学，2011 年。

④ 参见徐世澄《墨西哥革命制度党为何能东山再起》，《拉丁美洲研究》2012 年第 5 期。

自由主义经济政策带来的负面影响，严重损害了墨西哥社会大多数人的利益，导致革命制度党威信和号召力急剧下降，从而动摇了革命制度党赖以执政的群众基础。

3. 革命制度党的职团主义组织体系功能弱化，党内派别斗争激烈，严重破坏党的团结统一。

由于长期执政，党内职团部门的一些领导人逐渐脱离了群众，他们更多地对上负责和效力，只考虑自己的政治前途和既得利益，官僚主义日益滋生，贪污腐败现象日益严重，对下层普通民众的要求和利益漠不关心。同时，政府对各职团部门采取分化和瓦解政策，职团部门已无力和政府进行对话、谈判和维护本部门成员的利益，职团主义体系的政治功能日益丧失，党的组织结构稳定性遭到破坏。20世纪80年代墨西哥实行新自由主义经济政策后，工人的最低工资急剧下降，官方工会——墨西哥工人联合会受到严重影响；由于废除了"耕者有其田"的原则，停止了分配土地，从而使官方农会——全国农民联合会受到极大的打击；职团部门成员组织的离心倾向越发严重，职团结构摇摇欲坠，墨西哥国家与劳工的关系出现"非制度化"的危险趋势，建立在这个体系基础上的革命制度党面临着动摇和解体的危险。面对政局的动荡与社会的种种危机，由于功能弱化，职团主义组织体系已无力应对，也不可能力挽狂澜。

20世纪80年代以来，革命制度党党内出现派系斗争。党内在如何处理本国严重的社会经济危机问题上，出现了严重的意见分歧和组织分化。1986年8月，以米却肯州州长、前总统卡德纳斯之子夸特莫克·卡德纳斯和前革命制度党主席波菲里奥·穆尼奥斯·莱多为首的激进派党员组成民主潮流派，公开批评政府的内外政策，要求在党内进行民主改革。1987年8月，民主潮流派被开除出党，造成党的第一次严重分裂。卡德纳斯转而联合其他14个反对派组织组成全国民主阵线，参加1988年的总统大选，获得了31%的选票，位居第二，对革命制度党候选人萨利纳斯造成了严重威胁。这次总统大选彻底打破了革命制度党一党独大的局面。进入 20 世纪 90 年代，革命制度党内争权夺利的斗争有增无减，党内开始分化出众多的派别："元老派""传统派""少壮派""革新派""现代派""技术官僚派""团结派""批判派""新民主派""民主进步派""2000 民主派"等。1994 年，党的总统候选人、党的总书记相继遭暗杀。2000 年大选前夕革命制度党在预选党的总统候选人时，四位候选人自立山头，互相倾轧、指责、谩骂，败坏了革命制度党在公众心目中的形象，极大地削弱了自身的竞争力，革命制度党在大选中失败也就在所难免①。

4. 治党不严，缺乏监督机制，腐败现象比较严重，影响了党的形象和威信。

墨西哥革命制度党由于一党独大，长期连续执政，党内官僚化趋势越来越严重，其对国家和社会各方面进行控制的欲望越来越强烈，法律和社会对其各种监督和制约越来越乏力，再加上层层叠叠的关系网，致使党内的当权者们越来越难以逃脱"扣住政党的魔罩"，从而不良行为、各种丑闻层出不穷，不良风气日渐盛行、愈演愈烈。

一方面，革命制度党在长期执政的过程中，本党要员和政府高官卷入重大贪污腐败的案件也屡见不鲜。上至总统、内阁部长、州长等政府要员，下及政府一般公务员都依仗权势，谋取私利。1995 年 2 月，前总统萨利纳斯的哥哥劳尔·萨利纳斯因涉嫌洗钱、贩毒和非法致富被捕入狱，据报道其聚敛的财富高达数十亿美元，此案也涉及前总统萨利纳斯及其他高级官员，前总统萨利纳斯也为此自 1995 年起一直流亡国外。经检察机关进一步追查，发现萨利纳斯内阁财政部部长、联邦审计局局长等高官也存在程度不一的贪污腐败行为。1997 年 2 月 19 日，墨西哥全国缉毒局局长古铁雷斯·雷沃略将军及其两名助手因参与贩毒活动被捕。2000 年 6 月，正

---

① 参见徐世澄《墨西哥政治经济改革与模式转换》，世界知识出版社 2004 年版，第 150—151 页。

当墨西哥各大政党竞选之际，曾任革命制度党财务书记、墨西哥城市长、旅游部部长的比利亚雷亚尔因涉嫌贪污 4.2 亿比索（约 4200 万美元）逃往国外。① 另一方面，为了保住自己的执政地位，革命制度党又用金钱和物资，去贿赂选民。在 20 世纪 80 年代末和整个 90 年代，革命制度党拉选票可谓是无所不用其极。他们动用国家的资源来鼓动选民投自己的票。比如，如果一个村庄的选民投了革命制度党的票，那么，国家和州就会对这个村庄进行补助，给化肥和拖拉机。哪个村庄不投他们的票，就扣发这些物资。

为政不廉、贪污腐败侵害了党的肌体，助长了党内外的不正之风，败坏了党的政治形象，削弱了党的力量，所有的这些行为和事件都极大地损害了革命制度党的威信和群众基础，导致在 2000 年的总统大选中败北，丧失了政权。

三　墨西哥革命制度党 2012 年重新执政的思考

墨西哥革命制度党（PRI）是墨西哥第一大政党，在世界上有重要影响力。自 1929 年成立至 2000 年连续执政长达 71 年，是拉美政坛执政时间最长的政党，执政期间革命制度党创造了墨西哥政局长期稳定、经济持续繁荣发展的奇迹。但是在 2000 年墨西哥大选中革命制度党被选民抛弃，丧失了政权，另一个政党——国家行动党（PAN）获得执政权。失去政权后，革命制度党并没有自暴自弃，而是认真总结经验教训，加强自身建设，在失去执政地位 12 年后，于 2012 年选举中重新获得执政权。革命制度党长期执政之后为何由盛转衰，然后又能东山再起，无疑值得我们认真总结和研究，其经验与教训对中国共产党执政有重要启示意义。

---

① 参见徐世澄《墨西哥政治经济改革与模式转换》，世界知识出版社 2004 年版，第 148—149 页。

1. 革命制度党重新执政的原因。

革命制度党之所以能重新夺回执政地位是由于该党大力推行党内民主、加强组织建设、巩固党的群众基础、联系广大群众、修正过去错误等改革措施。

（1）推行党内民主，执行党内民主选举制度。

革命制度党 2000 年下野后取得的最大进步就是大力发扬党内民主，执行党内民主选举制度。民主选举在革命制度党内已成为一种制度、风气和习惯。大到党的总书记和主席，小到党支部的领导都是在独立、自由和直接的基础上通过民主选举出来。[①] 2002 年，革命制度党实现了党的主席和总书记的直选，马德拉索当选为党的主席，2002 年 3 月 4 日，马德拉索在就职仪式上说，革命制度党开始了一个新的团结阶段，应该抛弃过去，弥补伤口，团结一致向前进。[②] 正是由于实行党内民主制度。为革命制度党东山再起做好了组织和政治上的准备。

（2）加强组织建设，广泛代表民众利益。

革命制度党失去执政地位后，汲取了丧失执政地位的惨痛教训。认识到，一个政党如果要执掌政权，获得执政地位，就必须全心全意为民众服务，替民众代言，提高民众的生活水平，只有这样才能取信于民，得到人民的拥护和支持。革命制度党内部的组织基础是农民部、工人部、人民部等组成的职团主义组织。2000 年后，革命制度党大力加强组织建设，广泛联系民众，反映民众诉求，解决民众困难，广泛地代表了全国所有族群、人群、阶层的利益，赢得了广大民众的信任和支持，建立了强大的组织基础和群众基础，为重新掌握执政权做好了组织准备。

---

① 参见高新军《墨西哥革命制度党重回执政地位说明了什么?》，《国外理论动态》2013 年第 4 期。

② 参见徐世澄《世纪之交墨西哥政党政治制度的变化》，《江苏行政学院学报》2003 年第 1 期。

（3）修正错误，主张改革，回应民众诉求。

与革命制度党过去的错误彻底划清界限。革命制度党失去政权后，痛定思痛，与过去的错误彻底划清界限，进行了彻底变革。2001 年 11 月，革命制度党召开了党的十八大，大会避免了党的分裂，统一了党的思想，明确革命制度党将继续举起革命民族主义的旗帜，制定了新的党章、原则宣言、行动纲领、竞选纲领、政治战略等。一是根据形势发展调整党的纲领和指导思想。革命制度党下野后，出现了党的凝聚力不强、缺乏选民支持的情况，为此，革命制度党将党的指导思想重新转为"革命民族主义"，注重政府宏观调控，推进经济改革，宣传政治民主改革思想和社会公平正义理念，有力地回应了墨西哥民众的呼声和诉求。二是革命制度党主张在人民最不满意的领域进行改革，在消除腐败、民主执政、公开选举等方面提出了务实和可行的措施，拉近了与民众的距离，得到了人民的拥护，为革命制度党重新执政奠定了良好的群众基础。

革命制度党的经验说明，执政风险是执政党执政过程中不可避免的，在体制转轨和社会转型时期尤为明显。执政党的力量在于能否克服自身缺点，加强自身建设，运用执政战略、技巧和勇气面对一切执政风险，只要提高执政能力和领导水平，巩固和增强民众基础，最终将获得民众支持，赢得执政地位。

2. 革命制度党重新执政的思考与启示。

（1）执政党要加强自身建设，维护和巩固党内团结统一。

政党能否加强自身建设、提高执政能力是决定其能否取得执政权和良好执政业绩的重要条件和因素，革命制度党由一个长期执政党沦为在野党主要是由于忽视自身建设，思想理论异化和组织结构弱化而造成的。丧失政权后的革命制度党重新重视自身改革和建设，调整党的指导思想和纲领，稳定党的组织和队伍，回应人民的诉求和关切，扩大群众基础，帮助其重新获得执政权。维护党内团结和统一是执政党加强自身建设的重要内容，是党的凝聚力和向心力的重要基础，对党的存续和发展有重要影响。革命制度党在 2000 年大选中失败的一个主要原因是党内不团结、不和谐，出现了严重的党内斗争与分裂，削弱了党的组织基础和竞争实力。2000 年后革命制度党的几次党代会，进一步重视党的改革和重建，加强党的团结和统一的建设和修复，在一定程度上重振了党的实力和力量，从而在 2012 年重获政权。可见，党内团结和统一不可能一劳永逸，而是一项长期艰巨的工作，必须在实践中不断维护和加强。

（2）执政党要提高执政绩效，让民众共享发展成果。

执政绩效是人民选择执政党的重要参考指标，对执政党的执政地位有着重大影响，在竞争性政党体制下更是如此，提高执政绩效内涵丰富，不仅要实现经济社会发展，还要实现政治稳定、社会和谐、人民安居乐业等各方面。革命制度党领导墨西哥创造了经济奇迹，得到人民的拥护而长期执政。国家行动党 2000 年执政后，在执政绩效方面并没有显著提高，如福克斯总统执政之初，许诺将实现墨西哥年均 7% 的经济增长，但 2000—2006 年年均增长不足 2%，当初允诺每年创造 120 万个就业岗位，实际上只有 14.6 万个，在劳工改革、消除贫困、解决恰帕斯危机等方面的承诺也未实现，大大降低了执政绩效。① 国家行动党卡尔德龙总统任期内反毒斗争耗费了大量人力、物力和财力，却没有取得明显效果，毒品犯罪活动依旧猖獗，扰乱了社会秩序，危害到民众的人身财产安全，大大降低了国家行动党的执政绩效，21 世纪以来执政的国家行动党得不到民众认可，从而导致大选失败而下台。②

① 袁东振主编《拉美国家的可治理性问题研究》，当代世界出版社 2010 年版，第 284 页。
② 参见靳呈伟《墨西哥革命制度党重新执政的初步思考》，《重庆社会主义学院学报》2013 年第 2 期。

（3）执政党要加强民主政治建设，切实满足民众的民主需求。

现代政党是民主政治发展的产物，在政党政治中，现代民主政治主要通过政党来运作，执政党的价值在于推动民主政治的发展，切实满足民众的民主需求，实现执政目标，巩固执政地位。在墨西哥民主建设历程中，革命制度党等政党发挥着重要作用，他们通过加强组织建设、推行民主选举制度，进行民主政治改革，赋予民众更多的知情权、参与权、选举权、建议权等民主权利，实现了民众参与民主政治的要求，获得了民众的支持和认可。可见，执政党要想巩固政权，必须满足民众对民主政治发展的需要。

第三节　新加坡人民行动党防范执政风险的经验和启示

新加坡人民行动党自 1959 年在大选中获胜上台执政至今，在多党制国家长期保持一党执政并取得了良好的执政业绩。人民行动党带领人民把新加坡从一个小渔村建设成为一个现代化国家，赢得了人民的支持和认可，新加坡人民行动党长期执政的成功经验值得我们认真分析、总结和借鉴。

一　新加坡人民行动党防范执政风险的主要经验

1. 打造共同的价值观，奠定坚实的执政思想基础。

新加坡是一个多种族、多文化、多宗教和多语言的国家。新加坡人口主要由 4 大族群组成：第一大族群是华人，占总人口的 77%。第二大族群是马来人，占 14%。第三是印度族，占 7.6%。第四是其他族，占 1.4%。新加坡宗教信仰自由，主要有回教、佛教、天主教、基督教等。[1] 新加坡

---

① 陈卉：《试论新加坡人民行动党长期执政的经验》，《湖北经济学院学报》（人文社会科学版）2005 年第 5 期。

是一个地处东西交通枢纽的开放性的城市国家，各种思想意识交汇流传，影响人民的思想和行为。由于各族人民彼此的文化类型、语种和宗教的不同，造成了价值观、政见和经济利益的分歧比较大，为国家的整合带来了极大的困难。新加坡人民行动党认识到，如果不建立和打造新加坡人的共同价值观，将无法凝聚共识，国家必将沦为一盘散沙，"共同价值观"正是在以上背景下提出来的。

新加坡人民行动党意识到，不同的民族有不同的社会价值观，新加坡人不能把自身的文化全盘抛弃，也不能照搬他人的价值观念。因此，新加坡需要把基本的共同价值观念上升为国家意识，打造一种能够把不同种族、不同信仰、不同语言的人民团结起来的共同价值观。经全国上下广泛讨论，1991 年 1 月，政府以发表白皮书的形式，提出了"共同价值观"，其主要内容是："国家至上，社会为先；家庭为根，社会为本；社会关怀，尊重个人；协商共识，避免冲突；种族宽容，宗教和谐。"① 这五条价值观具有很大的包容性和涵盖面，包含着东方文化的精髓和儒家文化的思想，获得了各民族的广泛支持，产生了积极的社会效应。在共同价值观的指导下，新加坡开展了国民一体化运动，使各个民族在政治、经济、文化等领域达成认同一致，进而融合成一个民族——"新加坡人"，倡导"一个国家、一个民族、一个命运"，共同建设好共同的家园。通过打造共同价值观和国民一体化运动，新加坡人民安居乐业，社会稳定，人民有归属感，国家有凝聚力，从而为新加坡人民行动党连续长期执政奠定了坚实的思想基础，人民行动党也有了继续执政的动力与基石。

2. 推动经济社会发展，改善人民生活。

人民行动党创始人李光耀认识到，"一个国家，假如政治上、经济上没有进展，老百姓生活没有改善，人民的不满情绪依然存在，或迟或早，

---

① 黄春梅：《新加坡人民行动党长期执政经验分析》，《社会科学论坛》2010 年第 11 期。

该政权都是会垮台的"①。人民行动党执政后，高度重视推动本国经济社会的发展，根据不同历史阶段的实际情况，不断调整和完善党的路线、方针和政策，采取一系列措施推动经济社会发展，大力改善民生，让广大人民共享发展成果，赢得了民心。

第一，人民行动党执政之初，新加坡资源匮乏，经济基础薄弱，面对这种情况，人民行动党认识到经济发展是新加坡的唯一出路，也是执政合法性的根基，从而提出了"生存第一、经济立国"的基本国策，其主要内容是以经济建设为中心，"新加坡的生存"高于一切。在发展战略上，人民行动党根据发展环境和发展阶段的不同，不断调整产业发展政策。20世纪60年代，实施以扩大就业为中心的劳动密集型产业政策；70年代，制定了以出口为导向的资本密集型产业政策；80年代，制定了以提高国际竞争力为核心的技术密集型产业方针；90年代，重点发展以电子、通信为代表的高新技术产业；21世纪初，人民行动党又提出发展知识经济的计划。"生存第一、经济立国"的国策的实施，使新加坡的经济发展上了一个新台阶。②

第二，推行"居者有其屋"计划，据《新加坡年鉴（2011）》统计，2008年至2010年约有82%的新加坡人口居住在政府组屋中，组屋政策真正成为"普惠性的政策"。③"居者有其屋"计划的推行，改善了人民的居住环境，为人民行动党赢得了民心。

第三，实施全民就业政策，人民行动党政府采取鼓励外资投资的许多优惠政策，创造了大量的就业机会，失业率一直处于较低水平。从2006年起，失业率一直控制在3.0%以下，2011年失业率更是降至2.0%，创14年来新低，为人民生活提供了有力保障。④ 经济发展为政治稳定奠定了坚

---

① 孙景峰：《新加坡人民行动党执政形态研究》，人民出版社2005年版，第270页。
② 徐鹏堂：《深刻汲取国外政党加强执政能力建设的经验教训——访中共中央对外联络部王家瑞部长》，《上海党史与党建》2005年第3期。
③ 赵付科：《新加坡人民行动党长期执政的经验》，《决策与信息》2013年第6期。
④ 同上。

实的物质基础，人民行动党也因此长期稳固执政。

3. 保持与广大选民的密切联系，巩固执政群众基础。

民众的支持和拥护是执政党巩固执政地位的重要条件，人民行动党要求党员干部树立为人民谋福利的执政理念并贯彻落实。为此，人民行动党把"巩固根基"作为党的重要工作，制定了一系列联系选民的制度，并建立了密切联系群众的长效机制。

一是实行国会议员接待日制度和走访选民制度。人民行动党规定，不论职务高低，新加坡议员都必须利用业余时间接待选民，并作为一项基本制度长期坚持，主要目的是让需要反映和解决问题的民众有渠道可以发表自己的诉求。议员接待日公布了固定的时间和地点，每周举行一次，解决了民众的一些实际问题和困难，起到了稳定社会的良好效果。此外，为了与选民保持密切接触，人民行动党还规定议员必须走访选区，访问选民，了解选民的情况，拉近与选民的距离，收集选民的问题、意见和建议，为执政打下良好的群众基础。

二是建立非营利的社会福利机构联系民众。人民行动党成立了许多社会福利组织，搭建了党联系群众、服务群众的桥梁，构建了党动员、服务和组织民众的网络。全国职工总会、人民协会、社区基金组织是人民行动党建立的非营利社会福利机构的典型代表。如人民协会是新加坡社会组织网络的总机构，人民行动党及其政府通过人民协会调控着数量庞大、功能各异的社会"草根"组织网络，把人民行动党的影响渗透到选区的每家每户，实现了民众有序而稳定的政治参与，促进了社会与政府的合作，增强了社会凝聚力。

人民行动党通过这些制度安排和实践，贯彻了"权力来自选民，必须对选民负责和服务"的执政理念，通过解决民众的实际困难、密切了党与民众的联系，维护社会稳定，巩固了党的群众基础，赢得了人民的信任和支持，巩固了执政地位。

4. 主动自我更新，保持执政活力。

为了适应和跟上时代的前进和发展，新加坡人民行动党提出了"与时并进"地口号，注重把握形势，主动自我更新，保持执政活力。

一是实施"精英计划"，吸收精英分子入党，充实党员力量。近年来随着经济社会的发展，新加坡社会结构也发生了一些变化，主要体现在以知识型、智力型的劳动者为代表的中产阶级群体不断扩大，在国家政治和经济生活中发挥着越来越重要的作用。为此，人民行动党大力吸收包括中产阶级在内的精英分子和新生力量入党，保持党的生机和活力，使人民行动党始终走在时代前列，在民众中树立良好形象。

二是实现领导层的自我更新和新老交替。领导层能否顺利自我更新直接关系到政权的稳固。人民行动党非常重视领导层的自我更新和新老交替问题，执政后不久，李光耀就提出了党的新老领导层交替和接班人问题，决定及早特色和培养接任者，实现党的领袖新老顺利交接，确保新加坡在可靠出色的领导人的带领下继续向前发展。1980 年 12 月大选后，人民行动党加快了领导层自我更新的速度，一批元老逐渐退出内阁，一批年轻的部长得以提升。2002 年 11 月人民行动党成立了"更新行动党委员会"，①有序推进人民行动党的自我更新，一是坚持分步骤按计划循序渐进地实行新老交替，避免大面积调整引发动荡；二是坚持严格的标准和程序推选新人，确保把能力强、影响力大、忠诚于党的干部作为领导层候选人；三是妥善安排退下来的"老忠臣"，让他们老有所乐，生活无忧。由于人民行动党积极主动地自我更新，实现了政权的稳定交接，保证了党的执政理念和政策的延续性。

5. 坚决治理腐败，保持清正廉洁。

新加坡是一个举世公认的相对廉洁国家，当前新加坡是全球最清廉的

---

① 赵付科：《新加坡人民行动党长期执政的经验》，《决策与信息》2013 年第 6 期。

十个国家之一，在"透明国际"组织（TI）公布的 2013 年世界"清廉指数排行榜"（2013 Corruption Perceptions Index）中，连续三年排名第五，也仍是跻身前十名的唯一亚洲经济体，而且，此前多年一直保持着世界前列和亚洲第一的位置。①

　　人民行动党一直都把廉洁作为重要的执政理念，视为党的生命。人民行动党把党旗的基本颜色定为象征廉洁的白色，向世人昭示着其与腐败水火不容的决心。廉洁自律是人民行动党获得执政合法性，得以长期执政的重要原因。人民行动党廉政建设的成功经验主要体现在四个方面：第一，加强对官员的廉洁教育，提高官员自律意识。人民行动党在日常工作和生活中不断加强对公务员的廉洁教育，在全社会形成了一种以遵纪守法为荣、以贪赃枉法为耻的社会氛围和政治文化，使官员不想腐，大大减少了官员的腐败动机。第二，推行高薪养廉政策，建立廉政激励机制。为了鼓励公务人员廉洁从政，新加坡人民行动党政府建立了公务人员的高工薪、高待遇制度，实行以薪养廉。新加坡的公务人员只要廉洁从政、不违法乱纪，做好本职工作，就能得到丰厚的待遇，大大减少了公务人员的腐败诱因，同时，新加坡还建立了公务员的退休公积金制度，保证廉洁守法的公务人员退休后有良好的生活保障和待遇，使公务人员在职时打消腐败的想法，不必腐败。第三，建立严格的制度和法律体系防止腐败。新加坡拥有完备的防腐和反腐的制度和法律体系，制定了公务员考录制度、财产申报制度等，颁布了《防止贪污法》和《没收贪污所得利益法》两部惩治腐败的主要法律。通过制度和法律约束，堵塞了腐败渠道，使官员不能腐。第四，严厉惩治腐败行为，形成巨大威慑作用。新加坡组建了贪污调查局，直接受总理领导和指挥，在反腐治贪方面拥有极大的权力，如可以在没有逮捕证时直接逮捕涉嫌腐败的嫌疑犯等。对于腐败分子，真正做到了没有特殊和例外，一旦违法，即面临"在政治上身

---

　　① 资料来源：中华人民共和国商务部网站：《新加坡清廉指数仍排全球第五》，2013 年 12 月 5 日，http://www.mofcom.gov.cn/article/i/jyjl/j/201312/20131200413153.shtml。

败名裂，在经济上倾家荡产"的后果，从而使官员不敢腐。由于人民行动党反腐立场坚定，措施有力，经过坚持不懈的努力，建立了一个清正廉洁的政党，得到了广大民众的支持。①

二　新加坡人民行动党防范执政风险的启示

1. 巩固党的执政地位，必须把治理国家、发展经济、改善民生、赢得民心作为执政党的第一要务。

政党的主要目标是获得国家政权，取得执政地位。执政党的主要目标是巩固执政地位，实现长期执政。不管是要执掌国家政权还是要长期稳定执政，最重要、最关键、最根本的问题是要取得大多数人民群众的支持、拥护和认可。而要取得群众的支持、拥护和认可，就必须全心全意为人民群众谋利益。从新加坡人民行动党的执政经验可以看出，不管在哪一种政党体制下，人民群众的支持与否都是政党兴衰成败的决定性因素。在两党制、多党制等竞争性政党体制下，选民的选票可以决定政党能否上台执政和执政党能否继续执政。在一党制等非竞争性政党体制下，人心的向背同样可以决定执政党的前途命运。因此，人民群众是决定政党力量的主要因素，要实现长期执政，就必须把治理国家、发展经济、改善民生、赢得民心作为执政党的第一要务。要把治理国家、发展经济、改善民生有机结合起来，治理国家要以发展经济为基础，以改善民生为目的，实现广大人民群众的根本利益，巩固政党执政的基础，赢取民心，得到人民群众的认可和支持，实现长期稳固执政。

2. 巩固党的执政地位，必须建设一支能力过硬、作风优良、清正廉洁、充满活力的执政骨干队伍。

建设高效、廉洁、充满活力的执政骨干队伍，是执政党执掌政权，稳固

---

① 参见兰大贤《新加坡惩治和预防腐败的经验与启示》，《沧桑》2013 年第 2 期。

执政地位的重要保证。新加坡人民行动党之所以能长期执政,一个重要原因就是人民行动党狠抓执政队伍建设,从严治党。在执政队伍建设方面,人民行动党最为突出的特点是把廉洁视为党的生存之本,借助政府相关法规对党员干部的行为进行严格约束,将议员置于群众严密监督之下,对踏过红线者的腐败分子"零容忍",由于态度坚决、措施得当、处罚严厉,人民行动党比较成功地解决了一党长期执政条件难以克服的腐败问题,在群众中保持较高威信。可见,执政党要实现自己的目标,赢得民心,长期执政,关键在人。加强党的干部队伍建设,是马克思主义执政党建设的重要内容,也是马克思主义执政党建设的重要保证。因此必须大力加强党的执政能力建设,使党员干部始终坚持立党为公、执政为民的立场,进一步增进对人民群众的感情,提高工作能力,改进工作作风,做到清正廉洁,秉公执政,提高执政队伍的整体素质,为党的事业提供人才和队伍保障。

3. 巩固党的执政地位,必须做好利益协调和社会整合,平衡各方面的利益。

从执政规律来看,做好利益协调和社会整合是执政党执政活动的必然要求。面对新加坡出现的不同的利益团体,人民行动党努力将自己建设成"代表国内各方面利益"的政党,维护和捍卫社会的整体利益。例如,新加坡是个多元种族国家,在种族平等问题上,人民行动党重视平衡照顾不同种族利益,正是由于上述举措,新加坡社会稳定,各民族团结和谐。社会结构和利益格局的调整,不可避免地带来利益矛盾的增多和社会冲突的加剧。利益主体的增多,利益需求的多样化,必然导致社会利益关系更加复杂,利益矛盾和利益冲突已经成为引发社会矛盾的主要方面,已经成为影响社会和谐稳定的重要因素。因此,执政党必须积极适应社会结构和利益格局的深刻变化,更加重视统筹协调各方面利益关系,提高党协调利益关系的能力,平衡社会各阶级和各方面的利益,才能为防范执政风险、巩固执政地位提供良好的外部条件和社会基础。

第四节　西方发达国家执政党防范执政风险的经验和启示

"政权目标是所有政党的核心政治目标。"① 在西方发达国家，其政党制度是竞争性政党体制，即在一个国家中一般存在两个或两个以上具有平等竞争关系的政党，这些政党通过在选举中竞争而形成一党单独执政或由两个或两个以上的政党联合执政的模式。西方发达国家大多实行两党制或多党制，各国政党通过选举，依法、有序地夺取国家执政权，执政后通过合理的行使民众所赋予的国家权力，实现执政有效性等多种手段达到巩固政权的目的，实现执政党的政权目标。因此，西方发达国家执政党执掌政权之后，就要兑现自己的竞选诺言，把本党的政策主张付诸实施，以此来赢得选民的信任，以保证自身的执政地位。不同的政党为了保证自身的执政地位，各自根据本国的政治、经济、社会发展状况采取不同政策，就如何防范执政风险进行探索。由于大多数执政党轮流执政，执政时间具有非连续性的特点，因此，有利于我们从一个新的角度去分析这些执政党获取和失去执政地位的原因，以此作为中国共产党防范执政风险的有益借鉴。本文选取美国、英国、法国、德国、瑞典等发达国家政党作为研究对象。

一　西方发达国家政党执政的主要特点

1. 西方政党通过竞选和组阁获取政权。

西方发达国家政党是通过赢得选举获取合法的执政权，只有获得

---

① 赵晓平：《政党论》，天津人民出版社 2002 年版，第 45 页。

选民的选票，得到选民的支持和拥护，在选举中胜出才有资格组建内阁，执掌国家政权而成为执政党。因此，竞选是西方政党获取合法执政权的必经之路和唯一途径。组阁是执政党将自身意志主张上升为国家政策法律，加以贯彻执行的手段。通过竞选和组阁并获成功，西方政党就完成了由在野党向执政党的转变。西方国家执政党实行任期制，每隔几年就要举行总统或总理大选，大选前，政党的主要任务是提名本党的候选人，制定并宣传竞选纲领和政策，竞选成功后，新政府正式开始运转，政党组织就退到后台，积蓄力量，准备下次竞选。如此，循环往复。因此，竞选和组阁就成了政党的中心任务，政党的一切其他活动都要服从和服务于这一中心。由于政体的不同，西方国家政党竞选的形式和重点是不完全一样的。在以英国为代表的欧洲议会制国家，竞选的重点主要集中在争取议会的多数席位上。而在以美国为代表的总统制国家，竞选的重点则主要放在总统的竞选上，竞选成功的总统负责组建政府，并通过控制政府行政机构执掌政权。而在法国、德国等实行多党制的国家，由于在大选中很难有一个政党能够取得绝对多数的选票，因此一般需要相对多数议席的政党联合其他政党形成执政联盟，联合执政。

2. 执政党执政以间接调控政府为主。

由于西方发达国家大多实行竞争性多党制，政党与政府之间的职能划分明确，因此，政党对政府的作用都十分有限。执政党一般不直接介入政府，而是通过间接调控政府以贯彻和体现政党的纲领和主张，主要体现在执政党通过其党首或领袖出任政府总理或总统发挥间接作用，执政党自身不直接参与政府决策和政策执行。同时，西方发达国家建立了成熟的文官制度，以执行政党和政府的方针政策，避免了执政党直接介入和干预政府，保证了政局稳定。这种执政方式较好地体现了党政职能分开的原则，使政府权力牢牢掌握在总统或以总理为首的内阁手中，有利于减少政党之间的摩擦，提高政府行政效率。

3. 西方政党形成了制度化、规范化的运作体制。

西方发达国家政党制度经过长时间的发展，已形成了规范化、制度化的运行体制。一方面，政党要按照立法的规定和选举制度参与竞选，才能获得执政权；另一方面，政党成为执政党后要依法执政，其执政行为受到反对党、司法部门和新闻舆论的监督，有利于执政党科学决策，遏制腐败，维护国家的政治和社会稳定。西方国家为了深化政治民主，明确政党的地位和作用，改变在法律中对政党和社团不加区分的传统做法，在立宪或修宪时都增加了关于政党和政党制度的条款，英国通过宪法以及具有法律效力的最高法院的裁决，使英国政党获得了明确的法律地位和法律保障。意大利、德国、法国、希腊、西班牙、葡萄牙宪法都对政党及其组织活动做出了原则性的规定。德国 1967 年制定、1979 年修改的《政党法》是世界上最完备的政党法规。它对政党的概念、政党的地位、任务、组织原则、党员的权利和义务等都有详细的规定。如该《政党法》规定，政党是自由民主的基本制度的一个必要组成部分；政党的任务就是引导和影响人民的政治愿望，促使公民积极参加政治生活，培养有能力的公民担任公职，参加选举等。正是建立了政党制度和政党政治，从而使欧洲的政党在政治生活中发挥着举足轻重的作用，并构成了当代欧洲民主政治的主要特征。

需要特别指出的是，西方政党的轮替上台执政所反映的只是资产阶级内部的利益调整和分配机制，它没有也不可能给广大的中下层人民群众带来真正的自由、民主和平等权利。近年来，政党政治出现了一些新的趋势和特点，突出表现在金钱政治大行其道，政党漠视选民的利益，政党内部出现寡头化倾向等方面，政党政治对选民渐失吸引力，投票率不高，西方政党政治正面临严峻挑战，我们在分析西方政党执政经验时要充分注意这一点。

二　西方发达国家执政党防范执政风险的主要经验

1. 根据本国国情和变化着的发展环境，创立合适的发展模式。

西方国家执政党的一个共同的成功经验，就是根据本国具体国情和发展着的环境，寻求适合本国的发展模式。一个国家，在不同的发展阶段，由于其面临的发展环境、任务和目标不相同，因此执政党要根据具体国情和阶段特征选择适合本国发展的发展理念和实践模式。而在同一时期的不同国家中，由于各国的国情不同，不同国家之间在选择发展理念和实践模式时，都以自身的历史文化背景、经济社会发展程度等国情为依据，寻求真正适合自己的发展模式和道路。

例如，在英国，"二战"结束到 1979 年撒切尔夫人上台执政前，英国保守党和工党根据国内外形势和环境，在经济社会发展等方面的一系列政策上相互妥协，达成共识，建立了"共识政治"，在一定程度上促进了经济社会的发展，保持了社会的稳定。[①] 但经过 70 年代的经济危机之后，1979 年上台的撒切尔领导下的保守党认识到凯恩斯主义的弊端之后，根据本国经济、社会和政治发展状况，毅然抛弃凯恩斯主义，转而奉行货币主义理论，推行一系列重大的改革，进行了撒切尔主义的政治实践，新的发展模式唤起了英国经济社会发展的新高潮。[②] 同样，20 世纪 90 年代后在英国兴起的"第三条道路"[③]，也是英国执政党从本国国情和世界形势出发，寻求的适合英国的发展模式。

法国社会党也非常重视把社会民主主义的思想理念贯彻到执政的实践

[①]　参见中国社科院欧洲所课题组《西欧政党的执政特点及存在的主要问题（上）》，《红旗文稿》2003 年第 5 期。

[②]　成晓叶、凌宁：《英国保守党的"大社会小政府"特点、困局及对中国的启示》，《新东方》2013 年第 3 期。

[③]　第三条道路主要内容是按照捷克经济学家奥塔·塞克总结为："人文关怀"和"经济效率"的结合，也是"国家计划干预"和"市场经济"的结合，是一种"混合经济"的道路。

活动中，不仅提出了具有鲜明特色的执政理念，而且能够在形势的变化中适时革新，而不是固守教条，取得了较好的执政业绩。

瑞典执政党社民党根据本国国情和时代特征，在经济发展模式上选择了具有瑞典特色的混合经济模式。主要内容为：实行公有制和私有制混合的所有制结构；实行按劳分配与按资分配混合的分配制度；实行国家宏观调控和市场经济混合的经济体制。① 由于该种经济模式符合瑞典的发展需求和人民的愿望，解放和发展了生产力，经过百余年的奋斗，瑞典从19世纪末欧洲最穷的国家，发展到现代化的发达国家，如今已成为欧洲最富的国家之一，人民的生活水平得到很大提高，社会保障制度健全，从而使社民党赢得了瑞典国民的支持。

2. 根据时代需要调整党的纲领，努力扩大包容性。

党的纲领就是党的旗帜，具有争夺选民、凝聚党心、赢得民心进而整合社会的作用。政党的纲领是政党指导思想的具体化，包含政党对国家、社会和民众的立场和态度，反映了其执政理念、执政方式和执政模式。政党的纲领就是党的旗帜，在凝聚党心、赢得民心等方面发挥重要作用，政党竞选纲领的优劣、是否符合民众的愿望，直接关系到政党能否获得选民选票而成为执政党，因此，西方发达国家政党都非常重视党的纲领建设和完善。西方国家政党的竞选纲领一般根据国内经济、政治、社会状况和国际局势的变化而调整，力求做到符合时代发展特点和民众愿望要求，参照选民的心态，提出该党的具体政策。

例如法国社会党和保卫共和联盟的党纲和竞选纲领，既要忠于两党的基本理论和思想，即社会党打着民主社会主义的旗号，保卫共和联盟打着戴高乐主义的旗号，又要反映时代的特征，迎合选民的要求。法国社会党通过每年举行一次的全国代表大会，特别是"大选年"所举行的全国代表

---

① 参见刘红《国外政党执政经验研究》，《哈尔滨市委党校学报》2009 年第 5 期。

大会，综合各个政治团体的建议和意见，在某个主题下提出党的行动纲领和竞选纲领。如在 1972 年提出了《改变生活》的纲领性文件，1980 年提出了《法国 80 年代的社会主义草案》，1981 年通过了《争取社会主义、实现变革》等。在 2000 年通过的《原则声明》的最新纲领中，法国社会党指出了资本主义的种种弊端，如不平等和不公正，两极分化加剧，对第三世界的剥削等，并在对策中突出照顾中下层的利益，加强社会保障制度，通过再分配努力缩小贫富的差距。这样明确具体的、带有倾向性的纲领，自然而然地对中下层特别是劳动人民十分有诱惑力，因而比较容易获得他们的选票。

德国社民党非常重视根据时代的发展进行纲领革新。每隔几年就对原有纲领进行修改或调整，以迎合民众的呼声和要求，从而获得大多数民众的支持。正因为如此，德国社民党成为德国第一大党和主要执政党，1998 年与绿党联合共同执政，2002 年赢得大选继续执政，2005 年与联盟党组建大联合政府，虽然总理由联盟党的默克尔出任，但社民党占据了内阁的多数席位。

英国工党的成功执政，很重要的一条经验就是求新思变，大力进行纲领革新。1994 年布莱尔当选工党领袖之后，领导工党进行理论革新，提出了"第三条道路"理论，扩大了纲领的包容性，对外展示"新英国，新工党"的新形象，重新获得了生机和活力，得到民众的支持，1997 年工党上台执政，2001 年、2005 年获得连任连续执政，在 2007 年新一轮大选中，工党又获胜利，继续执政。

努力扩大纲领的包容性，是政党争取民心、获得大多数民意基础的又一重要手段。为适应社会发展变化，政党在制定纲领和政策时，注意协调和兼顾社会各阶层的利益和要求，淡化政党的政治色彩，展示其包容性和大众化，争取最大多数人的支持。同时，各政党在选民最关心的发展经济、增加就业、改善社会福利、保护生态环境、提高生活质量和水平等方面制定均衡政策，吸引中间阶层选民的选票和支持，达到维护和巩固政权的目的。如在美国，共和党和民主党都代表资产阶级利益，都是资产阶级执政的工具。在经济全球化的背景下，共和党和民主党无论是谁执政都面临着共同的问题和挑战，因此两党在执政的许多政策上形成了"共识"，在宏观经济政策上，促进经济发展、增加就业、发展高科技产业等方面基本上相近；在对外政策上，尽管两党的外交政策在形式上有一定差别，但根本目标都是为了维护美国的世界超级大国地位，遏制其他国家的发展，打击威胁美国地位的对手；在国家安全政策上，尽管在实施手段上有差异，但两党没有明显分歧，都主张打击国际恐怖势力，确保国家安全，对一些恐怖组织藏匿的国家进行干涉。翻开美国的历史，我们可以看到，一个政党执政的繁荣时期都是与紧跟时代和社会发展潮流、具有远见卓识、准确把握时代主题的政党领袖和政党纲领相联系的，如民主党的杰弗逊时代、杰克逊时代、罗斯福时代，共和党的林肯时代、老罗斯福时代、里根时代等。

3. 通过增强经济绩效稳固执政地位。

经济增长是政党持续执政的根本，是西方各执政党在竞选纲领中关注的重要问题。经济绩效是西方民众评价执政党执政业绩的主要标准之一，发展经济，提高民众的生活水平是执政党赢得选票、保持执政地位的必要条件。因此，西方各国执政党采取措施，调整政策，优化环境，大力促进经济发展。

西方国家一些政党之所以能够上台执政或连续执政，大多是源于其务实的经济纲领或良好的经济业绩。他们对经济发展高度关注，把经济增长放在首位，主张建立有活力的现代经济。如美国民主党充分利用全球化发展带来的有利形势，实现经济的高速发展与产业优化，推动知识经济的发展，彰显该党发展经济的高超能力。美国民主党候选人克林顿在1992年美国总统大选中面对当时美国民众对国内经济不景气以及带来的一系列社会问题的抱怨现状，把竞选纲领的主旨确定为"把人民放在第一位"，并明确指出政府的责任是创造更多的机会、人民的责任是充分利用这些机会，从而得到民众支持在大选中获胜。在克林顿政府执政的八年中，1992 年到 2001 年初，美国经济形势出现了"高增长、高就业、低通胀"的良性局面，其经济繁荣时间达 10 年，成为 20 世纪有统计记录以来美国历史上经济最长的扩张期，这也是克林顿赢得总统连任，民主党连续执政的原因。①

　　在英国，撒切尔夫人制定了符合实际并成效显著的国家发展政策，从而赢得了保守党长期执政。在保守党执政的这一时期英国经济的总体状况普遍好于 20 世纪 70 年代。自 1981 年 5 月跌到谷底之后，英国经济持续增长，到 1988 年达到顶峰，成就了自 1945 年以来最长的一段繁荣时期。1988 年，英国经济增长率为 3.8%，超过欧洲经济共同体成员国 3.5% 的平均水平，这是自第二次世界大战以来首次出现的现象，英国因而赢得了西欧经济火车头的称号。通货膨胀明显下降，从 1980 年的 18.1% 降至 1988 年的 4.4%。财政收支状况也明显好转，1987—1988 财政年度实现了 18 年来的首次盈余，英国出现了历史上的"经济奇迹"②。正是经济的持续增长确保了保守党长期执政的优势。而英国工党在 2005 年 5 月的大选中再一次获得胜利，这是工党历史上首次连续三次执政，这主要得益于工党执政期间取得的较好的经济业绩。工党执政 8 年来，经济年增长率均达 3% 左右，失业率下降到 5% 左右，通胀率一直维持在 2% 的低水平，许多民众包括中下层民众从中受益，因此工党得到了广大民众的支持和肯定。尽管工党领袖布莱尔在伊拉克战争中独断专行，派兵参加伊拉克战争，受到不少民众的质疑乃至反对，但由于工党良好的执政业绩，特别是其领导下经济持续增长，国力增强，英国国际地位明显提升，因此多数选民仍然

――――――――――

　　① 李军、曹蓓蓓、徐传山：《借鉴西方政党执政经验：加强党执政能力建设的又一视角》，《理论探讨》2005 年第 4 期。

　　② 王振华主编：《撒切尔主义——80 年代英国内外政策》，中国社会科学出版社 1992 年版，第 57—58 页。

把选票投给工党,支持其继续执政。

4. 调整社会政策,促进经济与社会的协调发展,实现社会公平正义,赢得选民支持。

为了促进经济与社会协调发展,保持国家和社会的和谐与稳定。西方发达国家执政党不断调整和完善社会发展政策,努力协调社会矛盾和阶层利益,促进社会各阶层利益平衡,阶级矛盾得到一定缓和,使西方国家进入了经济社会相对稳定的发展时期。

法国社会党从民主社会主义关于社会平等和正义的思想,以及两极分化和贫富差距拉大的当代法国现状出发,大力提倡社会平等和正义。保卫共和联盟则感到法国"民主社会"受到威胁,害怕"五月风暴"卷土重来,因而采取措施解决法国社会尖锐和突出的问题。为了争夺数量相当可观的选民以便上台执政或者保持执政地位,两党都在保持社会平等和正义方面下功夫。

为了维护社会公平,防止贫富两极分化,瑞典社会民主党采取了一系列举措促进经济与社会协调发展。从 20 世纪 20 年代执政以来,瑞典社会民主党大刀阔斧进行社会改革,先后颁布了一系列救助弱势群体的法律法规,如《失业保险法》《个人建房补助法》《老年保险法》《医疗保险法》《农业工人标准工作时数法》《抚养补助法》等。与此同时,还相继增设或加大以富人为主要征收对象的继承税、固定财产税、超额利润税、烟酒附加税等①。到 20 世纪 50 年代末 60 年代初,瑞典社会保障制度基本确立。由于瑞典建立了完善的社会保障制度,扶贫济困,帮穷限富,较好地维护了社会公平,增进了社会和谐稳定,巩固了瑞典社会民主党的执政地位。

5. 政治上扩大民主,推进党内民主和决策民主化进程。

"超越民主领导的有限合法性充满了危险,因为它打开了判断力的滥

①　李军、曹蓓蓓、徐传山:《借鉴西方政党执政经验:加强党执政能力建设的又一视角》,《理论探讨》2005 年第 4 期。

用之门，而这容易走向暴政。"① 因此，西方发达国家认为，民主是时代发展和社会进步的重要标志。民主制度是政党政治的显著特征。资产阶级在政治民主化进程中的主要贡献之一，就是扩大民众参与国家事务管理和决策的民主权利，把少数特权者对权力的垄断变为广大民众的积极参与，推进了国家政治民主化。

近年来，西方政党在党内选举和决策制度上都进行了较大的改革创新，赋予普通党员更多的参与权和建议权，推动党内民主发展，改善党内关系，使党内领导选举和决策步入制度化和科学化的轨道。

一是改革党内选举制度，不断加大领导人党内直接选举的力度。一些西方政党逐步扩大了普通党员选举党内主要领导人的权利。英国工党从1993 年开始逐步改革了工党领袖的选举制度，使大多数党员在选举党的领袖时都有发言权。德国社会民主党对党的领导层和党内议会候选人的产生办法进行了改革，把过去党的领导人由党的执行委员会选举改为全体党员直接选举产生，党的各级议员候选人也由过去自上而下的指定改为由地方党组织选举。法国社会党也改变了原来由党的执委会选举党的第一书记的做法，从 1997 年开始由全体党员直接投票选举，从中央到地方的各级领导人也全部由全体党员直接选举，充分体现和反映党员个人的意愿和选择。②二是进一步完善党内决策机制，扩大普通党员对党内事务的知情权、参与权和决策权。英国工党在全党建立了重大事务公决制度，对党的政策制定等党内重要事务进行全员投票表决。德国社会民主党允许各级党组织成立各种论坛，通过这些论坛向同级党代会提交提案、选送代表等，以使每个党员在党内事务决策过程中有机会提出自己的建议。③ 三是推行公共管理政策，西方执政党为了适应公民社会发展的要求，努力改变政府与公民管

---

① ［美］威廉・A. 盖尔斯敦：《自由多元主义》，江苏人民出版社 2005 年版，第 115 页。
② 参见鲍雪松《西方政党领导经验对提高党的领导科学化水平的启示》，《中共天津市委党校学报》2012 年第 3 期。
③ 同上。

理与被管理的关系现状，从 20 世纪 80 年代开始，积极推行政府行政管理方式的变革，强调管理主体多元化，吸纳公民参与公共管理，把公民从公共权力服务的对象转变为行使公共权力的主体，实现了管理与服务主客体的统一。20 世纪 90 年代以来，以克林顿、布莱尔、施罗德为代表的西方政治家，明确地把"少一些统治，多一些治理"作为施政目标，积极推动政府权力向社会和公民回归，从而节约了执政成本，提高了管理效益，化解了传统管理模式下出现的财政危机、管理危机和信任危机，大大提高了政府管理水平，增强了政党执政的政治合法性，从而防范了执政风险。①

瑞典的民主模式特色明显，受到专家学者的广泛关注。瑞典社民党在长期的执政过程中逐步建立和完善合作主义的执政民主模式，即由政府、工会代表和雇主代表共同协商国家大计，然后由政府实施，这种民主模式称之为"合作主义"。合作主义最初称为"人民之家"，共同讨论"普遍的社会福利、接济合作和民主"。中间经过"汉森民主"的阶段，使合作主义制度化。自 20 世纪 70 年代以来，以社民党为主推行的合作主义已经定期化和制度化，并推广到政府各个部门。合作主义实际上是执政党和在野党、官方与民间共谋国家大计，共商经济社会发展政策，相互妥协达成共识意见，因此政府出台的政策较为温和，社会各方都能普遍接受，这是瑞典社民党能够连续执政和长盛不衰的重要原因。②

6. 重视党的自身建设，改善党的社会形象，扩大党的执政基础。

执政党必须高度重视并不断加强自身建设，树立良好的形象，扩大执政基础，赢得广大民众的拥护和支持，才能长期维持和巩固执政地位。

英国工党一贯比较重视加强自身的建设，其具体举措有：一是改造基层党组织，用俱乐部制度逐渐代替原来的分部和支部制度，丰富俱乐部的

---

① 参见李军、曹蓓蓓、徐传山《借鉴西方政党执政经验：加强党执政能力建设的又一视角》，《理论探讨》2005 年第 4 期。

② 顾俊礼主编：《欧洲政党执政经验研究》，经济管理出版社 2005 年版，第 13 页。

活动形式，如组织就业、环保等主题性活动，吸引青年人参加，增加组织的生机和活力，同时增加基层组织人员在执委会中的比例；二是大力发展个人党员，扩大个人党员的比例，工党为此改革党员登记制度，由中央党部电脑统一登记党员个人情况，直接邮寄党内公决选票和进行问卷调查，增加党员的参与感和归属感。① 三是大力加强党的宣传工作，扩大党的社会影响，利用现代信息技术手段，建立工党的网站，宣传党的政策主张，引导网络舆论宣传，树立良好的政治形象。以上措施加强了工党对党员的凝聚力和号召力，同时也增强了工党对全党的控制力和领导能力，有利于工党推行施政纲领，稳固政权。

　　法国社会党一直以来非常重视和加强党的自身建设，努力扩大党的执政基础，改善党的社会形象。为此，近些年来采取了不少措施：一是扩大党内民主，增加党员对党内事务的参与机会。党的领导人由原来的党代表选举改由全体党员投票选举产生，以增强其领导全党的合法性，党的所有决议和文件也交由全体党员表决，发动党员参与讨论党的路线、方针和政策，社会党在各省委和各基层支部经常组织讨论会，就重大政策问题征询党员意见，党的中央领导要经常深入基层，每年应向党的基层支部书记作工作报告，以增强中央和地方之间的交流与沟通。二是改革党的各级领导机构。在党的各级决策机构中实行男女机会均等，减少领导干部兼职情况。大力培养年轻干部，打造党的事业接班人，每届党代会将党的领导机构成员更新三分之一，以实现领导人的新老交替。三是改进党的领导与工作方式，加强与民众、媒体和社会的沟通和联系。为此，该党强调要回归民众，重新考虑与民众及工会团体的关系，要以各种形式扩大党在社区的活动，广泛接触群众，加强同社会的交流与对话，从而扩大党的影响。正确处理好同媒体的关系，积极利用互联网等现代化工具来宣传党的方针政

---

① 中共中央对外联络部研究室：《外国政党建设的经验与教训》，当代世界出版社 2002 年版，第 407—408 页。

策，建立党的领导人与公众网络交流的制度。四是以公开透明的形式来解决党内的分歧，增强党内团结。法国社会党在 2002 年大选失利后，关于未来发展道路问题在党内引起了思想混乱，由于社会党内存在许多派别，不同派别都从自身的角度和小团体利益提出未来的发展设想和计划，在 2003 年的党代表大会前，五个派别都向大会提交了各自的议案，全党在一年多的时间里为此组织了 5000 多场各种形式的座谈会、讨论会和辩论会，经过党内认真讨论和全党表决，以第一书记奥朗德为主流派的方案得到了 62% 的支持票，代表大会认可了这一方案，其他派别在大会前撤回了自己的议案，从而使全党在统一的思想旗帜下前进，社会党通过讨论和内部的思想斗争维护了党内团结。[①]

德国社民党是一个比较重视党的自身建设的政党。特别是在 1998 年重新执政以来，面对新的形势，社民党采取各种举措来提高自身素质和能力。一是扩大党内民主，增强决策的透明度，实现科学民主决策。党内的许多重大问题在决策前都采取自下而上的办法在全党进行充分讨论，收集民意，在决策上，形成了政府总理、党的总书记与议会党团主席每周的定期会晤机制，就重大事项进行协商，以达成共识。二是注重党的组织建设。充分利用网络平台加强党的建设，宣传党的主张，扩大党的影响，增强党的吸引力，加强党的专职干部的培训工作，提高党员干部素质；加强党的基层组织建设，致力于招募新党员，增加党的新鲜血液，实现新老交替。三是重视党的青年工作。为了吸引更多青年加入或参与到党的工作中来，德国社民党加大了对青年工作的投入，改进对青年工作的方式方法，建立了党的青年工作的网站和网络，加强党的青年干部的培养，为党的后续发展和未来奠定了良好基础。四是加强党的对外交流工作，社民党领导人非常重视"走出去、请进来"战略，扩大同世界许多国家政党及区域性

---

① 秦德占：《西方发达国家社会党党内民主理论与实践论析》，《聊城大学学报》（社会科学版）2007 年第 5 期。

政党组织的对外交往，既通过这种交往来扩大社民党的影响，同时也重视向外国政党学习治党、管理国家和社会的有益经验和做法，借鉴执政经验，提高自身执政能力。

三　西方发达国家执政党防范执政风险的启示

党的十六届四中全会作出的《中共中央关于加强党的执政能力建设的决定》指出："无产阶级政党夺取政权不容易，执掌好政权尤其是长期执掌好政权更不容易。党的执政地位不是与生俱来的，也不是一劳永逸的。我们必须居安思危，增强忧患意识，深刻汲取世界上一些执政党兴衰成败的经验教训，更加自觉地加强执政能力建设，始终为人民执好政、掌好权。"[①] 为此，我们要善于吸收世界政党执政的成功经验，结合我国国情，认真研究，加以借鉴。西方发达国家执政党防范执政风险的基本经验带给我们深刻的启示。

1. 借鉴他国执政党经验，既要把握共同规律，又不能照搬照抄。

世界上各个国家的社会制度不同，因此，执政党所采取的执政模式也就不一样。各个国家执政党应根据各国自身的国情和发展的不同阶段，选择适合自己执政的执政模式。借鉴他国执政党的成功经验，要辩证对待，不能完全照搬照抄，因此，对执政党来说，只有适合的执政模式，而没有最好的执政模式。

我们应该辩证地看待西方政党的执政经验，既不能不加分析地一概否定，也不能机械地照抄照搬。一是要科学把握政党执政的共同规律，把西方政党的执政经验与西方国家的根本政治制度区别开来，西方执政党的执政经验不等于西方国家的根本政治制度。在政党执政实践中，有些要素与政党性质或国家政治制度息息相关，但有些要素是不相关

---

① 《中共中央关于加强党的执政能力建设的决定》，《人民日报》2004 年 9 月 27 日第 1 版。

的，属于共同经验和规律的范畴，对于属于共性问题的执政经验和有益做法，世界各国政党可以认真吸收、学习和借鉴，而不应因为社会制度的不同予以一概否定和摒弃。二是要准确把握政党执政的特定条件和特殊规律，把借鉴西方政党的执政经验同中国国情和党情有机地结合起来。任何政党的执政经验都有其形成的特定条件。西方政党的有些执政经验与其两党制和多党制的政党制度、国家历史文化和比较成熟的市场经济条件是紧密相关的，因此，中国共产党在对待西方国家政党执政经验时，要分析其形成的特定条件，结合我国的历史文化、社会制度、发展阶段和水平等国情加以科学分析，有选择地吸收，而不能脱离中国的实际机械照搬西方政党的做法。对中国共产党来说，学习借鉴西方政党的执政经验，关键是把握其规律和本质，在实践中结合我国国情加以发展和创新。

2. 执政党必须扩大纲领和政策的包容性，拓展执政基础。

从性质上看，政党代表的是某一阶级、阶层和集团的利益，当政党成为执政党后，由于掌握国家政权，承担了管理国家和服务民众的职能，这就决定了执政党要进行利益协调和整合，维护社会各方面的利益平衡。因此，执政党要适应时代和社会的发展，立足于社会各阶级、阶层和集团的和谐与合作，不断扩大执政纲领和政策的包容性和涵盖面，充分调动社会各阶层的积极性，拓展党的执政基础，维护社会的稳定和发展，这样才能进一步巩固党的执政地位。就我们党来讲，我们党在制定路线方针政策时，必须考虑并满足最广大人民群众的利益，妥善处理好社会各阶层的利益关系；坚持以经济建设为中心，把发展作为执政兴国第一要务，让广大群众共享改革和发展成果；进一步全面深化改革，破除影响广大人民群众利益实现的机制障碍，确保改革让绝大多数群众满意；坚持社会主义共富导向，推进收入分配体制改革，加强对人民群众内部利益的宏观调控，防止贫富两极分化。当前，我国正处在全面建成小康社会的征程中和全面深化改革的关键时期，为实现中华民族伟大复兴的历史使命，我们必须最充分最广泛地调动一切积极力量，为社会主义建设事业贡献力量。只有扩大党的政策包容性，党才能动员最广泛的社会力量，党的执政才有广泛而坚实的基础，党才能继续得到最大多数人民群众的拥护和支持，从而防范执政风险，巩固执政地位。

3. 执政党必须建立科学的党内运行机制，提高党内运行机制的科学化、规范化和制度化水平。

西方发达国家执政党的执政经验表明：执政党要掌好权、执好政就必须加强自身建设，根据条件的变化和任务要求，调整自身的体制和机制，建立科学的党内运行机制，提高党的建设科学化水平。执政党的建设要勇于变革和创新，必须以实践为标准来检验一切，解放思想，与时俱进，自觉地把思想认识从那些不合时宜的观念、做法和体制的束缚下解放出来，必须随着时代的发展而不断变化，使之符合现实，使它们贴近群众、贴近现实、与时俱进、顺应民心、增强吸引力和凝聚力。通过提高党自身建设的科学化、制度化和规范化水平，更好地管理和建设国家，更好地为民众服务，达到长期稳定执政的目的。我国的社会主义建设事业是在中国共产党领导下开展的，党执政的过程与社会主义建设事业紧密相连，它要求我们党必须加强自身建设，不断推进自身改革，从而使自身的体制和机制不断科学化、制度化和规范化，以适应领导中国社会主义建设事业的需要。

第三章 中国共产党面临的执政风险及成因探究

新世纪、新阶段党面临的执政风险是多方面的，原因也是复杂的，但从大的方面来讲，可以分成三大类，即党执政面临着国际风险、国内风险和党内风险，它们分别是由于世界环境的新变化、国内改革的新发展和党自身存在的新问题而产生的。分析中国共产党面临的执政风险及成因，是我们找到原因、对症下药、提出防范执政风险举措和策略的前提和基础。

第一节 国际风险的主要表现及成因

一 经济全球化危及党执政的经济安全

世界经济全球化是指国家之间在经济领域打破国界，实行不同程度的合作和调节，使各国的资本、技术、信息、生产资源等生产要素在全球范围内流动，并向着一体化的方向发展，从而实现资源的有效和最佳配置。世界经济全球化是一个国家和民族的经济关系跨越国界和疆界的显著变化，是生产力发展超出自身疆界的产物。20 世纪 80 年代中后期以来，尤其是 90 年代初以来，经济全球化成为世界经济领域的突出现象和时代潮流，集中反映了当今世界经济的基本特征，深刻改变着世界各国的经济、政治、文化和社会生活方式。经济全球化通过"人流""物流"和"信息流"等生产要素在全球范围内的自由流动和有效配置，将现代化的产品及其影响力播撒到世界的每一个角落，把世界各国连成一个相互联系、相互依存的"地球村"。经济全球化是当代世界经济发展的显著特征，也是21世纪影响人类社会发展最重要的因素之一。

新世纪、新阶段，世界经济全球化进程进一步加快，经济全球化使得世界各国的经济成为一个相互依存、相互联系的整体，世界各国在各个领域内的经济联系和经济合作更加紧密和广泛，在产品研发、资源配置、技术合作等方面的国际分工和协作正向高水平发展。各国经济相互交织、相互融合、相互依赖、相互渗透，从而使世界经济发展成为密不可分的一个整体。在这种背景下，某些国家经济领域的重大变化，特别是大国经济的重大变动，都不可避免地通过各种渠道波及或影响他国乃至全世界。世界经济全球化的主要表现形式为贸易自由化、金融的国际化和生产的一体化三个方面，这三大表现形式构成了当代世界经济运行的主旋律和基本特征。

经济全球化使生产要素在世界范围内的自由流动和优化配置进一步加速，贸易自由化、资本国际化以及科学技术的发展，促进了世界生产力的提高和发展，推动了全球产业结构的调整和优化，世界各国间相互依赖和相互联系进一步加强，为一些发展中国家利用外资和国际市场，提供了一个良好的历史机遇。但是，经济全球化犹如一把双刃剑，既给民族国家带来机遇，又使民族国家面临严峻的挑战。正如美国学者罗伯特·塞缪尔逊所说："全球化是一把双刃剑：它既是加快经济增长速度、传播新技术和提高富国和穷国生活水平的有效途径，又是一个侵犯国家主权、侵蚀当地文化和传统、威胁经济和社会稳定的一个有很大争议的过程。"① 江泽民曾

---

① ［美］《国际先驱论坛报》2000年1月14日。

在联合国千年首脑会议上深刻指出:"在经济全球化的进程中,各国的地位和处境是很不相同的。在发达国家尽享全球化'红利'的同时,广大发展中国家却仍饱受贫穷落后之苦。发展资金匮乏、债务负担沉重、贸易条件恶化、金融风险增加以及技术水平的落后,使发展中国家总体上处于更为不利的地位。"①

全球化时代的竞争归根结底是国家经济利益的竞争,虽然经济全球化为我国的发展提供吸收新技术、新成果和加快发展经济的良好机遇,但是,由于当前资本主义在经济全球化进程中占据主导和支配地位,因此,经济全球化给我国的经济发展和经济安全也带来了风险和挑战。

1. 发达国家凭借资本和技术的优势向发展中国家进行经济扩张。

发达资本主义国家凭借技术和资本的优势,通过市场力量维护和保证了本国的经济安全和稳定,而广大发展中国家由于技术和管理落后,经济发展水平较低,在参与国际分工和国际经济贸易中处于劣势地位。如发达国家则借助经济全球化和一体化进程,有目的地进行产业结构调整和转移,将劳动密集型产业和高消耗、高污染产业转移到发展中国家,而在本国主要是发展高新技术产业,使发展中国家的民族产业和国民经济体系受到威胁和冲击。又如跨国并购是经济全球化的重要特征,西方发达国家的一些大跨国公司凭借雄厚资金和先进技术,在我国一些行业和产业领域形成了较强的控制力,并对我国的一些上市公司进行跨国并购,抢夺我国市场,垄断某个经济领域,对我国的经济安全构成极大威胁。由于发展中国家普遍缺乏维护国家经济安全战略和有力的防范措施,因而容易成为发达国家经济扩张的牺牲品乃至附属物。

2. 发达国家主导贸易规则的制定,侵蚀发展中国家的经济主权。

经济全球化进程中,贸易规则主要由西方发达国家制定,经济权利为

---

① 江泽民:《关于经济全球化问题的发言》,《人民日报》2000 年 9 月 8 日。

西方发达国家所主导，在国家经济主权的开放和让与方面，发展中国家往往容易受制于发达国家，受到的损害较大。因此，经济全球化增大了发展中国家经济运行的风险，使处于弱势地位的发展中国家的经济主权受到侵蚀，经济安全受到挑战。如近年来美国对我国反倾销、反补贴的案件有上升趋势，美国不顾中国在市场经济体制改革取得的巨大进步和成就，坚持把中国视为非市场经济国家，对中国产品实施了多项反倾销、反补贴措施，构成了对中国产品的双重歧视，严重损害了中国企业的合法权益。据媒体报道，美国在 2012 年 3 月以前对中国产品实施的 26 项反倾销和反补贴措施，没有一项是完全符合世界贸易规则的。[1] 此外，近年来，美国的外国在美投资委员会（CFIUS）针对中国企业在美国并购的国家安全审查案件呈直线上升趋势，中国企业不能在 CFIUS 得到公平对待。[2]

3. 发展中国家的重要经济领域和市场在全球化时代容易受到外部侵害，存在潜在危险。

由于发达国家在经济全球化进程中占主导地位，发展中国家的重要经济领域和市场经济面临着严重威胁，特别是关系到国家经济主权和安全的金融市场、产业结构、能源和战略物资领域、经济信息网络等方面存在潜在危险和外部侵害，从而使发展中国家的经济基础和经济利益受损。可见，在经济全球化历史潮流和背景下，发展中国家经济安全问题日益凸显，并成为当今世界各国高度关注的热点问题之一。改革开放以来，特别是加入世界贸易组织之后，我国加快了金融体系和市场开放的步伐，但由于我国的金融组织体系和监管体系还不健全不完善，抵抗国际金融风险的能力还不强，一旦国际金融市场发生动荡，势必影响我国金融市场的稳定，从而会影响经济发展全局，危及党执政的经济安全。

---

① 李蔚：《商务部长高虎城强烈敦促美方执行世贸组织裁决结果》，2014 年 7 月 17 日，http：//intl. ce. cn/sjjj/qy/201407/17/t20140717_ 3179873. shtml。

② 吴成良、芮晓煜、王新元：《"三一"集团起诉奥巴马意外获胜，中企在美维权开先例》，《环球时报》2014 年 7 月 17 日。

在全球化时代，维护国家经济安全，争取本国经济利益，已成为世界各国执政党做好经济工作的一项重要内容。随着经济全球化的进一步深入发展，一个国家经济的发展越来越受到国际因素的影响，主权国家对本国经济实施有效控制、维护本国经济安全和经济利益受到越来越大的挑战。经济全球化背景下的各国经济相互依存、促进和发展的前景并没有改变国与国之间的经济利益冲突，也不可能从根本上消除国与国之间的不平等地位和不平等竞争。因此，在经济全球化的时代，经济安全越来越受到各国重视，维护国家经济安全成为各国制定经济发展战略重要衡量指标之一。

在经济全球化时代，中国既受惠于开放的世界经济，也很难避免其不利影响。2008 年的国际金融危机表明，处于弱势的发展中国家如果不注重防范经济风险，加强维护国家经济安全的措施，便会面临经济崩溃或破产的危险。在经济全球化的时代浪潮中，我国抓住时代契机，既充分利用经济全球化所带来的机遇，又着力防范其带来的风险，实现了国民经济较快速度的增长。但是，我国已经加入世界贸易组织，我国同世界经济的联系日益紧密，我国经济更容易受到世界经济波动的影响，如金融危机、贸易摩擦、人才外流、资本扩张等。由于经济全球化引发的国家经济安全问题已成为我们党执政的一大风险，处理不好，势必影响党执政的物质基础，因此，我们应该正确认识经济全球化带来的机遇和挑战，科学制定维护国家经济安全的战略和措施，提高防范经济风险的能力，抵御经济全球化带来的负面影响，促进我国经济健康持续发展。

二　新霸权主义、强权政治和干涉主义考验党执政的外部环境

我们正处在一个风云变幻的时代，世界格局向多极化方向发展，国际局势日趋缓和。在今后相当长的时期内，维护世界和平的力量将会继续发展壮大，和平与发展仍是时代主题，和平、发展、合作、共赢成为不可阻挡的时代潮流，但是由于冷战思维仍然存在，霸权主义、强权政治和干涉

主义仍然是威胁世界和平与稳定的主要根源，而且以新的形式恶性膨胀，不安定的因素仍然不少。霸权主义、强权政治和干涉主义呈现出新特点和新的发展趋势。

1. 美国凭借雄厚实力，实施"先发制人"的国家安全战略，以实现长期称霸世界的企图，已成为新霸权主义、强权政治本质的突出表现。

美国新霸权主义与强权政治的目标是建立由美国领导和主宰的世界，妄图成为世界的统治者。利用世界经济全球化进程，打着"人权"高于"主权"的旗号进行战略扩张，是新霸权主义的重要手段。美国只考虑本国利益，不顾他国利益和世界的和平与稳定，借口维护本国安全和利益，而任意侵犯他国主权、干涉别国内政，试图瓦解现存社会主义国家，打击或制裁伊拉克、伊朗、朝鲜、古巴等"异己"国家，对所谓的潜在挑战者实行战略挤压，强化军事优势，并采取经济、政治、文化等多种手段来建立以美国为主宰的单极世界格局。随着我国综合实力和国际地位的不断提升，加上我国是社会主义国家，必然会对美国的全球主导战略形成挑战，因此美国必然会对我国采取遏制和防范的战略。由此可见，称霸与反对霸权主义和强权政治的斗争将长期存在。

2. 西方国家企图实现全球西化，建立资本主义的标准在世界的统治地位，是新霸权主义的实质，是新强权政治和干涉主义的集中体现。

在新的国际形势下，西方国家利用经济全球化，宣扬"全球主义"，大肆鼓吹"人权、自由、民主"，在经济上谋求扩张，在政治上任意干涉别国内政，企图把西方国家的政治制度、经济模式、价值观念和生活方式强加给其他国家，推广到全世界。特别是针对第三世界比较落后的国家，西方国家不断施加影响和压力，把民族、宗教、人权和民主等问题当作借口，粗暴干涉他国内政，大力推行"私有制"等经济制度，"多党制""议会制"等政治制度，试图实现全球西方化，从而建立由西方国家主宰的世界秩序和世界霸权。近年来，新霸权主义、强权政治和干涉主义甚至表现为动用军事力量武装侵略其他国家，明目张胆地颠覆和瓦解这些国家的政权，从而在不少发展中国家造成了冲突和动乱，如非洲，战乱最多，武装冲突不断，已成为世界上最动荡的地区。美国和西方一些国家不断加强与中国周边国家的军事关系，企图对中国进行战略包围，同时还利用人权问题对中国进行指责和批评，把台湾问题、"藏独"问题、"疆独"问题作为干扰和遏制中国的主要工具。在霸权主义、强权政治、干涉主义未根本改变的情况下，世界政治多极化格局的最终形成将是一个充满复杂斗争的长期过程。

3. 新霸权主义、强权政治和干涉主义虽有缓和之势，但只要有机会，就会显露出来甚至发展膨胀。

20 世纪中期以来，西方各国之间的矛盾与冲突有所缓解，西方世界内部出现了相对的和平局面，但我们知道，制约美国和西方大国的主要是外在因素与和平力量的崛起，它们的侵略和扩张本性并没有改变。如果外在制约因素力量削弱，只要一有机会，这种侵略、扩张本性还会显露，甚至会进一步加剧。同时，由于利益纷争，西方各国之间也会激化矛盾。以美国为首的北约发动的伊拉克战争、利比亚战争等事实以及由此导致美国、英国、法国、德国、意大利等国家之间意见上的分歧，说明了霸权主义、强权政治和干涉主义是资本主义固有的基本特征。这种特征不可能去除，只会改头换面，以新的形式出现和发展。

苏联解体和东欧剧变后，社会主义中国成为美国西化、分化、遏制的主要对象，面对中国综合国力的不断增强，军事和国防力量的日益强大，国际地位的不断提升，西方敌对势力感到不安，并在世界上抛出了"中国威胁论"，鼓动世界各国对中国采取遏制战略。如美国对中国采取了"接触""遏制"和"海外平衡"[1] 三大战略，企图通过非武力手段对中国进

---

[1]　所谓"海外平衡"战略就是挑拨中国周边国家与中国的关系，妄图利用中国周边国家来"遏制"中国，达到力量对比平衡。

行和平演变，搞垮社会主义中国。可见，在当今世界，改头换面的新霸权主义和强权政治不仅不会削弱，还会以新的形式不断发展和壮大，我们对此应高度警觉和重视。

三　意识形态渗透化挑战党执政的思想基础

意识形态是执政党执政的理论依据，是保持和巩固政权的指导思想，直接关系到执政党的前途命运问题。意识形态安全是社会稳定的思想基础，是一个国家政治发展和走向的根本，意识形态建设对取得执政合法性，巩固政权具有重要意义。当前，世界范围内意识形态领域的矛盾和斗争依然复杂和严峻。资本主义与社会主义意识形态的对抗仍然存在，西方敌对势力进行意识形态渗透的战略图谋没有改变，对我国进行西化、分化的活动愈演愈烈。以美国为代表的资本主义国家企图让我们按照西方资本主义国家的民主等价值观来改造本国的政治制度，制定了对社会主义国家进行"和平演变"的方针，推行这场"无硝烟的战争"。美国前总统尼克松特别注重意识形态的渗透作用，他直言不讳地说，"最终对历史起作用的是思想，而不是武器"，"如果我们在思想战争中输掉，我们所有的武器、条约、贸易、对外援助以及文化纽带都将无济于事"①。他们利用各种手段宣传西方的价值观念，对我国进行意识形态渗透，企图让我们按照西方资本主义国家的民主等价值观来改造本国的政治制度。美国前总统布什在西方七国首脑会议上提出：西方各国要打好一场没有硝烟的"新的世界大战"，我们将可能融化掉社会主义，从而建立起一个以我们西方文明为指导的新世界。② 西方国家不惜代价投入大量资金，在亚洲设立"自由亚洲电台"，其矛头直接指向东亚地区为数不多的包括中国在内的社会主义国家。邓小平对这个问题看得很清楚，他尖锐地说："但现在我感到失望。

---

① ［美］理查德·尼克松：《1999：不战而胜》，上海三联书店1989年版，第92页。
② 转引自方立《美国对外文化交流中的政治因素（三）》，《高校理论战线》1994年第5期。

可能是一个冷战结束了，另外两个冷战又已经开始。一个是针对整个南方、第三世界的，另一个是针对社会主义的。西方国家正在打一场没有硝烟的第三次世界大战。所谓没有硝烟，就是要社会主义国家和平演变。"①"整个帝国主义西方世界企图使社会主义各国都放弃社会主义道路，最终纳入国际垄断资本的统治，纳入资本主义的轨道。"② 江泽民也深刻地指出："我认为，在经济落后于资本主义发达国家的情况下，资本主义复辟的危险，和平演变的威胁，始终是存在的。"③ 胡锦涛同志非常重视意识形态工作，他指出："世界范围内社会主义和资本主义在意识形态领域的斗争和较量是长期的、复杂的，有时甚至是非常尖锐的。""必须保持高度警觉，做到警钟长鸣。"④ 2013 年 8 月 19 日，习近平总书记在全国宣传思想工作会议上发表重要讲话指出，"经济建设是党的中心工作，意识形态工作是党的一项极端重要的工作。宣传思想工作就是要巩固马克思主义在意识形态领域的指导地位，巩固全党全国人民团结奋斗的共同思想基础"⑤西方资本主义国家采取的对社会主义国家的"和平演变"策略，归根结底，就是一场意识形态领域的斗争，就是想方设法让社会主义国家中的人民抛弃社会主义意识形态、接受资本主义价值观念和政治制度，其主要表现在：

1. 意识形态的矛盾和冲突以文化、宗教矛盾等新的形式进一步发展。

随着经济全球化的发展，发达国家在全球资源的占用和配置方面占有绝对优势，这就造成了发达国家与广大发展中国家，尤其是与一些比较落后国家的利益矛盾的加深，这种矛盾也以文化和宗教的竞争、冲突等形式表现出来。20 世纪 90 年代中期，美国著名的国际政治理论家塞缪尔·亨

---

① 《邓小平文选》第 3 卷，人民出版社 1993 年版，第 344 页。
② 同上书，第 311 页。
③ 《毛泽东邓小平江泽民论世界观人生观价值观》，人民出版社 1997 年版，第 459 页。
④ 转引自张国祚《巩固马克思主义在意识形态领域的指导地位》，《求是》2006 年第 10 期。
⑤ 习近平：《胸怀大局把握大势着眼大事，努力把宣传思想工作做得更好》，《人民日报》2013 年 8 月 21 日。

廷顿教授提出了"文明冲突论"。他认为，在冷战后的新阶段中，国际冲突的主要根源是文明之间的矛盾和冲突。西方面临的挑战主要来自伊斯兰文明和儒家文明。因此，西方国家向全球推销西方文化和价值观念，遏制和打击阿拉伯文明和儒家文明，我国作为世界上最大的社会主义国家，自然成了西方敌对国家的攻击目标，把意识形态渗透作为"和平演变"的重要工具和主要手段，对我国文化和宗教政策横加指责，鼓动宗教分裂势力破坏社会稳定，挑战国家主权。可见，意识形态的矛盾与冲突并未消失，从一定意义上说，意识形态的矛盾和冲突在新的形势下还将以新的形式进一步发展。

2. 西方发达资本主义国家凭借其在国际社会中的实力和地位，推行文化中心主义和文化霸权主义，向我国推销其政治制度、传输其价值观念。

西方敌对势力想尽一切办法利用各种手段，对我国人民实施西方价值观的渗透，企图达到和平演变、不战而胜的战略目的。美国前驻意大利大使理查德·加得勒在"在意识形态领域推销美国"一文中，极力鼓吹要"与我们的对手展开一场意识形态的战争"，要在全世界"宣传美国的理想"，要向全世界"宣传美国的价值观念"，因为"决定美国资本主义命运和前途的是意识形态，而不是武装力量"[1]。美国前总统尼克松在其著作《1999：不战而胜》中曾明确指出："进入21世纪，采用武力侵略的代价将会更加高昂，而经济力量和意识形态的号召力，将成为决定性的因素。"[2] 这充分说明了意识形态领域斗争的严峻性。随着国际文化交流的日益扩大和文化全球化的深入发展，西方国家对我国意识形态的渗透形式更加隐蔽，手段更加多样。西方主流媒体由于对我国抱有偏见，不希望中国强大，经常做出不符合中国客观实际的宣传，诋毁中国形象，同时由于它们主导国际主流舆论的强势地位短期内不会改变，不利于我们推进社会主

---

① 王永贵：《全球化背景下国际意识形态交锋的基本特点》，《理论探讨》2006 年第 2 期。
② ［美］理查德·尼克松：《1999：不战而胜》，世界知识出版社 1996 年版，第 53 页。

义意识形态建设。西方敌对势力总是企图掩盖其意识形态渗透的真实目的，采用种种手法和方式实施意识形态渗透，从而实现资本主义意识形势和文化的统治地位。

3. 西方国家利用特殊渠道和契机加强对我国进行意识形态渗透。

西方国家除了继续通过传统渠道和手段进行意识形态渗透外，还特别注重利用和抓住我国在"改革攻坚期"和"矛盾凸显期"的时代背景下出现的突发事件、特殊人物、群体性事件等渠道进行意识形态渗透，煽动街头政治，鼓动和利用社会矛盾，企图摧垮社会主义制度。根据媒体报道，近几年曾有外国势力渗透中国社会科学院，个别研究员出卖情报，并成为他国间谍。鉴于此种情况，2014 年 6 月 10 日，中共中央纪委驻中国社会科学院纪检组组长张英伟在内部会议上批评中国社会科学院的意识形态存在"四大问题"，其中包括"利用互联网炮制跨国界的歪理""每逢敏感时期，进行不法的勾连活动""接受境外势力点对点的渗透"，并要求保持高度的政治敏感性和清醒的头脑，加强意识形态建设，增强政治意识和责任意识。[①] 大量证据显示，境外反动势力不断插手我国国内问题，利用所谓民族、宗教、人权等问题，与国内敌对分子和分裂分子相互勾结，进行破坏和颠覆活动，插手和破坏的领域不断扩展，手段更加多样，对我国造成的危害和后果也更加严重。如西方国家和印度就一直支持达赖集团从事分裂活动。

4. 互联网成为西方国家对我国进行意识形态渗透的新工具和新手段。

近年来，西方国家利用互联网等新兴传播媒体对我国进行意识形态渗透。当今世界已进入信息时代，美国等西方国家利用其先进的信息技术向中国输入其意识形态，促使中国向它们所希望的方向转变。从某种程度上看，互联网已经成为西方国家向我国输入不良思想和观点，传播西方价值观的技术条件和重要手段，据法新社报道，美国前总统小布什在接受美国

---

① 张然：《社科院被指意识形态存四大问题》，《京华时报》2014 年 6 月 15 日第 3 版。

全国广播公司主办的《会见报界》电视节目采访时称:"如果互联网以在其他国家发展的那种方式进入中国,那么自由将迅速在那片土地上站稳脚跟。"① 当前,互联网绝大部分是英语信息,中文信息仅占小部分,并充斥着否定我国社会主义意识形态的内容,歪曲恶搞现象比较突出,加上我国网络上马克思主义阵地和空间不大,严重威胁我国的主流意识形态,可见互联网已经成为非常重要的宣传阵地,谁在互联网信息上掌握了主动,谁就占领先机,就能维护代表自己国家利益意识形态的统治地位。

在尖锐复杂的国际政治斗争面前,要推进中国特色社会主义建设事业,就必须在扩大对外开放的同时,继续保持高度的政治警觉和清醒的政治头脑,筑牢理想信念根基,夯实政治思想基础,打赢意识形态领域这场没有硝烟的战争。因此,坚持社会主义意识形态的指导地位,努力建设好社会主义意识形态,教育广大人民,就是反对资本主义和平演变、巩固中国共产党执政地位的有力措施之一。

四　国际恐怖势力的威胁挑战国家安全

20 世纪 60 年代以来,国际恐怖暴力活动日益增多,在西欧、中东、拉丁美洲和南亚等地区蔓延。到 20 世纪 90 年代以后,国际恐怖主义迅速发展,在世界范围内制造暴力活动和恐怖事件,2001 年美国"9·11"恐怖事件发生后,恐怖主义成为各国普遍关注的一个政治热点问题。国际恐怖主义的产生和发展有深刻的政治、经济、宗教等原因和背景,国际恐怖主义具有反人类、反文明、反进步的社会特征,恐怖暴力活动不是一般性的暴力或暴力威胁,它具有突发性、象征性和难以预测性,是一种旨在扩大社会影响的非法政治暴力,也是世界各国人民共同声讨的国际性罪行。国际恐怖主义影响社会稳定,挑战国家安全,主要表现在以下几方面。

---

① 张骥:《中国文化安全与意识形态战略》,人民出版社 2009 年版,第 174 页。

　　首先，国际恐怖主义影响国家政治安全。国际恐怖主义惯用的伎俩是老鼠和大象周旋的方法，各个国家难以采用常规性的武装力量和军事手段防范和打击国际恐怖主义。但是，国际恐怖主义对国家的政权稳定、领土完整和人民的生命财产安全构成严重威胁，特别是跨国性的国际恐怖主义、进行分裂国家活动的国际恐怖主义，以及采用高科技手段的国际恐怖主义等，对国家的政治安全都会产生非常严重的后果。

　　其次，国际恐怖主义影响国家经济安全。当前，国际恐怖主义的活动方式和攻击目标出现了一些新变化，从原来把人作为主要袭击对象，发展为袭击一些经济目标，破坏正常的经济秩序，如对某些国家的金融、通信、能源等作为袭击目标，实施破坏活动，以达到某种政治目的。近年来这一类的恐怖事件有上升趋势，如埃及的恐怖分子用冲锋枪屠杀外国游客的卢克索恐怖事件严重影响了埃及旅游业的发展，而且引起埃及股市的大幅震荡，严重危害了股市的稳定，使该国的经济受到重大的损失；智利的恐怖分子将剧毒的氰化物放进了出口的两颗葡萄当中，导致智利整个出口市场受到重挫。①

　　最后，国际恐怖主义威胁社会的安全与稳定。国际恐怖主义对无辜民众实施暴力袭击，引起社会恐慌，破坏社会稳定。如中东地区恐怖极端分子经常制造的暴力恐怖事件，严重影响了当地社会的安全与稳定，从而引起社会动荡，人民的生命财产安全得不到保障，经济社会发展没有良好的外部环境，中东的和平进程缓慢，甚至倒退。

　　在全球化时代，中国也不可能独善其身，随着中国与国际社会的接触和交流，国际恐怖主义也趁机而入。中国目前面临的恐怖主义主要是"东突"和"藏独"分子的恐怖暴力活动，它们同时兼具恐怖主义、宗教极端主义、民族分裂主义特征。尤其是"东突"分子，成立了"东突厥斯坦伊

---

　　①　参见胡联合、胡鞍钢、何胜红、过勇《当代中国社会稳定问题报告》，红旗出版社2009年版，第188—189页。

斯兰运动""东突厥斯坦解放组织""东突厥斯坦新闻信息中心""世界维吾尔青年代表大会"等恐怖组织,以实现建立所谓的"东突厥斯坦国"为目的,试图将新疆从中国分裂出去。国际恐怖主义对中国国家安全形成以下三方面的威胁。

首先,国际恐怖主义严重影响中国的民族团结、国家统一和社会稳定。国际恐怖主义在西方国家敌对势力的纵容和支持下利用宗教、民族和历史问题和矛盾,在国内煽风点火,挑拨离间,制造恐怖暴力事件,破坏社会稳定,其目的是对抗中国共产党的领导,妄图分裂中国和遏制牵制中国发展。近年来"东突""藏独"分子制造了一系列恐怖活动,人民群众的生命财产安全受到严重威胁,影响社会和谐稳定。同时,边疆地区的恐怖活动还会向内陆省份传导和蔓延,影响到全国各地和各民族的稳定团结。如2013年10月28日,"东突厥斯坦伊斯兰运动"恐怖组织("东伊运")在北京天安门制造了暴力恐怖事件,都是国外策划、国内实施、有国际影响的严重恐怖事件。

其次,国际恐怖主义破坏中国西部和边疆地区的稳定。西部地区在中国安全战略区域中占有重要地位,中国特色社会主义建设事业需要安定的内外环境。西部建设和开发是中国现代化建设的重要组成部分,但是,国际恐怖主义在中国西部边境的活动,对我国西部和边疆地区的安全稳定产生了极大的威胁。近年来,中亚"三股势力"有向我国周边国家和地区蔓延之势,境外民族分裂主义势力在国际反华势力支持和鼓动下,加强了对我国西部地区特别是新疆地区的渗透,为我国新疆地区的民族分裂势力提供资金支持,培训组织成员,输送武器弹药,采取各种手段进行恐怖暴力活动和分裂破坏活动。我国新疆地区内的"东突"组织也纷纷以中亚地区为据点,加强相互勾结,大肆进行分裂宣传活动,谋求和推动"东突"问题国际化。恐怖主义活动对我国西部和边疆地区的社会稳定构成严重威胁和严峻挑战,也影响到我国西部和边疆地区的经济环境,对推进我国西部地区开发建设带来了严重干扰。

最后，国际恐怖主义使中国所处的国际环境更加复杂。国际恐怖主义站在和平与发展国际环境的对立面，理应受到全世界各个国家的谴责和打击，但是国际反华势力基于自身利益在反恐问题上实行双重标准，利用"三股势力"在战略上牵制中国，增加我国维护安全和稳定的困难和压力。国际恐怖主义使世界形势更加复杂，中国要面对反霸和反恐的双重任务，又要处理好同周边国家的关系，考验着中国的外交政策和外交能力。从更深层次和长远的观点来看，国际反华势力会利用反恐行动恣意干涉他国内政，侵犯他国权益，对此我们应保持高度的警惕，做好防范举措。

当前，我国面临的反恐形势比较严峻，主要表现在：一是一些中亚国家同中国西部地区拥有跨国界的民族和宗教，恐怖分子容易相互勾结合流并发展成跨国界的恐怖组织；二是中国的一些周边国家，如阿富汗，已成为国际恐怖主义的基地；三是西方反华势力为"西化""分化"中国而放纵乃至怂恿某些国际恐怖主义组织；四是中国国内的一些分裂分子和极端分子（如"疆独""藏独"和"台独"等）制造事端，破坏稳定，试图分裂祖国，一些极端主义思潮泛滥等。因此，在新世纪新阶段，反恐和打恐已成为维护中国国家安全的一项重要内容。

表 3 - 1　2008—2014 年中国境内发生的暴力恐怖事件列表（典型事件）

（资料来源于媒体公开报道）

暴力恐怖事件	事　件　简　介
2008 年"3·14"西藏拉萨打砸抢暴力事件	2008 年 3 月 14 日,拉萨市区发生了打砸抢烧严重暴力犯罪事件,是由达赖集团有组织、有预谋、精心策划煽动,境内外"藏独"分裂势力相互勾结制造的。在这次拉萨发生的打砸抢烧暴力事件中,暴徒共砸烂、烧毁车辆 56 辆,烧死或砍死无辜群众 18 人,382 名群众受伤,其中重伤 58 人,242 名公安武警值勤中伤亡(其中牺牲 1人、重伤 23 人),暴徒纵火 300 余处,焚烧民宅、店铺 214 间

暴力恐怖事件	事 件 简 介
2008 年新疆喀什爆炸袭击事件	2008 年 8 月 4 日上午 8 时许,新疆喀什市边防支队集体出早操行至一宾馆时,突遭 2 名作案分子驾车袭击,并引发车上的爆炸物,当场造成 16 人死亡,16 人受伤
2009 年"7·5"乌鲁木齐打砸抢烧事件	2009 年 7 月 5 日晚上,乌鲁木齐发生打砸抢烧严重暴力犯罪事件,是以热比娅为首的境内外"三股势力"精心策划和组织的一场反国家、反民族、反人类的严重暴力犯罪事件。在此次事件中,造成 197 人死亡,1700 人受伤,被毁车辆达 260 辆,其中 190 辆公交车,50 多辆民用车;受损门面房 203 间,民房 14 间,总过火面积达到 56850 平方米,全市共有 220 多处纵火点,有两栋楼房被烧毁
2011 年"7·18"和田袭击暴力恐怖事件	2011 年 7 月 18 日 12 时许,18 名暴徒按照预先计划冲入纳尔巴格派出所,手持斧头、砍刀、匕首、汽油燃烧瓶和爆炸装置等,疯狂进行打、砸、烧、杀,杀害一名联防队员和两名办事群众,杀伤两名无辜群众,劫持六名人质,在派出所楼顶悬挂极端宗教旗帜,纵火焚烧派出所
2011 年"12·28"新疆恐怖团伙劫持人质事件	2011 年 12 月 28 日 23 时许,在新疆皮山县南部山区,一暴力恐怖团伙劫持 2 名人质。公安机关根据群众举报,立即出警解救人质。在处置过程中,暴徒拒捕行凶,杀害 1 名公安干警,致 1 名干警受伤,公安干警当场击毙暴徒 7 人,击伤 4 人,抓捕 4 人,2 名人质获救
2012 年"2·28"达叶城恐怖袭击事件	2012 年 2 月 28 日上午,阿布都克热木·马木提在其家中召集恐怖组织成员,确定实施暴力恐怖行动,进行编组、分工,分发刀、斧等犯罪工具,演示实施恐怖袭击的方法。当日 18 时许,带领恐怖组织成员到达叶城县幸福路步行街,持刀、斧疯狂砍杀无辜群众,当场致 13 人死亡,16 人受伤(其中 2 人经抢救无效死亡)。阿布都克热木·马木提被当场抓获,7 名暴力恐怖分子被击毙,另 1 名被击伤后抢救无效死亡。在事件处置过程中,1 名联防队员牺牲,4 名公安民警受伤

暴力恐怖事件	事 件 简 介
2013 年"4·23"新疆喀什巴楚县暴力恐怖事件	2013 年 4 月 23 日 13 时 30 分,新疆喀什巴楚县色力布亚镇 3 名社区工作人员到居民家中走访,在一居民家中发现多名可疑人员和管制刀具,遂用电话向上级报告,之后被藏匿于屋内的暴徒控制。接报后,镇派出所民警和社区干部分头前往处置,先后遭屋内外暴徒袭杀。此前被控人员也被杀害,暴徒点燃房屋焚烧。随后赶到的民警击毙继续暴力对抗的暴徒,控制现场事态。该暴力恐怖案件,造成民警、社区工作人员 15 人死亡(维吾尔族 10 人,汉族 3 人,蒙古族 2 人),受伤 2 人(维吾尔族)。处置过程中击毙暴徒 6 人,抓获 8 人
2013 年"6·26"新疆鄯善县暴力恐怖袭击事件	2013 年 6 月 26 日清晨 5 时 50 分许,新疆吐鲁番地区鄯善县鲁克沁镇发生暴力恐怖袭击案件,多名暴徒先后袭击鲁克沁镇派出所、特巡警中队、镇政府和民工工地,放火焚烧警车。造成 24 人遇害(其中维吾尔族 16 人),包括公安民警 2 人;另有 21 名民警和群众受伤
2013 年"8·20"新疆喀什暴力恐怖袭击事件	在 2013 年 8 月 20 日,获得情报的喀什警方包围了正在喀什地区叶城县依力克其乡偏僻地区受训的 28 名恐怖嫌疑人,击毙了其中的 15 人。一名排爆警察牺牲
2013 年"11·16"新疆巴楚县色力布亚镇暴力恐怖袭击事件	2013 年 11 月 16 日 17 时 30 分许,阿布拉·艾海提等 9 名暴徒,持刀斧袭击了色力布亚镇派出所,致使 2 名协警牺牲,2 名民警受伤。9 名暴徒被当场全部击毙
2013 年"12·15"新疆疏附暴力恐怖袭击事件	2013 年 12 月 15 日,新疆喀什疏附县发生暴力恐怖袭击事件。疏附县民警在萨依巴格乡进行入户排查时,突遭多名暴徒投掷爆炸装置并持砍刀袭击,造成 2 名民警牺牲。在警告无效的情况下,警方击毙暴徒 14 人,当场抓获犯罪嫌疑人 2 名
2013 年"12·30"新疆莎车暴力恐怖袭击事件	2013 年 12 月 30 日 6 时 30 分许,9 名暴徒持砍刀袭击新疆喀什地区莎车县公安局,投掷爆炸装置,纵火焚烧警车。公安民警果断处置,击毙 8 人,抓获 1 人

续表

暴力恐怖事件	事 件 简 介
2013 年"10·28" 天安门金水桥暴力恐怖事件	2013 年 10 月 28 日一辆吉普车由北京市南池子南口闯入长安街便道,由东向西行驶撞向天安门金水桥护栏后起火,造成 5 死 38 伤,死者包括外籍游客
2014 年"3·1"云南昆明火车站恐怖袭击事件	2014 年 3 月 1 日晚 9 时 20 分,一群统一着装的暴徒蒙面持刀在云南昆明火车站广场、售票厅等处砍杀无辜群众,昆明火车站暴恐事件已造成 29 人遇难,143 人受伤,其中 73 人重伤。警方在现场击毙三男一女四名暴徒,抓获一名女暴徒,其他三名暴徒已落网,这是由新疆分裂势力一手策划组织的严重暴力恐怖事件

第二节　国内风险的主要表现及成因

21 世纪的头 20 年是我国加快发展的重要战略机遇期,也是全面建成小康社会的关键期。改革开放以来,我国现代化建设取得了巨大成就,综合国力显著增强,国际地位不断提升,经济建设、民主政治建设逐步推进,思想文化建设不断加强,和谐社会建设稳步推进,生态文明建设得到重视和加强。目前,我国社会总体上是和谐稳定的。但是,当前我国正处在改革发展的关键时期,经济转轨、社会转型的特殊时期,也是矛盾的凸显期和多发期。国际发展经验表明,一个国家人均 GDP 超过 1000 美元以后的增长阶段将成为一个矛盾凸显多发时期。当前,我国已经进入矛盾凸显多发的"风险社会"发展阶段,利益格局重新建立,新旧观念相互交锋,社会结构剧烈变动,存在大量不稳定因素,社会发展进入了危机高发时期。因此不稳定、不确定、不安全的因素都有可能增加。中国社会也进入了一个新的不稳定时期，对中国共产党执政产生新的执政风险和考验。改革开放和发展过程中积累的问题如果不能得到及时解决，必然将影响党的执政基础的稳固，我们要始终保持清醒头脑和忧患意识，安而不忘危，存而不忘亡，治而不忘乱，深刻认识我国发展的阶段性特征，科学分析影响执政安全的国内矛盾和问题及其产生的原因，更加积极主动地正视国内风险、防范和化解国内风险，最大限度地增强党的执政基础，巩固党的执政地位。

一　市场经济体制改革深化面临新考验，危及党执政的物质基础

我国经济体制改革的目标是建立完善的社会主义市场经济体制，为我国经济建设和发展提供保障和动力，从而为全面建成小康社会，实现两个百年目标打下坚实的物质基础。经过35年改革开放，我国经济体制改革已初见成效，市场经济体制框架已经基本建立，市场机制在资源配置中发挥越来越大的作用，但经济体制仍然存在许多问题，影响经济的健康平稳持续发展。当经济领域的风险和矛盾累积到一定程度，就会触发社会矛盾，并波及其他领域，从而危及我们党执政的物质基础。新形势下，我国社会主义市场经济体制改革进程中面临的风险和考验主要表现在以下四个方面：

1. 市场建设步骤参差不齐，发展不平衡，多层次、多水平的市场经济同时并存。

我国市场经济的发展同生产力发展水平极不平衡的。从市场化程度上看，有些领域和商品的市场化程度较高。比如，消费品市场已经形成了多种所有制经济成分、多种市场流通渠道、多种经营方式并存的现代商品市场格局和体系；有些市场仍然处在改革的"过渡"状态。比如，金融市场，银行、证券、保险业体制改革任务依然繁重；有些领域市场体制改革多年来停滞不前或者步伐过慢。比如，以电力、水业和燃气为

代表的能源市场，尽管实施了市场化改革措施，但垄断行为没有得到根本改变。

从生产力发展上看，我国市场经济发展存在高中低三个层次并存的状况，一是建立在自动化与半自动化生产力水平基础上的高级市场经济，或称为现代市场经济，如在我国的大中城市，大中型国有企业大部分是现代化企业，这些企业的生产力水平发达，设备先进，管理科学，按市场经济规律运营，它们具备了现代市场经济的基本特征；二是建立在机械化与半机械化生产力水平基础上的中级市场经济，如在一些发达的城市郊区和交通条件比较好的农村地区，虽然农产品的商品率较高，但其生产力水平处在机械化和半机械化水平，从发展阶段看，属于中级市场经济阶段；三是建立在以手工工具为特征的生产力水平基础上的低级市场经济，如在一部分贫困地区，市场经济与自然经济同时存在，且以自然经济为主体，农产品商品率比较低，农民进行市场交换的产品有限，大部分需要是自给自足，还有极个别地区基本上处于自然经济阶段，还在一定程度上保留着男耕女织的生产生活方式。从总体上看，我国现阶段的市场经济就其主导力量来说是现代市场经济，但也存在相当一部分的中级市场经济与低级市场经济。商品商场和要素市场的多层次多水平多结构对建立完善的社会主义市场经济体制有一定干扰和制约作用，如我国的金融市场改革缓慢就会带来中小企业融资难的问题，水电气油等能源市场的垄断就会导致我国企业经营成本居高不下、国际竞争力不强，各种生产力水平的市场经济并存不利于建立全国统一规范的现代市场体系。因此，社会主义市场经济体制的完善仍是一个艰巨和长期的任务，充分发挥市场的作用，让市场在资源配置中起决定性的作用仍有许多工作要做。

2. 行政管制影响了市场经济的活力。

在计划经济体制中，政府掌管着资源配置权和审批权，随着我国社会主义市场经济体制的建立和发展，我国原有行政审批制度的弊端日渐显现出来，如审批效率低，手续繁杂，审批的随意性大，缺乏科学论证和评估等，不利于市场公平竞争，影响了市场经济的发展，也损害了人民利益。由于政府掌握着资源配置的审批权，从而出现了跑"部""钱"进、跑"厅""钱"进的现象，导致资源配置不科学不合理，降低了资源配置效率。在市场经济条件下，信息就是机遇，时间就是金钱，当前政府部门仍掌握大量审批权。不仅降低了经济效率，而且付出了时间成本，还可能为权力腐败提供了土壤和创造了条件。可以说，过多的行政干预和管制是市场经济发展的拦路虎和绊脚石。

《中国法治建设年度报告（2012）》指出，中国政府不断深化行政审批制度改革，截至2012年，国务院10年来共分6批取消和调整了2497项行政审批项目，占原有总数的68.3%。同一时期，31个省（区、市）本级共取消调整了3.7万余项行政审批项目，占原有总数的68.2%。[①]通过改革，各地区各部门较好地解决了审批事项过滥、审批程序烦琐等问题，遏制了利用审批乱收费、滥用审批权力等侵害群众利益的行为，为人民群众提供了更加公开、透明、高效的服务，但行政审批制度改革仍任重而道远，市场活力还有待于进一步释放。

3. 部门和地方利益成为市场经济体制改革深化的阻力。

在市场经济体制改革中，有些地方政府和部门在制度设计和政策实施时过多地考虑自身利益，并与某些利益相关的集团、单位和群体联系在一起，形成以维护小团体利益为中心的大大小小、相互牵连的"利益集团"。这种局面严重阻碍了市场改革进程，损害了市场效率，破坏了社会公平，可以说，它是当前市场经济体制改革推进最大的阻力和障碍。

首先，某些改革设计和举措受到利益左右和影响，破坏了政策或方案的科学性、整体性和公平性。政府是市场改革的决策者和制定者，由于受

---

① 史竞男、崔清新：《国务院10年来共取消调整2497项行政审批项目》，2013年6月25日，http://news.xinhuanet.com/2013-06/25/c_116286306.htm。

利益干扰，有些市场改革的设计和措施都具有明显的部门和行业特点，隐藏着许多部门或行业利益在其中，实际上维护本部门或本行业的切身利益，而有可能损害了公众的利益，不利于推进市场经济体制改革。

其次，某些改革方案在落实过程中因部门利益走样或变形。在具体执行和实施改革方案的过程中，部门、行业或主管单位往往对自身有利的改革措施执政得到位，而对自身不利或少利的政策执行力度就大打折扣，从而造成改革不彻底、不公平甚至倒退，如我国医疗、教育、住房、能源等市场的改革推进缓慢或出现偏差正是由于受部门利益影响而导致的。

最后，改革被一些地方政府大打折扣。地方政府由于只考虑局部利益，有选择性地执行中央政策，搞变通，使中央政策难以完全落地，影响了改革的效果。如我国的土地要素市场改革难以深入推进，主要原因是土地出让收入是地方政府财政的主要来源，地方政府不愿推进改革或抵制改革。

当前，市场经济体制改革已进入关键时期，必须做好市场经济条件下的利益调整，既要保证利益增长，又要兼顾利益协调。政府作为改革的组织者和推动者，必须自我革命，大幅削减政府审批和行政管理的权力，让市场在资源配置中起决定性作用，这是改革的方向和大势所趋。

4. 完善的市场经济体制尚未建立，配套制度和外部环境仍需优化和改善。

经过 35 年的改革开放，我国社会主义市场经济体制改革取得了巨大成就，但仍存在不少影响和制约资源配置的体制机制障碍，经济体制改革的潜力和活力还没有充分释放，改革的任务依然很重。当前，社会主义市场经济体制改革正在全力推进，如何发挥市场在资源配置中的决定性作用，努力克服秩序不规范、规则不统一、竞争不充分的弊病；如何坚持和完善基本经济制度，增强国有经济的活力、控制力和影响力；如何深化财税体制改革，促进财权事权合理划分，这些都关系我们能否实现更有效率、更加公平、更可持续的发展。经济体制改革不仅需要内部体制的变革，而且要有配套的外部体制和环境的支持。虽然我国三十多年的改革使市场经济体制的外部环境发生了积极的变化，但从整体上看政治体制、户籍制度、社会保障体系、教育制度、医疗卫生体制等这些配套制度和外部环境因素跟不上市场经济体制改革的步伐，仍在一定程度上制约着我国市场经济体制的改革。

在中国共产党的领导下，我国的经济建设取得了巨大成就，综合国力显著增强，人民生活水平明显提高，但是我国处于并将长期处于社会主义初级阶段的基本国情没有根本改变，人民日益增长的物质文化需要同落后的社会生产之间的矛盾仍然是社会主要矛盾没有根本改变，我国是世界最大的发展中国家的国际地位没有根本改变，因此，发展经济仍是解决中国所有问题的关键和总钥匙，改革仍是当前的重要任务和中心工作。

当前，我国正在全面推进各个领域深化改革事业，经济体制改革在全面深化改革中起着"牛鼻子"的作用，经济体制改革的进度决定着其他方面体制改革的进度，经济体制改革的成效对其他方面改革具有重要影响。因此，抓住经济体制改革这个"牛鼻子"，使各个领域改革互相呼应、协同深化。党的十八届三中全会绘制了全面深化改革的路线图，提出在全面深化改革过程中，要以经济体制改革为重点，充分发挥经济体制改革的牵引作用，为全面深化改革指明了着力点和突破口。因此，我们必须坚持经济体制改革的正确方向，落实经济体制改革的各项任务，实现经济体制改革的预期目标和效果，使经济体制改革与政治体制改革、文化体制改革、社会体制改革、生态文明建设体制改革等各方面改革协同推进，形成合力，促进经济社会更好更快发展，如果经济体制改革不顺利、不彻底，必将危及党执政的物质基础。

二　贫富差距扩大和社会公平缺失，危及党执政的合法性基础

贫富差距问题是近年来政府和社会都高度关注的问题，贫富分化问题涉及人类社会的核心价值理念，即公正与公平问题，如果这个问题解决不好，将引发社会阶层之间深层的利益矛盾与冲突，甚至引起社会冲突和动荡，破坏国家稳定局面。对于两极分化问题，邓小平指出："如果导致两极分化，改革就算失败了。"① "如果搞两极分化，情况就不同了，民族矛盾、区域间矛盾、阶级矛盾都会发展，相应地中央和地方的矛盾也会发展，就可能出乱子。"② "中国要解决十亿人的贫困问题，十亿人的发展问题。如果搞资本主义，可能有少数人富裕起来，但大量的人会长期处于贫困状态，中国就会发生闹革命的问题。"③ 贫富差距扩大这个问题与经济发展、国家稳定息息相关。只有解决好这个问题，才能保持经济持续、快速、健康发展，才能实现整个国家政局的稳定。

统计数据表明，我国的贫富差距正在逐步拉大，并且这种趋势继续存在。在改革开放初期的1978年，我国城乡居民的收入差距不大，全国基本上处于平均状态。然而，改革开放后我国居民的总体收入水平大幅上升的同时，居民的贫富差距也急速拉大。按照国际通行的计算方式基尼系数④衡量，贫富差距的指数水平也处在高位。改革开放之初，我国基尼系数在0.3左右，20世纪90年代中期达到0.42，但到了2010年，已经达到0.48，大大超出0.4的警戒线。从2003年到2013年，全国居民收入的基尼系数分别为0.479、0.473、0.485、0.487、0.484、0.491、0.490、

---

① 《邓小平文选》第3卷，人民出版社1993年版，第139页。
② 同上书，第364页。
③ 同上书，第229页。
④ 基尼系数为意大利经济学家基尼于1922年提出，旨在定量测定居民收入分配差异程度。其值在0和1之间，越接近0就表明收入分配越趋向平等，反之收入分配越趋向不平等。按照国际一般标准，0.4以上基尼系数表示收入差距较大，当基尼系数达到0.6时，则表示收入差距悬殊。

0.481、0.477、0.474、0.473，从 2003 年到 2013 年，全国居民基尼系数在 0.47 到 0.49，0.47—0.49 的基尼系数反映出我国贫富差距还是比较大的，我们的城乡差距大概有 3 倍。按照城镇工资统计，高收入行业和低收入行业大概也有 4 倍的差距。[①]（见图 3 - 1）

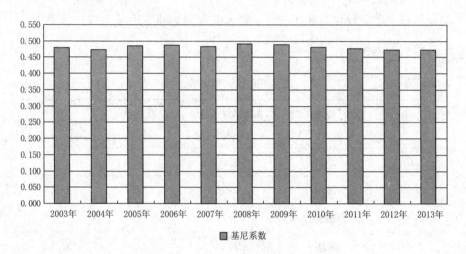

数据来源：国家统计局。

图 3 - 1　2003—2013 年国家统计局测算的基尼系数

贫富差距主要表现在城乡收入差距、行业收入差距、区域收入差距、家庭收入差距等方面。城乡居民收入比是衡量城乡收入差距的一个重要指标，城乡收入差距的居高不下一度成为我国社会面临的重要问题之一。2011 年《城乡一体化蓝皮书》指出，1980 年以来的 30 年间，我国城镇居民人均可支配收入与农村居民人均纯收入之间的比值呈上升趋势，从 1980 年的 2.5 倍上升到 2010 年的 3.23 倍，城乡收入差距在不断拉大。[②] 根据中国社会科学院城市发展与环境研究所发布的《中国城市发展报告——聚焦民生》显示，2010 年我国城乡收入差距比为 3.23∶1，成为世界上城乡收入

———————

① 数据来源：国家统计局《统计局首次发布十年基尼系数　收入差距仍较大》，《人民日报》2013 年 1 月 19 日。

② 《我国城乡收入差达到 3.23 倍，已达结构失衡程度》，《江南时报》2011 年 12 月 9 日第 2 版。

差距最大的国家之一，我国的城乡差距达到了国际公认的结构失衡的程度，① 2011 年、2012 年、2013 年我国城镇居民人均可支配收入与农村居民人均纯收入之比分别为 3.13∶1、3.10∶1、3.03∶1。② 近年来，随着我国农民收入增长迅速，城乡收入比正在回落，城乡差距正在逐步走向缩小，但仍处于城乡差距较大的区间，城乡收入差距居高难下已成为我国贫富差距扩大的主要表现之一（见表 3 - 2、图 3 - 2）。

表 3 - 2　　　　　　　　　　城乡居民收入对比情况

年　份	农村居民人均纯收入（元）	城镇居民人均可支配收入（元）	城乡绝对差距（元）	城乡收入比
2001	2366	6860	4494	2.90∶1
2002	2476	7703	5227	3.11∶1
2003	2600	8472	5872	3.26∶1
2004	2936	9422	6486	3.21∶1
2005	3255	10493	7238	3.22∶1
2006	3587	11759	8172	3.28∶1
2007	4140	13786	9646	3.33∶1
2008	4761	15781	11020	3.31∶1
2009	5153	17175	12022	3.33∶1
2010	5919	19109	13190	3.23∶1
2011	6977	21810	14833	3.13∶1
2012	7917	24565	16648	3.10∶1
2013	8896	26955	18059	3.03∶1

数据来源：国家统计局。

---

① 《社科院报告称中国城乡收入差距比为 3.23∶1》，2011 年 9 月 20 日，http://finance.sina.com.cn/g/20110920/102310508600.shtml。

② 数据来源：国家统计局。

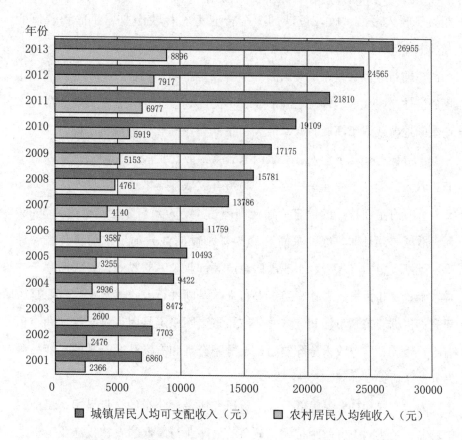

数据来源：国家统计局。

图 3-2 我国城乡收入差距（2001—2013 年）

我国不同的行业间存在较大的收入差距。20 世纪 90 年代以来，各行业就业者收入水平都有较大的提高，但提高的程度各不相同，各行业职工之间的收入差距呈明显扩大的趋势。新兴产业，如计算机、电子、互联网等行业，收入水平较高，收入增长速度较快，而一些依靠财政补助的基础性行业和艰苦行业如农林牧渔业和地质水利业以及一些竞争性较强的行业如社会服务业、餐饮业和建筑业，从业人员收入水平较低，收入增长速度较慢。根据国家统计局有关数据显示，2006年信息传输、计算机服务和软件业、科研和技术服务业、金融业的从业人员收入最高，收入最低的 3 个行业为农林牧渔业、住宿和餐饮业和建筑业。①

当前行业收入差距最突出的一个特点是垄断性行业收入水平偏高。市场经济体制建立后，行业之间形成了不同的利益集团。垄断行业凭借其市场垄断地位获取了高额利润，形成了垄断行业高收入的经济基础，在收入分配上导向行业职工个人，上缴国家公共财政比例较低，导致了垄断行业职工收入远远高于社会平均收入。2006 年，农业年平均工资收入仅为 9430 元，而具有垄断特点的信息传输业则高达 44763 元，金融业也达到 39280 元，收入差距悬殊。这种垄断利润为基础倾向性分配导致信息传输、保险、烟草、电力、煤气、水业、房地产等行业职工的收入，要普遍高于农林牧渔、零售批发、餐饮、纺织等行业。垄断性行业收入水平高主要是由于它们占据着垄断市场和较多的公有投资，不一定是因为科学管理和经营有方，因此，这类收入分配差距是十分不合理和有失社会公平的，容易激发社会矛盾，应加强调控。②

人力资源和社会保障部劳动工资研究所最近公布的报告显示，当前我国行业、企业间工资差距扩大，最高的金融业与最低的农林牧渔业工资之比为 4.2∶1。20 世纪我国行业间工资收入差距基本保持在 1.6—1.8 倍。2010 年，平均工资最高的行业是金融业 70146 元；最低的是农林牧渔业 16717 元。研究表明，1985—2009 年以来，城镇居民最高收入组与最低收入组之间的人均年收入差距从 1985 年的 2.9 倍扩大到 2009 年的 8.9 倍，收入差距还在扩大（如图 3-3 所示）。③

---

① 徐慧：《转型期中国三大居民收入差距的变化及趋势》，《统计与决策》2010 年第 2 期。
② 同上。
③ 数据来源：《数据称中国城乡收入差距超 3 倍，已达结构失衡程度》，《黑龙江晨报》2011 年 12 月 9 日。

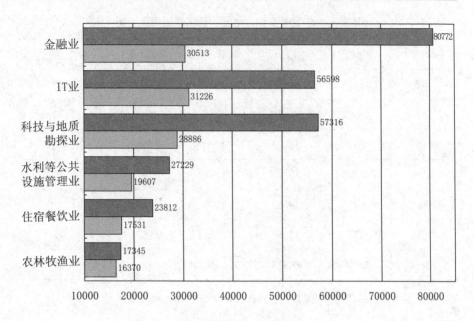

■ 城镇非私营单位在岗职工年平均工资（元）

■ 城镇私营单位就业人员年平均工资（元）

数据来源：《数据称中国城乡收入差距超 3 倍 已达结构失衡程度》。《黑龙江晨报》2011 年 12 月 9 日。

图 3 - 3 行业差距（2000—2010 年）

我国东西部地区贫富差距也比较明显，根据各省（区、市）公布的统计数据，2012 年前三季度，上海、北京、浙江、广东、江苏、福建、天津、山东这 8 个地区的城镇居民人均可支配收入超过了全国平均水平。其中上海最高，为 30205 元，是目前唯一突破 3 万元大关的地区；北京排第二位，为 26948 元；浙江位列第三，为 26682 元。分地区来看，排在前三位的省份均为东部地区，而排在后三位的省份均为西部地区，可见，东西部地区收入差距依然比较明显（如表 3 - 3、3 - 4 所示）。①

————————

① 数据来源：《调查称 28 省居民收入增速跑赢 GDP，东西部差距明显》，《人民日报》2012 年 11 月 20 日。

表 3 - 3　　　　　2005—2011 年我国东部、中部、西部城镇居民人均收入

年份	东部(元)	中部(元)	东部/中部	西部(元)	东部/西部
2005	13375	8809	1.52	8738	1.52
2006	14967	9902	1.51	9728	1.54
2007	16974	11634	1.46	11309	1.50
2008	19203	13226	1.45	12971	1.48
2009	20953	14367	1.46	14213	1.47
2010	23273	15962	1.46	15806	1.47
2011	26406	18323	1.44	18159	1.45

数据来源：根据 2006—2012 年《中国统计年鉴》有关数据整理。

表 3 - 4　　　　　2005—2011 年我国东部、中部、西部农村居民人均纯收入

年份	东部(元)	中部(元)	东部/中部	西部(元)	东部/西部
2005	4720	2957	1.60	2379	1.98
2006	5188	3283	1.58	2588	2.00
2007	5855	3844	1.52	3028	1.93
2008	6598	4453	1.48	3518	1.88
2009	7156	4793	1.49	3816	1.88
2010	8143	5510	1.48	4418	1.84
2011	9585	6530	1.47	5247	1.83

数据来源：根据 2006—2012 年《中国统计年鉴》有关数据整理。

　　我国家庭资产存在巨大差距，分布不均。宜信财富与联办财经研究院共同推出的《2014 中国财富报告：展望与策略》对中国家庭财富的成长与风险进行了调查与分析，结果显示：中国家庭资产的分布非常不均，最高资产 10% 的中国家庭拥有 63.9% 的资产。如果按家庭资产（包括房产）

作为标准，中国最富裕的前 5% 家庭资产标准至少为 262.99 万元，前 1%
家庭资产标准至少为 739.35 万元。也就是说，家庭资产超过 739.35 万元
的家庭就是中国前 1% 资产最高家庭；如果按家庭收入作为标准，前 5% 家
庭的年均收入至少为 45.21 万元，前 1% 家庭年均收入则为 115.17 万元。①
2014 年北京大学中国社会科学调查中心发布《中国民生发展报告 2014》
指出，中国的财产分化程度在迅速提升：1995 年我国财产的基尼系数为
0.45，2002 年为 0.55，2012 年我国家庭净财产的基尼系数达到 0.73，顶
端 1% 的家庭占有全国三分之一以上的财产，底端 25% 的家庭拥有的财产
总量仅在 1% 左右。②

　　贫富分化是社会不稳定的根源之一，具体来说，贫富分化给我国带来
的社会风险主要表现在以下几个方面：

　　1. 贫富分化导致社会结构失衡，激化社会阶层矛盾。

　　按照社会结构理论，社会结构有多种不同类型，理想的社会结构是橄
榄形结构，这种社会结构中产阶层比例大，特别富裕的上层阶层和特别贫
困的下层阶层比例小，即两头小中间大的结构，因此橄榄形结构的社会比
较稳定，而与之相反的不稳定的社会结构是金字塔形结构，贫富分化的社
会就属于金字塔形结构，其主要特征是中产阶级在社会中未形成稳定力
量，塔尖和塔底阶层存在尖锐的利益矛盾和冲突，处在塔底的中下阶层认
为自身贫困来源于上等阶层对他们利益的侵占和剥夺，从而对上等阶层产
生对抗和仇视心理，引起社会矛盾激化。上等阶层对中下阶层既有轻视心
理，又有惧怕心理，主要担心政府对富裕阶层利益的调控和贫困阶层对自
己利益的侵犯（如抢劫、偷盗、绑架等），如此，富裕阶层和贫困阶层之
间容易激发矛盾，甚至发生冲突和对抗，引发社会动荡不安。改革开放以

---

　　①　数据来源：《一成最富家庭拥有超六成资产》，《京华时报》2014 年 2 月 27 日。
　　②　《北大报告称中国 1% 家庭拥全国三分之一以上财产》，2014 年 7 月 26 日，http://
business.sohu.com/20140726/n402748802.shtml。

来，我国经济建设取得了巨大成绩，广大人民生活水平都得到不同幅度的提高，绝对贫困人口在减少，中间阶层在逐步扩大，但大量财富向极少数上层阶层集聚的态势也比较明显。当前，我国还未形成橄榄形结构社会，贫富差距还比较大，如果贫富差距持续扩大，我国社会阶层之间的矛盾与冲突会逐步暴露出来，从而有可能恶化社会秩序，威胁社会稳定。①

2. 贫富分化导致价值观扭曲，影响社会秩序。

价值观是支撑社会正常运转的思想基础，公平公正是人类社会共同追求的基本价值观之一，当社会成员在生存发展各方面具有平等权利和机会时，社会趋向于和谐稳定。在贫富分化的状态下，群体之间、阶层之间、人与人之间的生存权利和发展机会存在极大的不平等，相比较而言，社会底层人员在经济、政治、文化、社会等各方面处于弱势地位，使他们不断被社会所忽视和边缘化。如果阶层、群体之间贫富差距悬殊、生活水平相差过大，如果底层人群和弱势群体的尊严和权利被忽视和剥夺，如果社会公正得不到彰显和落实，那么平等、公正等社会基本价值必然会受到怀疑，人们的价值观就会被扭曲和异化，社会心理就会失衡。

社会财富的分配不患寡而患不均，社会成员的公平缺失感主要来自比较。当处于社会中下层的民众，把富裕阶层作为自己的参照对象时，就容易产生不公平感和相对剥夺感。马克思在《雇佣劳动与资本》中对"相对剥夺感"进行了形象而深刻的论述。他指出："一座房子不管怎样小，在周围的房屋都是这样小的时候，它是能满足社会对住房的一切要求的。但是，一旦在这座小房子近旁耸立起一座宫殿，这座小房子就缩成可怜的茅舍模样了。这时，狭小的房子证明它的居住者不能讲究或者要求很低；并且，不管小房子的规模怎样随着文明的进步而扩大起来，但是，只要近旁的宫殿以同样的或更大的程度扩大起来，那座较小房子的居住者就会在那

---

① 参见陆学艺主编《当代中国社会阶层研究报告》，社会科学文献出版社 2002 年版，第 61—75 页。

四壁之内越发觉得不舒服，越发不满意，越发感受到压抑。"[1] 可见，我国中低收入阶层产生的不公平感主要来源于与富裕阶层的比较之中，特别是对一些人靠权力垄断、不正当竞争，甚至违法手段获取非法利益而致富产生不满和激愤。通常来说，人们能够接受依靠诚实劳动、合法经营和公平竞争而致富的人，但往往不能接受依靠权力、垄断资源、非法竞争等手段而暴富的人。在我国，人们对贫富差距问题的不满，更多的是对非法致富的不满和否定，认为我国贫富分化的形成机制不公平不合理，社会上非法致富的案例导致人们怀疑甚至放弃勤劳致富、诚实守信、爱岗敬业等社会公德和职业道德，还可能致使一部分人由于抵制不住物质利益的诱惑而去接受和坚持消极有害、落后腐朽的价值观。社会基本价值观被扭曲，社会的道德水平下降、并可能形成恶性循环，导致社会环境恶化，社会秩序受到破坏。贫富差距过大，一方面，会对人们参与经济活动的心理产生巨大的冲击，影响人心所向，成为滋生社会不稳定的心理温床；另一方面，群众对行业垄断、权力寻租等非正常途径导致的过大贫富差距，产生强烈的不满情绪，造成社会心理失衡，挫伤劳动者参与生产的积极性，降低社会成员尤其是社会底层成员的心理承受力，可能出现破坏社会秩序的行为，影响社会稳定。

3. 贫富分化引发社会冲突，影响社会稳定。

社会各阶层和群体对贫富差距的扩大都会有反映和外在表现，但不同阶层、不同经济收入水平的人对贫富问题有不同的看法和感受，经济条件好、拥有较多财富的群体对贫富差距的敏感度低于经济条件差、占有财富少的群体，经济地位较高的群体会提出和争取更高的政治地位和社会地位，而经济地位越低的人，对贫富差距问题越敏感，面对贫富差距的扩大，他们可能产生心理失衡和失落感以及相对被剥夺感，当这种心理感觉

---

① 《马克思恩格斯文集》第 1 卷，人民出版社 2009 年版，第 729 页。

逐渐增大和放大，就会变得愤怒和极端，会做出对社会抵触、对富人仇视、对政府不满等对抗行为，影响社会稳定。贫富分化问题是影响社会稳定的经济根源，当贫富分化成为社会突出问题时，就会导致社会违法犯罪活动严重，现代犯罪社会学理论告诉我们："一个社会只是贫穷或者只是富裕均不产生犯罪，但当一个社会贫富差距悬殊就会产生大量犯罪。"① 在贫富分化的社会中，一方面是富裕阶层的高生活水平和高消费水准，另一方面是贫困阶层节衣缩食的低生活水平。一方面，少数人轻而易举便可获得高额收入和巨大财富。另一方面，大多数人竭尽全力只能得到微薄收入和维持基本生活。这种鲜明的对比和反差，使生活在中下层的民众产生了强烈的受挫情绪和不满心理。在社会上，如果人们看到许多丧失公平感的不良事例和现象，感受到的是可能降临到自己身上的利益损失与成功机会损失的危机感，就容易引发他们通过过激性的行为来宣泄自己的不满情绪反叛社会，引起社会和政府关注，从而来谋求自己的利益。反叛社会情绪和行为一旦与某种激进的政治思想相结合，或被某种势力所利用，就可能引发激烈的社会冲突和动乱，最终转变为全面的社会危机和政治危机。我国是一个有着长期"不患寡而患不均"文化传统的国家，贫富差距问题更容易引起违法犯罪活动，严重影响社会秩序和公共安全，人民生命财产安全受到很大威胁，社会和谐稳定受到不同程度的影响。由于贫富分化带来的社会发展失衡、社会价值观扭曲、社会秩序失调给执政党稳固执政带来困难和挑战。

三　利益固化阻碍深化改革进程，削弱党执政的动力和活力

社会利益格局指在一定社会制度基础上形成的以经济利益为主要表现形式的社会利益形态。社会利益格局对社会稳定有深刻的影响，一个合理

---

① 转引自《中国社会问题报告》，石油工业出版社 2002 年版，第 84 页。

的社会利益格局，是社会和谐良性发展的稳定器。一个畸形的社会利益格局，是引发社会冲突或动乱的重要根源。我国的改革开放，说到底是为了人民群众获得更多的利益，提高人民群众的生活水平，但是在改革过程中，由于制度缺失以及不均衡的利益分配体制，不同群体的收入差距逐渐拉大，逐步形成了各个行业、职业、领域等各类既得利益群体。一些既得利益者不但不愿调整既有利益格局，而且会想方设法利用财富和权力对这种利益格局加以稳定固化，当前，我国社会利益格局形成并呈现固化的特点。2013 年福布斯中国富豪榜显示，亿万富豪共有 168 位，同比前一年大幅提升，前 400 位富豪总财富达到约 3.5 万亿元人民币，同比增长 35%，前 100 位富豪的净资产总和约 2 万亿元人民币，同比增长 44%。而根据官方的统计数据，中国还有将近 1 亿农民每年净收入在 2300 元以下。① 可见由于稀缺资源的垄断、权力的寻租、利益集团的壮大、部门利益的干扰等，各类不合理的既得利益出现固化的趋势，是当前我国社会发展的突出问题之一。

　　"利益固化"主要表现在以下几个方面：一是表现在"国家利益部门化，部门利益法律化"。政府部门在制定政策，设计方案时置国家利益、公共利益、大多数民众的利益于不顾，而是尽力争取保全本部门的利益，维护一小部分群体的利益，并试图用法律制度固定化和合法化，结果法律、规章制度成了维护部门利益的工具。当前，一些急需的重要的法律法规迟迟不能出台就是因为部门与部门争审批权、许可权和处罚权，不能就法律条文达成一致，是部门利益法律化的集中体现。二是表现在"国家利益部门化，部门利益个人化"。一些政府官员是国家政策的制定者和执行者，拥有着巨大的权力，操纵和支配着了经济社会运行中的大部分资源，权力成了一些政府官员获利的工具。当前一些官员贪污腐化、社会收入分

---

① 《福布斯中国富豪榜：王健林夺魁，百强净资产近 2 万亿》，2013 年 10 月 16 日，http://money.163.com/13/1016/09/9BA4670C00253G87.html。

配不公、社会流动性固化等现象都是部门利益个人化的表现形式和反映。三是表现在"国家利益部门化，部门利益公司化"。垄断行业的高收入并阻挠政府对其改革是部门利益公司化的鲜明表现。在一些事关国计民生的重要市场领域和国企，由于对某些资源具有垄断性，凭借着对市场的垄断，在我国改革开放的条件和政策下，取得了巨大的成就和利益，但某些部门、单位和企业把国家利益化作团体利益和个人利益，对国家公共利益视而不见，如一些国企高管和员工薪酬普遍大大高于平均水平，特别是公司企业的管理层年薪动辄几十万元甚至上百万元，成为普通民众难以企及的高薪阶层。这些既得利益者会千方百计巩固自身特权，抵制改革，从而形成利益集团或利益联盟。

　　利益固化阻碍改革的进程，其对我国经济社会发展带来很大的风险：（1）利益固化阻碍资源要素的正常流动和优化配置。当前中国正处在由主要依靠要素驱动发展向主要依靠效率驱动发展转变的阶段，其增长的动力来自提高生产要素的配置效率和人力资源的创新驱动，但是利益固化的趋势已渗透到经济社会生活的多个方面，如中央与地方之间、城乡之间、国有经济与民营经济之间、地区之间、行业之间、不同社会群体之间。社会财富过度集中，利益集团势力逐渐强大，成长起来的既得利益集团会千方百计阻碍体制改革，固化的社会利益结构会降低生产要素的配置效率，市场配置资源的功能受到削弱，创新驱动的积极性受到抑制，从而阻碍经济向前发展。（2）挤压和减少社会成员向上流动的空间和机会。一些学者用"社会流动性"来衡量和表示上一代人的收入、教育和地位对下一代人收入、教育和地位的影响程度，其测量方式是计算收入、教育和地位的代际相关系数。相关系数越低，表明代际利益传承程度越低，社会流动性则越高。据媒体的报道来看，近几年我国社会底层特别是农民家庭的子女，通过教育、就业实现向上流动的动力和机会越来越小，成本越来越高，渠道越来越窄，通过自身努力和奋斗改变命运的难度和阻力越来越大。精英阶层占据社会资源，在经济社会生活中拥有主导权，而社会弱势群体在政治、经济和文化等领域逐渐被边缘化，发言权正在逐渐丧失。"官二代""富二代"和"穷二代"现象也反映出当前阶层固化的倾向。如果处理不好，就可能使改革受到阻碍，甚至侵蚀改革开放的成果。年轻人的就业观也能折射出一些现实情况。2013年新浪网大学毕业生就业心态调查显示，毕业生们最不想从事的工作是工人，最受热捧的职业是公务员。而应届毕业生求职网的调查中，受访者最希望从事金融、银行和互联网领域的工作。利益固化是改革路上的拦路虎，削弱社会发展进步的动力和社会创造的活力。中国30多年改革开放成就显著，经济、政治、文化、社会等各项事业都取得了巨大的进步，人民生活水平不断提高。但我们也要清醒地看到，相比一些从改革中获取了巨大利益的群体，普通民众虽然也共享了改革发展成果，但离人民的期盼和要求仍有差距。在改革发展过程中，由于个人的条件、禀赋和努力程度的差异，人们获得利益有早有晚、有多有少，不可能齐头并进是在所难免的。但是，利益分配差距过大，而且产生这种差距是因为权利、机会、规则不公平而导致的，如果不加以调控，任其发展下去，不断固化的利益格局，就会破坏公平正义原则，挫伤人们劳动创造的热情和积极性，阻碍经济社会发展，不仅会使改革失去活力，而且会导致社会发展失去动力。只有通过深化改革，调整社会成员之间的利益关系，使改革红利和发展成果更好更多地惠及全体人民，才能更加广泛地调动人们的积极性和创造性，为经济社会发展注入源源不断的动力和活力。

利益问题是个根本问题。马克思指出："'思想'一旦离开利益就一定会使自己出丑。"① 人民群众是否拥护党的领导最终会从利益角度来衡量。调整利益分配方式，必然会触动既得利益者的利益，打破既得利益

---

① 《马克思恩格斯文集》第1卷，人民出版社2009年版，第286页。

格局，这就难免使全面深化改革遇到阻力、碰到困难。党的十八大以来，习近平总书记在多个场合反复强调，全面深化改革要勇于突破利益固化的藩篱。这一要求切中改革的要害，代表了广大人民群众的普遍意愿和重大关切，为减少改革进程的阻力指明了方向。当前我国正处在改革的攻坚期和深水区，必须以啃硬骨头、涉险滩的勇气排除万难勇往直前。正如习近平总书记 2013 年在亚太经合组织工商领导人峰会上的演讲所言，"当前改革需要解决的问题格外艰巨，都是难啃的硬骨头，这个时候就要一鼓作气、瞻前顾后、畏葸不前不仅不能前进，而且可能前功尽弃"①。如果处理不好利益协调问题，将影响党的执政绩效和动摇党的执政基础。

四　社会阶层日趋固化，危及党执政的群众基础

社会学把由于经济、政治、社会等多种原因而形成的，在社会的层次结构中处于不同地位的社会群体称为社会阶层。各阶层之间流动受阻的情况称为阶层固化。② 近年来，由于制度缺失和措施乏力，我国社会阶层呈现日趋固化的趋势，引起了社会的普遍关注。阶层固化意味着社会成员在不同阶层之间的流动受阻，个人通过后天努力无法改变自己的命运，我国社会阶层纵向流动的通道日渐狭窄，中下阶层向上流动受阻，不同社会阶层的成员构成趋于稳定，社会不平等结构得到延续，社会结构调整速度变慢、调整的动力减弱。

经过改革开放三十余年的发展，我国社会阶层以及阶层之间的关系越来越趋于稳定，正呈现出"阶层结构定型化"的趋势，主要表现在以下几个方面：

---

① 习近平：《深化改革，共创美好亚太——在亚太经合组织工商领导人峰会上的演讲》，2013 年 10 月 7 日。
② 邓超：《浅析当前我国社会阶层固化现象》，硕士学位论文，华东理工大学，2011 年。

1. 社会下层群体向上流动的比例下降，底层群体呈扩大趋势。

由于各种体制机制不健全不完善，教育机制、市场体制等能够促进社会阶层流动的因素和动力，目前受资本和权力限制的程度增大，弱势群体向上流动的能力逐渐弱化。我国社会阶层界限形成的一个重要特征就是阶层之间流动率发生变化。20 世纪 90 年代末期以来，底层向上流动的机会大大下降。中国社会科学院社会学所李春玲等学者通过全国调研的数据证明，总的流动率虽然比以前的流动率高，但是，社会上层向上流动的比率更高，社会下层向上流动的比例较低，社会下层流入上层的机会减少了，特别是领导干部阶层的代际继承性在逐步增强。1980 年以前工人和农民家庭出身的人成为党政领导干部的概率分别为 1.9% 和 1.2%，而经济改革以来工人和农民家庭出身的人成为党政领导干部的概率下降为 0.9% 和 0.2%。① 当前，在我国一些地方，公共权力和职位有在小群体里传承的趋势。一些地方公共职位的隐性世袭已成了"公开的秘密"，这种现象在经济落后地区尤为明显。据《中国青年报》报道，当前社会存在"职二代"现象，即在各个行业子女接替长辈或借助长辈影响直接入职成为"职二代"，调查显示，86.5% 的受访者认为"职二代"现象在国企、集体所有制企业和民营企业中比较普遍，77.9% 的受访者认为大多数"职二代"能力较差，主要是依靠父辈，89.6% 的受访者认为"职二代"破坏了就业的公平性，对社会带来了负面影响。② 某些单位公开招聘的招考条件基本上是根据某些领导子女量身定制的，这样的招聘剥夺了中下层社会成员与"官二代"公平竞争、向上流动的机会，挑战社会公平正义的底线。此外，教育资源分布不均对社会阶层的形成和固化产生了深刻影响，在教育领域，社会下层向上流动的机会大大下降。最近这些年，重点大学录取的新生中，来自社会上层的比例迅速增加，来自农民家庭的比例迅速下

① 李培林、李强、马戎：《社会学与中国社会》，社会科学文献出版社 2008 年版，第 199 页。
② 《近八成受访者确认身边存在"职二代"》，《中国青年报》2014 年 5 月 27 日第 7 版。

降。例如，据媒体报道，2010 年清华大学录取的新生当中，来自农村的学生只占到了 17%，而在同年高考中，农村的考生占到全国高考考生总数的 62%。[①]

2. 强势阶层和弱势阶层内部的认同进一步强化。

强势阶层在资源、资本、权力等方面占有优势，他们往往会利用手中的资源进行利益交换，实现"强强联合"，打造成强势阶层的利益堡垒，使其内部的认同感和组织化程度进一步提高。如社会上出现的一些高会费的俱乐部、会馆、商会等组织，就充分体现了强势阶层内部联合和固化的这一特点。此外，目前社会还出现了一种精英结盟的态势，即富有阶层和权力阶层及知识阶层之间，他们之间通过正当或非正当的方式和手段实现资源交换和共享，如官商勾结、用金钱买文凭、高官当教授都说明了这样一种现象。应当说，社会精英之间的合作交往是社会正常现象，但如果这种合作交往主要是满足和实现个人私利，就容易出现不正当利益交换或非法利益结盟的现象，从而挑战和践踏社会公平正义的原则，对社会公共利益特别是底层群体的利益带来极大危害。随着社会利益的分化，我国弱势阶层内部的认同也在增强。由于经济收入、政治地位、消费能力、居住条件、文化素质等方面的差别，强势群体与弱势群体之间的边界日益清晰，群体区别逐步扩大。在社会阶层结构趋向封闭的背景下，弱势群体获取社会公共资源的机会和权利长期受到限制，其群体认同感和群体利益意识也将不断增强。如果社会缺乏约束、疏导和转移弱势群体的压抑感受的机制，而弱势群体又无法自我化解这种情感的话，在自身利益诉求的过程中，他们往往只有通过上访、集体行动等途径维护其利益。[②]

---

① 数据来源：《北大清华生源调查：仅一两成来自农村》，2013 年 6 月 6 日，http://news. sohu. com/20130606/n378184344. shtml。

② 王勇：《社会冲突论视域中的弱势群体利益表达》，《探索》2011 年第 4 期。

3. 我国社会的中间阶层规模偏小，社会阶层结构还不甚合理，中国尚未形成稳定的橄榄形社会结构。

社会学理论认为，两头小、中间大的橄榄形社会阶层结构是理想的社会形态。橄榄形社会结构中，占社会成员大多数的中间阶层是社会稳定的中坚力量，也是现行经济、政治、文化制度的支持者和捍卫者，是社会的稳固器。美国政治学家塞缪尔·亨廷顿曾指出："中间阶层与稳定的关系，颇似富裕与稳定的关系一样，一支庞大的中间阶层犹如普遍富裕一样，是政治上的一支节制力量。"① 在我国，中间阶层的发育远未像预设的逻辑有效展开，其总体比例依然较小。中国社会阶层结构还没有形成理想的"橄榄形"，而是下级阶层偏大的"金字塔"形。在《当代中国社会结构》一书中，社会学家陆学艺曾明确提出，我国社会阶层结构变动滞后于经济结构变化 15 年左右。造成这种状况的一个根本原因就是，在促进现代社会阶层结构的发育成长方面，迄今还没有像宏观调控的经济政策那样明确而自觉的社会政策，国家这只有形的手，在调控社会发展方面，还没有起到应有的作用，特别是有许多不合理的政策和体制，制约着社会底层特别是农业劳动者、农民工阶层向城市流动，进而转变为中间阶层。② 学者杨继绳在《中国当代社会阶层分析》（增订本）一书中，建立了 21 世纪第一个 10 年中国社会阶层模型表，通过财富等级、权力等级、声望等级加权综合计算，得出了我国社会各阶层占全国经济活动人员的比重（见表 3 - 5），其基本特征也是中下阶层占比较大的"金字塔"形社会结构。

---

① ［美］塞缪尔·亨廷顿：《变革社会中的政治秩序》，生活·读书·新知三联书店 1991 年版，第 251 页。

② 参见陆学艺主编《当代中国社会结构》，社会科学文献出版社 2010 年版。

表 3 – 5　　　　　　　　21 世纪第一个 10 年中国社会阶层模型

社 会 群 体	财富等级（权数 0.36）	权力等级（权数 0.38）	声望等级（权数 0.26）	加权综合等级	占全国经济活动人口的比重(%)	所属阶层
高级官员	7	10	9	8.66		
国家银行及国有大型事业单位负责人	8	9	8	8.38	1.5%	上等阶层
大公司经理	9	8	7	8.10		
大型私有企业主	10	7	6	7.82		
高级知识分子（科学家和思想家、文艺界名人）	7	6	10	7.40		
中高层干部	6	8	7	7.02		
中型企业经理	7	5	7	6.24	3.2%	上中等阶层
中型私有企业主	8	5	6	6.34		
外资企业白领雇员	9	4	6	6.32		
国家垄断行业中层企业管理人员	7	5	6	6.24		
一般工程技术人员和科研人员	5	5	7	5.52		
一般律师	5	6	7	5.90		
大中学教师	5	5	7	5.52		
一般文艺工作者	6	5	7	5.88		
一般新闻工作者	6	5	7	5.88	13.3%	中等阶层
一般机关干部	4	6	7	5.54		
一般企业中下层管理人员	4	5	5	4.64		
小型私有企业主	7	4	5	5.34		
个体工商业者	6	4	5	4.98		

续表

社 会 群 体	财富等级(权数 0.36)	权力等级(权数 0.38)	声望等级(权数 0.26)	加权综合等级	占全国经济活动人口的比重(%)	所属阶层
生产第一线操作工人	4	2	4	3.24	68%	中下等阶层
农民工	3	1	3	2.24		
农民	2	1	4	2.14		
城市下岗待业人员	2	1	2	1.62	14%	下等阶层
农村困难户	1	1	1	1		

数据来源：杨继绳《中国当代社会阶层分析》（增订本），江西高校出版社 2011 年版。

当前，我国社会阶层结构日趋固化，对巩固党的群众基础带来严峻的挑战。

1. 上层阶层代际继承性增强影响人力资源的创新驱动作用。

上层阶层在社会阶层结构中占据主导和优势地位，他们掌握着社会主要和大量的资源，并依靠自身的地位和掌握的资源，将利益传给下一代，具有较强的代际继承性。在当今社会，上层阶层凭借自己所拥有的权力、资源和财产，让下一代继承和享用着权力和财富，如官员可以利用权力优势和资源优势让下一代接受更好的教育，实现更好的就业，甚至成为"官二代"；富裕阶层可以通过财富继承，让下一代不经过努力轻而易举就可以过上富足生活。这种代际继承性不利于社会人力资源的优化配置和人才选拔，只有家庭背景因素对社会成员进入上层阶层的影响和作用力日渐减弱时，才能激发社会成员的动力和活力，才有利于人力资源优化配置和人才选拔，促使社会向前发展。

2. 工农阶层地位相对下降削弱了党的群众基础。

工农阶层是在我国社会阶层结构中所占人数最多，但却是拥有最少社会资源的阶层和群体。相比较而言，他们改变自身命运前途的渠道和机会较少，总体向上流动困难或受阻。相对于其他占有经济、政治、文化资源优势的社会阶层，工农阶层已经成为社会的弱势群体，处于现代社会阶层结构的底端。由于贫富差距扩大，广大工人和农民群体容易产生一种被剥夺感和不公正感，就可能成为社会不稳定的因素。当前，由于利益表达途径不完善、利益协调机制不健全，使一些利益群体的某些愿望和要求得不到正常表达和实现。在这种情况下，利益群体有可能通过制度外的渠道来表达这种诉求，对政府施加外部压力，对政治稳定造成冲击，特别是社会上的弱势群体更容易采取这种方式，这是我国改革发展过程中群体性突发事件易发多发的一个重要原因。针对这种情况，我们党应高度重视，调整政策，采取措施维护和保障工农阶层的切身利益，关注工农阶层的诉求，为工农阶层提供更多上升的机会和渠道，否则，党将会失去工农阶层的支持，党的阶级基础和群众基础将会削弱。

3. 新底层阶层向上流动困难容易激化社会矛盾。

随着改革开放的深入，我国经济社会建设取得了巨大成就，但也带来一些突出的社会问题。当前，高房价、上学难、就医难、就业难等问题进一步加剧了社会阶层的分化，呈现出"穷者愈穷，富者愈富"的发展态势，形成了具有时代烙印的"新底层社会"。经济学家王小鲁曾提出：中国的"新底层社会"正在形成并走向刚化。所谓"新底层社会"，包括失地农民、被拆迁的城市居民以及不能充分就业的大学生群体，还有因为高房价坠落的"城市中产"、未被利益集团吸纳的知识分子，加上传统意义上的农民、农民工、下岗失业工人，组成庞大而复杂的底层社会，并且正逐渐走向刚化。很显然，所谓的新底层社会，其实就是无数草根，新底层社会的形成，意味着贫富在代际传递，社会阶层走向固化。①

---

① 参见王石头《阶层趋固化，草根难成功》，《广州日报》2011 年 5 月 7 日。

新底层阶层在资本、权力、社会关系、社会地位等方面处于弱势，他们渴望向上发展的机会和自我价值的实现，但是由于社会权利和社会资源占有上的不均等，新底层群体向上流动的机会和途径越来越少，从而使他们努力奋斗得不到回报，有雄心抱负却没有机会，无法通过后天努力改变命运。新底层阶层会产生强烈的不公感，容易将憎恨和愤怒指向社会制度，激化社会矛盾。近年来，农民工阶层在城市遭受了一系列不公平待遇，正当权益得不到保障，以及政治参与和民主权利的边缘化问题已经引起了舆论和学界的注意。"由于身份的特殊性以及制度的缺失、自身素质等原因，农民工陷入了制度参与的虚置与非制度参与的扩增的困境中，严重影响了社会的稳定。"[1] 美国政治学家亨廷顿曾说："在现代国家中，政治参与扩大的主要转折点是农村民众可介入国家政治……因此，在这些国家中，实现政治稳定的关键，是能否动员农村民众在承认现存政治体系而并非反对它的条件下参与政治。"[2] 可见，执政党要高度重视社会弱势阶层的利益表达和政治参与问题，实现利益平衡和民主平等，维护社会稳定。

4. 社会阶层利益分化加剧，利益矛盾和冲突有激化的趋势。

在市场经济条件下，资源配置主要依靠市场机制进行，由于市场主体素质具有差异性，同时市场竞争又受到政策性、体制性等因素的影响，因此各社会阶层和群体不可能齐头并进获得均等的利益。正是这种差异的存在，决定了社会各阶层之间的矛盾和冲突是难以避免的。当前，我国社会各阶层特别是强势阶层与弱势阶层之间存在着比较突出的矛盾。

一是干部阶层与其他阶层之间的矛盾比较明显。中国共产党的宗旨是

---

① 廖艺萍：《农民工政治参与的边缘化：基于和谐社会视角的分析》，《中共四川省委党校学报》2005 年第 4 期。

② ［美］塞缪尔·亨廷顿：《变革社会中的政治秩序》，生活·读书·新知三联书店 1991 年版，第 74 页。

全心全意为人民服务，代表人民群众的利益，因此党的各级领导干部应该心系百姓、执政为民，但干部阶层自身也有利益要求，如果缺乏有效的管理和监督，某些领导干部有可能利用所掌握的权力为自己、家属和亲属谋取非法利益，从而损害公众利益。因领导干部的官僚主义、形式主义、享乐主义、奢靡之风以及腐败问题而导致党群关系、干群关系恶化。2009 年 9 月发生在江西宜黄的"拆迁自焚"事件就是干群关系的一个缩影。当地政府在推进城市规划建设中，缺少与人民群众的沟通和协调，无视当事人的正当利益要求，也不为当事人提供公平合理的利益诉求渠道，而是对当事人的住宅进行暴力拆迁，导致当事人以自焚的方式进行抵抗的恶性事件，给党群关系和干群关系蒙羞，造成了极坏的影响。[①]

二是弱势阶层容易产生心理焦虑和冲突，增加对社会的不满情绪。社会阶层的分化打破了旧的社会关系格局和价值观念体系，在社会竞争中，强势阶层凭借自身拥有的财富、权力和资源，很容易获得心理优越感，而弱势阶层失去向上流动的机会，失去"人生出彩的机会"和"梦想成真的机会"，从而使弱势阶层对未来不再抱有希望，对阶层固化、资源垄断、权力世袭等现象产生愤恨和焦虑心理，不断增强情绪宣泄。近年来，在我国比较突出的"仇官""仇富"现象都是这种心理的体现，也反映了社会阶层关系的一种紧张状态。

在当前我国阶层急剧分化的时期，一系列引发社会关注的热点事件后面，都凸显了社会公平正义问题，都反映了社会阶层之间的利益矛盾。在改革发展过程中，弱势阶层最容易体会到和感受到社会存在的一种"不公平感""相对剥夺感"。"相对剥夺感"概念的最早提出者是美国的社会学家斯托弗，他认为，一些社会阶层和群体的"相对剥夺感"是诱发社会不

---

① 参见阎孟伟《公民权利和贫富分化问题与当代中国政治文明的基本理念》，《教学与研究》2011 年第 9 期。

满和社会动荡的重要原因。[①]"相对剥夺感"会使弱势阶层产生痛苦、焦虑和迷茫情绪，引发对社会的反叛和对抗行为，"相对剥夺感"还引发各种非理性攀比心理，某一阶层往往以自身的短处或劣势同其他阶层和群体的长处或优势作比较。由此导致各阶层互不信任，相互敌视，心理隔阂日益加深，这严重影响了国家社会整合政策的效能，降低了社会认同度，不利于社会和谐稳定。

　　三是工人和农民工的权益得不到充分有效的保障，收入水平相对下降，劳资矛盾突出。从工人阶层的情况来看，他们的收入增长缓慢，社会地位与改革开放前相对下降，对社会的不满程度增加。改革开放前，工人在政治上处于"领导阶级"的地位，享受到了一系列的政策优待，其经济地位也相对较高，具有很强的优越感。改革开放之后，随着社会主义市场经济体制的建立，企业成了自主经营、自负盈亏的经济实体，但企业内部普通职工与管理层的收入差距呈扩大之势，普通职工收入水平一直偏低。据全国总工会 2007 年对五省市部分企业的调查，这些企业中工资低于当地平均工资的职工人数占 71.5%，其中低于当地平均工资 50% 的职工占 26.9%；工资水平低于当地最低工资标准的职工人数占 10.3%。另据全国总工会的调查，职工 5 年没有增加过工资的占 23.4%。而这 5 年中，除了 2008 年年底及 2009 年经济发展受金融危机影响外，其余几年全国 GDP 增幅都在 10% 以上，是经济发展形势比较好的时期。即使这样，居然还有两成多职工工资长期分文未涨。在调查中，有 75.2% 的职工认为当前的社会收入分配不公平，61% 的职工认为普通职工收入偏低是最大的不公平。[②] 而不少企业实行的管理层年薪制又使企业管理层与普通职工经济利益和收入水平的差距进一步拉大并且形成制度化，管理层与普通职工的收

---

　　① 杨晓丽等：《浅析我国"相对剥夺感"的研究现状》，《学理论·下》2013 年第 12 期。
　　② 秦中忠、秦美从：《弘扬工人阶级的伟大品格需要切实保障工人权益》，《工会理论研究》（上海工会管理职业学院学报）2010 年第 4 期。

入差别巨大，加剧了二者之间的分歧和矛盾。

农民工是我国城市化、工业化进程中产生和形成的一个特殊的社会群体。根据国家统计局数据，2013 年全国农民工总量已达 2.6894 亿人①，成为城市人口中的重要组成部分。农民工虽然工作和生活在城市，但又没有完全融入城市生活中，不能享受城市居民的同等待遇。在当前城乡二元化的户籍制度、就业制度、社会保障制度没有完全改变的情况下，农民工要转化为城市居民仍需时日，农民工如果不能转化为城市居民，就依然具有农民身份的印记和农民的属性，农民工群体特殊的社会特征和属性是中国社会结构转型的一个鲜明特色。

城市中的农民工由于在政治、经济地位等各方面均处于弱势，遭受着不公平的待遇，形成了突出的农民工问题。主要表现为：第一，农民工无论在城市工作和生活多长时间，依然很难享受到与城市居民完全相同的权益和待遇。美国学者塞缪尔·亨廷顿指出："在大多数处于现代化之中的国家里，流动机会的缺乏和政治制度化程度的低下导致了社会颓丧（挫折）和政治动乱二者之间的正比关系。"② 当前我国农民工向上流动的权利和机会被边缘化甚至丧失，长期下去，不利于社会和谐与稳定。第二，因受户籍制度和社会保障制度不健全的影响，很多农民工不能够被纳入城镇居民统一的社会保障体系，不能与城镇居民享受同样的养老保险、医疗保险、住房公积金等待遇，超时劳动问题没有缓解，签订劳动合同的比例依然不高，权益保障相对滞后。因此，农民工自身在应对贫困、事故、疾病等风险的能力相当低。第三，农民工主要从事建筑、制造、矿产、运输等体力性强、污染性大、工伤率高的劳动，是我国职业病、工伤事故的高发人群。据了解，目前我国接触职业病危害因素的人数超过 2 亿人，而在这

---

① 数据来源：国家统计局。
② ［美］塞缪尔·亨廷顿：《变化社会中的政治秩序》，生活·读书·新知三联书店 1989 年版，第 51 页。

2 亿人中，农民工占了 90%；因生产不安全事故死亡的人数中，农民工也占了 90% 以上。① 2009 年，河南省新密市农民工张海超"开胸验肺"事件引起社会各界的广泛关注，它充分反映了当前农民工面临的职业病危害以及维权的艰难。第四，农民工的工资经常被拖欠，劳资矛盾突出。根据国家统计局发布的《2013 年全国农民工监测调查报告》，2013 年，外出农民工被拖欠工资的比重为 0.8%，比 2012 年上升 0.3 个百分点。② 据报道，2011 年年底，人力资源和社会保障部会同其他部门，在全国范围内开展了为时一个半月的农民工工资支付情况专项检查，在为期一个半月的检查中，共向 58.52 万农民工补发工资，责令用人单位支付工资及赔偿金共计 19.52 亿元。③

四是城镇社会阶层与农村农民阶层之间的矛盾。城乡阶层矛盾是在社会发展过程不可避免的矛盾，这种矛盾主要是由城乡要素交换关系的不平等和工农产业之间的差距所导致，突出表现为：城乡收入差距比较大；公共卫生、基础教育和社会保障等资源在城市和农村的配置严重不均衡；城镇化进程滞后于工业化进程，农村的建设发展速度远远落后于城市；由此引发城乡阶层存在利益矛盾。如果不注重城乡协调发展，逐渐消除城乡差别，城乡阶层将进一步激化对立情绪和产生矛盾，势必影响社会稳定。

社会的安宁稳定是社会各阶层利益平衡的结果；当社会各阶层利益不均衡时，往往会通过反叛或对抗社会行为来表达愤怒或宣泄情绪，从而产生社会的不稳定因素。因此，能否采取切实有效的利益整合措施，调节不同阶层群体之间的关系，及时缓解和化解社会各阶层群体之间的矛盾，促

---

① 单纯刚、王丽、李美娟：《工作环境恶劣：职业病让农民工"命丧打工路"》，《经济参考报》2005 年 9 月 30 日。

② 数据来源：国家统计局。

③ 《全国农民工工资支付专项检查为时一月半清欠 19 亿》，2012 年 1 月 16 日，http://www.chinanews.com/gn/2012/01-16/3608874.shtml。

进社会个体在不同阶层之间的顺畅流动，让每个人都有人生出彩的机会，直接关系着社会政治的稳定。

五　群体性公共事件危机影响社会稳定，危及党执政的和谐环境

我国正处在全面深化改革的深水区，改革处于关键期和攻坚期，各项难啃的"硬骨头"改革措施正在逐步推进。改革必将触及各个利益群体的切身利益，由此也必然带来许多严重矛盾和问题。我国目前正处在一个矛盾多发期和凸显期，最突出、最直接的表现就是各类群体性事件频繁发生，给社会和谐稳定带来严重的威胁和影响。

群体性事件是由社会矛盾引发，由特定和不特定的某些具有共同利益的耦合群体，以一定的目的为基础，带有明显的利益诉求性质的体制外活动，是以合法的或非法的规模性聚集的形式，表达利益诉求和政策主张，对社会秩序和稳定造成一定影响的事件。群体性事件的表现形式多种多样，如集体上访、集会、游行、罢工、静坐请愿等。[1]

随着经济体制改革的深化、社会利益结构的变迁，各种利益矛盾日益凸显，这种形势下，我国的群体性事件一直呈高发的态势。当前，我国的群体性事件表现出如下鲜明的特征：

1. 国内突发群体性事件数量迅速增长，呈多发态势。

近年来，国内突发群体性事件数量呈上升趋势，根据各年中国《社会蓝皮书》不完全统计，1993 年我国发生群体性事件 0.87 万起，2005 年上升为 8.7 万起，2006 年超过 9 万起，2007 年则达到十多万起，参与人数也由约 75 万人增加到约 307 万人。而 2008 年和 2009 年的群体性事件的数量

---

① 宋宝安、于天琪：《我国群体性事件的根源与影响》，《吉林大学社会科学学报》2010 年第 5 期。

及激烈程度都超过以往。[1] 2008 年以来，群体性事件逐渐增多，影响较大的有：2008 年贵州瓮安事件、云南孟连事件、2009 年湖北石首事件、2010年马鞍山"6·11"事件、2011 年广东古巷事件、2012 年沙溪事件及启东事件等。我国已经进入了一个群体性事件高发、多发的特殊时期，群体性事件的发生地点几乎遍及全国各地，各种社会矛盾逐渐凸显出来，各种社会风险在增大。

2. 利益矛盾是群体性事件发生的根源。

总的来看，我国发生的群体性事件涉及经济、政治、文化、社会、生态建设等各个方面，导致群体性事件发生的原因也是多方面的，但主要原因还是集中在利益矛盾。目前，我国社会阶层具有分化和固化的态势，社会利益关系日益复杂化，利益成为全社会最敏感、最受关注的焦点问题，因此利益矛盾是我国群体性事件发生的主要根源。综观我国发生的各种各类群体性事件，尽管参与者反映的问题和诉求各种各样，如征地补偿、房屋拆迁、劳资纠纷、国企改制、环境污染、社会保障、司法不公、基层选举等，但透过这些事件的现象，我们可以发现其本质都是弱势群体与强势群体的利益矛盾及博弈。群体性事件发生的一般机理通常是某些基层群众的利益和权利受到侵害和践踏，多方反映得不到有效回应和解决，因而不得不联合群众采取集体行动，希望把事情闹大，以引起相关党政部门的重视和注意，使问题得到解决。"群众对官僚主义和腐败现象苦不堪言，忍无可忍，只有采取'闹'的办法表达诉求，争取利益。在有的地方等事情闹大了，领导才去解决，从而形成'大闹大解决、小闹小解决、不闹不解决'的现象。"[2] 从利益相关性角度看，群体性事件还可以分为直接利益冲突型

① 《人民时评：群体事件多发原因是政府与民争利》，2009 年 12 月 22 日，http://news. qq. com/a/20091222/000012. htm。

② 中央政法委研究室编：《维护社会稳定调研文集》，法律出版社 2001 年版，第 12 页。

和无直接利益冲突型两种。直接利益冲突型群体性事件的参与者目的就是实现和维护自身权益，而无直接利益冲突型群体性事件的参与者与事件本身无利益关联，主要是因为他们平时对所处社会环境有不满和愤恨情绪而得不到机会发泄，当被不法分子利用和教唆，便可能加入群体性行动中。近年来，我国无直接利益冲突型群体性事件呈增多的趋势，群体性事件的参与主体基本上都是弱势群体，反映了社会不满情绪泛化的态势，也表明我国社会的一些体制性、结构性矛盾如腐败现象、贫富差距问题等，没有得到有效缓解，已严重影响基层群众对社会的信心和认同感。

3. 群体性事件组织性和联动性逐渐增强。

近年来我国发生的群体性事件组织性明显增强，反映出当前我国仍存在比较尖锐的社会矛盾和利益冲突。在维护自身权益过程中，群体性事件的参与者认识到，自身拥有的社会资源较少，只有增强行动的组织性，扩大行动规模，"把事情闹大"，才能够达到目的。有组织的群体性事件中，一般都有组织者进行事件和活动的策划，制订行动计划，明确行动目标，开展统一行动，活动中成员角色分工明确，协调配合，集体行动有着很强的目的性、计划性和步骤性。这类有组织的群体性事件持续时间长、反复率高，加大了处置的难度。此外，部分群体性事件已经具有了跨区域、跨行业声援的倾向，尽管此类群体性事件仅仅涉及同一行业或者地域的利益，但往往得到其他行业或者地域的同情与支持，使得事件由"自发行动"向"联合行动"方向发展。以 2008 年 11 月重庆出租车罢运事件为例，在半个多月的时间里，就导致了湖北荆州、海南三亚、甘肃永登、广东汕头等地相继发生大规模出租车罢运事件。特别是在互联网、手机等信息通信手段的不断发展和普及的条件下，单一群体性事件的影响通常会迅速扩大、波及其他地方，群体性事件间的联动性表现得更加明显。

4. 群体性事件的对抗性和暴力程度有增强的态势。

当前，我国发生的群体性事件总体上都属于非对抗性的人民内部矛盾，表现为集体上访、集会、游行、静坐等平和、非暴力的行动，能够通过积极沟通、谈判、协商及利益协调等方式加以解决，但由于一些地方党政部门不能正确认识和处理现阶段的人民内部矛盾，存在严重的官僚主义作风和态度，缺少科学的方法和机制手段，习惯采用暴力、专政手段处理群体性事件，往往容易激化社会矛盾，使群体性事件步步升级，对抗性和暴力程度大大增强，以致酿成恶性事件，如围攻冲击基层党政机关、聚众堵塞公共交通道路，个别地方还发生"打砸抢"等暴力违法犯罪活动，如贵州瓮安事件、湖北石首事件、广东增城新塘事件中，都出现了过激的打砸抢行为。一些群体性事件的对抗性和暴力程度增强的另一个原因在于，从群体性事件参加者的心理来看，是为了引起有关方面重视、尽快解决问题，有的群体性事件参加者抱着"大闹大解决，小闹小解决"的思想，往往不满足于单纯的上访请愿，而常常采用围堵、冲击党政机关甚至进行打、砸、抢等非法行为方式来表达诉求，发泄不满。当前群体性事件中，参与者的合理利益诉求与不合法表达方式交织在一起，多数人的正当诉求与少数人的无理取闹、违法行为混合在一起，群众的自发行为与一些别有用心的人制造混乱交织在一起，使得处理和平息群体性事件的难度越来越大。

表 3-6 汇总了 2005—2013 年间我国发生的群体性事件，如其所示，数量迅速增长、规模与危害越来越大的突发群体性事件已经成为严重影响社会稳定的最为突出的问题，如若处理不当有可能发展为对抗性矛盾。我国群体性事件绝大部分是由人民内部矛盾引发的，但是，有些群体性事件由于敌对势力的插手利用，事件的性质就会发生转化，问题由小变大，由经济利益问题变为政治问题，由局部问题变成全局问题，由国内问题变成国际问题，由人民内部矛盾变为敌我矛盾。如果群体性事件得不到控制和妥当处理，势必激化社会矛盾，危及社会和谐稳定，从而影响中国共产党的执政环境。

表 3 - 6　　　　　2005—2013 年中国发生的群体性事件列表（典型事件）

群体性事件	事 件 简 介
2005 年 6 月 26 日安徽池州群体性事件	2005 年 6 月 26 日,安徽池州一件普通的汽车撞人纠纷发展成为一起打砸抢烧的群体性事件,造成多名武警和民警受伤,4 辆车被毁,派出所被砸,一超市被抢
2007 年 1 月 17 日四川达州群体性事件	2007 年 1 月 17 日,大竹县莱仕德酒店一女员工因不明原因死亡,引发一起群体性事件。1 月 17 日下午 4 时许,少数人员冲入酒店,与酒店员工发生冲突,引发了打、砸、烧,并引起数千群众围观
2008 年 7 月 19 日云南孟连群体性事件	2008 年 7 月 19 日,云南省普洱市孟连傣族拉祜族佤族自治县发生一起群体性突发事件,公安机关在依法对勐马镇辖区内的 5 名犯罪嫌疑人采取强制传唤措施时,遭到被人挑唆、误导和不明真相的胶农干扰阻挠,甚至围攻、殴打执法公安干警,从而引发了冲突事件
2007 年 6 月 29 日广东河源群体性事件	2007 年 6 月 29 日,河源市富源水电开发有限公司与深圳邱天建设工程有限公司因经济合同纠纷引发的群体性斗殴治安事件,在此事件中,共造成 1 人死亡,11 人受伤
2007 年 6 月 1 日厦门 PX 事件	因担心 PX 项目落户厦门造成污染,2007 年 6 月 1 日起数千市民连续两天走上街头"集体散步",表达反对建设该化工项目的意愿,最终这一已获国家相关部门批准、投资过百亿元的项目迁至漳州
2008 年 6 月 28 日贵州瓮安群体性事件	2008 年 6 月 22 日凌晨,一位 14 岁的女孩在贵州瓮安县西门河溺水身亡。6 月 28 日,这起普通的刑事案件演变为群体性事件,不法分子对瓮安县委和县政府大楼进行打、砸、抢、烧,一度冲击邻近的县看守所,整个过程持续近 7 小时,共造成 150 余人不同程度受伤
2008 年 1 月 12 日上海磁悬浮事件	2008 年 1 月 12 日,"沪杭磁悬浮项目上海机场联络线"规划地段附近上千居民,高呼反对污染的口号"集体散步"至人民广场,次日又有许多市民到南京路步行街"集体购物"以示抗议,后来上海市政府表示该项目线路选址尚需进一步听取各方意见

续表

群体性事件	事件简介
2008 年 8 月 4 日云南丽江水污染事件	2008 年 8 月 4 日,因水源污染等问题,丽江市华坪县兴泉镇部分村民与高源建材有限公司员工发生冲突,双方 300 余人参与,6 位村民受伤、13 辆汽车受损。随即,县政府责成"高源建材"分两次共缴纳 400 万元处置保证金
2009 年 6 月湖北石首发生群体性事件	2009 年 6 月 17 日,湖北石首发生了酒店厨师蹊跷坠楼事件。6 月 19 日,不明真相的群众在该市东岳路和东方大道设置路障,阻碍交通,围观起哄,现场秩序出现混乱。6 月 20 日凌晨,少数不法分子借机制造事端,在停放尸体的酒店内纵火滋事,并煽动不明真相的围观群众,袭击前来灭火的消防战士和公安民警,造成多名警察受伤,消防车被掀翻砸坏
2009 年 11 月 23 日广东番禺反对建设垃圾焚烧厂事件	2009 年 11 月 23 日,几百名反对建设垃圾焚烧厂的番禺居民赶到城管委和信访局上访,随后到广州市政府门前"散步"。之后,番禺区领导承诺:如果环境评估通不过或者大多数居民反对,番禺生活垃圾焚烧厂就不会动工
2010 年 4 月 29 日黑龙江富锦长春岭群体性事件	2010 年 4 月 29 日,当天上午 9 时 30 分左右,指责政府圈占农民土地的长春岭村近 500 名村民,驾驶 50 多辆农用四轮车到富锦市政府上访,在同三公路和佳木斯至前进镇的铁路交会地带形成聚集,造成交通阻断。16 时 40 分,村民与前来处置的公安干警、武警和消防官兵发生冲突,现场防暴指挥车等车辆被砸,有多名公安干警、武警和群众不同程度受伤
2010 年 6 月 11 日安徽马鞍山群体性事件	2010 年 6 月 11 日 18 时 40 分,马鞍山市花山区旅游局局长汪国庆开车行至湖北东路大润发卖场附近,与行人胡某发生口角纠纷,并动手打了胡某。围观的人数从几个、十几个,迅速升至几百、几千,整个大街堵得水泄不通,将这位局长大人和一位女士堵在轿车内,不能离去。现场聚集近万市民,场面接近失控。市民用砖头、棍棒、饮料瓶等与赶到现场的防暴警察对峙

续表

群体性事件	事 件 简 介
2011 年 6 月 1 日广东潮安县"古巷事件"	2011 年 6 月 1 日,在潮州市潮安县古巷镇打工的熊某等人到所工作的华意陶瓷厂讨要拖欠的工资。其间,熊某等人与工厂老板苏某发生争执,熊某被对方指使人员持刀砍伤,案发后潮州警方立即开展侦查并于 6 月 5 日将苏某等 3 名犯罪嫌疑人全部抓获。6 月 6 日晚,熊某同乡 200 多人到潮安县古巷镇镇政府门口聚集要求严惩凶手。得知该情况后,潮安县各级党政领导和公安机关领导迅速赶到现场,向在场的群众说明事件具体处置情况,开展化解劝说工作,并于晚上 10 时许组织警力到场对在场群众进行劝离。经劝解,现场群众于 10 时 30 分许逐渐散去。其间有 3 辆汽车被砸坏、1 辆汽车被焚毁,公安机关依法将 9 名参与打砸烧人员带离
2011 年 6 月 10 日广东增城市群体性事件	2011 年 6 月 10 日 21 时许,四川籍孕妇王联梅在增城市新塘镇大敦村农家福超市门口违章占道经营摆摊档,阻塞通道,该村治保会工作人员见状后,要求其不要在此处乱摆乱卖,双方因此发生争执。现场逐渐聚集上百人起哄,部分不法分子向现场做工作的镇政府工作人员以及警车和处警人员投掷矿泉水瓶及砖块,并从超市门口逐步向大敦派出所聚集,围观群众一度达到 1000 多人,并投掷石块,导致多辆警车和私家车辆损坏,部分不法分子损坏车辆、银行柜员机,袭击公安民警。经增城市有关部门及时处置,事态得到有效控制
2011 年 8 月 14 日大连 PX 事件	2011 年 8 月 14 日上午,因担心"福佳大化 PX 项目"产生危害,上万大连市民到位于人民广场的市政府集会请愿,高呼口号游行示威,并形成警民对峙。当天下午,大连市委市政府做出决定:该 PX 项目立即停产并尽快搬迁
2011 年 9 月 15 日浙江海宁群体性事件	2011 年 9 月 15 日晚,海宁市袁花镇 500 余名群众聚集在晶科能源公司门前,就环境污染问题讨要说法,部分人员将停放在公司内的 8 辆汽车掀翻,造成财物受损。17 日晚,数千群众再次聚集,砸毁公司招牌及部分设施,当地出动特警维持秩序

续表

群体性事件	事 件 简 介
2012 年 4 月 10 日重庆万盛群体性事件	2012 年 4 月 10 日,因重庆万盛区和綦江县合并为綦江区后,引发当地群众利益诉求,并希望"复区",重庆万盛区发生群众聚集事件,参加此次聚集的人数最多在 1 万人左右。4 月 11 日,当地警方介入,采取措施后,聚集人群散去,社会秩序基本恢复正常。事件造成 12 辆警车被砸,4 辆警车被烧,在冲突中无人员死亡。有个别民警和群众受轻微伤均得到及时有效治疗。事后,重庆市委、市政府高度关注,并出台相关政策以解决群众诉求
2012 年 7 月 2 日四川什邡反对兴建钼铜项目群体性事件	2012 年 7 月 2 日,因担心"钼铜项目"带来污染,什邡居民集会、游行、示威并冲击党政机关,最终导致警民冲突,部分群众、民警、机关工作人员受伤。7 月 3 日,什邡市委宣传部召开新闻发布会称,停止该建设,今后不再建设这个项目
2012 年 7 月 28 日江苏启东事件	2012 年 7 月 28 日上午,因担心"南通大型达标水排海基础设施工程"带来污染,江苏启东上千市民占据市委、市政府大楼,损坏办公物品和车辆,并形成警民对峙局面。12 时左右,南通市紧急宣布"永久取消"该项目,群众陆续撤离、事件逐渐平息
2012 年 10 月浙江宁波镇海 PX 事件	10 月 26 日至 28 日,浙江宁波镇海炼化扩建一体化项目引发群众上访和集聚,警方当场扣留 51 人,其中 13 人已被采取刑事强制措施。当地官方称,宁波市经与项目投资方研究决定:坚决不上 PX 项目;炼化一体化项目前期工作停止推进,再作科学论证
2013 年 10 月云南昆明晋宁县群体性事件	2013 年 10 月 22 日,云南昆明市晋宁县公安机关到晋城镇传唤两名犯罪嫌疑人,引发广济村村民聚集,现场工作人员和途经该地的公务人员遭村民堵截,广济村约 200 名村民聚集在该村路口堵截、扣留过往公务车辆和公务人员,先后强行扣留 11 人和三辆公务车,参与现场处置的警务人员也被村民围攻,造成 27 名警察受伤,30 余辆公务车被打砸

第三节　党内风险的主要表现及成因

　　"我们党已经从一个领导人民为夺取全国政权而奋斗的党，成为一个领导人民掌握着全国政权并长期执政的党；已经从一个在受到外部封锁的状态下领导国家建设的党，成为在全面改革开放条件下领导国家建设的党。"① 党的历史方位变化对党的考验既是客观的，也是必然的。考验因党的历史方位变化而存在，并围绕它展开。从革命的党转变为执政的党，从革命的环境转变为和平建设的环境，从封闭的计划经济转变为对外开放和发展社会主义市场经济，在新环境和新形势下，我们党执政也面临一系列党内风险。党的十八大报告指出："新形势下，党面临的执政考验、改革开放的考验、市场经济的考验、外部环境的考验是长期的、复杂的、严峻的，精神懈怠的危险、能力不足的危险、脱离群众的危险、消极腐败的危险更加尖锐地摆在全党面前，不断提高党的领导水平和执政水平，提高拒腐防变和抵御风险的能力，是党巩固执政地位、实现执政使命必须解决好的重大课题。"②

一　缺乏忧患，引发精神懈怠的风险

　　1945 年 7 月，黄炎培在延安与毛泽东谈到"历史周期律"时说："大凡初时聚精会神，没有一事不用心，没有一个人不卖力，也许那时艰难困苦，只有从万死中觅取一生。继而环境渐渐好转了，精神也渐渐

---

① 《江泽民文选》第 3 卷，人民出版社 2006 年版，第 282 页。
② 胡锦涛：《坚定不移沿着中国特色社会主义道路前进　为全面建成小康社会而奋斗——在中国共产党第十八次全国代表大会上的报告》，人民出版社 2012 年版，第 49 页。

放下了。"黄炎培所说的历史周期律具有一定的规律性,因为历史上许多的统治者,都曾经因精神懈怠而失去政权。邓小平指出:"没有一股气呀、劲呀,就走不出一条好路,走不出一条新路,就干不出新的事业。"① 作为一个执政 60 多年的政党,中国共产党能否继续保持奋发有为的精神状态,是一个严峻的考验。当前,一些党员干部的精神懈怠主要表现在四个方面:

1. 一些党员干部精神空虚,奋发有为、积极向上的精神不足。

精神状态一贯是中国共产党高度关注的问题,毛泽东同志说:"人是要有一点精神的。"② 在革命战争年代,共产党人虽然置身艰难困苦的斗争环境和恶劣的条件下,但仍抱着巨大的革命热情和斗志,就是因为他们怀着坚定不移的革命理想和精神追求。改革开放三十六年来,中国经济快速发展,综合国力大大增强,人们的物质生活水平也得到极大提高。经济条件和生活水平逐渐提高了,但一些党员干部却丧失了共产主义的远大理想和目标,失去了走社会主义道路的坚定信心和决心,表现在对党的事业和活动参与热情不高,开展工作没有积极性,工作态度不认真,精力投入不够,办事效率不高,干事创业、拼搏进取、吃苦耐劳的劲头丧失;在精神状态上,萎靡不振,整天浑浑噩噩,无精打采,没有事业心和责任心,结果是所从事的工作经不起检查,更经不起实践和历史检验。没有了理想信念就如人的骨头中缺少钙,当前我们重提对领导干部进行理想信念教育非常必要,为此,2014 年 7 月中央组织部印发《关于在干部教育培训中加强理想信念和道德品行教育的通知》,要求各地区各部门对党员特别是领导干部加强理想信念和道德品行教育,引导和帮助党员领导干部始终坚定共产主义理想和中国特色社会主义信念,始终坚守共产党人的崇高品质和精神家园。

---

① 《邓小平文选》第 3 卷,人民出版社 1993 年版,第 372 页。
② 《毛泽东文集》第 7 卷,人民出版社 1999 年版,第 162 页。

2. 一些党员干部甘于平庸，求新思变、改革创新的精神不足。

中国共产党在领导中国特色社会主义建设事业中，在治国理政的具体实践中，总结和积累了丰富的执政经验。在这样的背景下，一些党员干部安于现状，胸无大志，满足于已取得的执政成就和业绩，忽视了世界形势的新变化和我国改革开放不断推进给党的执政地位带来的风险和挑战，在具体工作中不思进取，甘于平庸，止步不前，表现在一些党员干部畏惧权势，眼睛往上看，卑躬屈膝，在落实工作中弄虚作假，欺上瞒下；在工作实践中知行脱节，说一套做一套，明知不对，依然将错就错；好大喜功，讲排场，喜欢做表面文章，热衷于搞劳民伤财的"形象工程"和"政绩工程"；背离科学发展观，盲目追求 GDP 发展指标，而不惜损害环境，伤害人民群众的感情和利益；在工作状态上墨守成规，甘于平庸，缺少闯劲和干劲，不求有功、但求无过，处处避重就轻、事事效能低下；在从事党和国家的事业中，不思改革、不想创新，喜欢按部就班，用老办法、老经验办事。2014 年 5 月 30 日由中国政府网刊发的"李克强：国务院决不发空头文件"一文中，李克强对"为官不为""太平官"进行了严厉的批评："我在基层调研时注意到，有些地方确实出现了'为官不为'的现象，一些政府官员抱着'只要不出事，宁愿不做事'，甚至'不求过得硬，只求过得去'的态度，敷衍了事。""说得难听点儿，这不就是尸位素餐吗？这样的庸政、懒政同样是腐败，是对国家和人民的极大不负责！"①

3. 一些党员干部漠视群众，为民服务、为民奉献的精神不足。

中国共产党的传家宝是坚持"一切为了群众，一切依靠群众，从群众中来，到群众中去"的群众路线。群众路线是党的生命线，中国共产党执政以来，大多数党员干部把国家民族的事业和利益摆在首位，树立了正确的群众观，为党、国家和民族的发展事业做出了巨大贡献。但是，随着执

---

① 《李克强：国务院决不发空头文件》，2014 年 5 月 30 日，http://www.gov.cn/xinwen/2014 - 05/30/content_ 2691109. htm。

政地位的巩固，一些党员干部凭借手中掌握的执政权力，为己谋利，把权力当成"私人资本"，从而出现"对上级负责多，对群众负责少；考虑个人得失多，考虑群众利益少"的现象。滋生了官僚主义和命令主义等作风，主要表现在一些党员干部在公共管理、公共服务和执法过程中，不顾群众的冷暖疾苦，不管群众生存发展的合理诉求，无视群众的正当权益，服务群众的举措不实，态度不正，甚至出现暴力拆迁、堵截上访等一些恶性事件；在执行和落实党的政策时，上有政策、下有对策，使党的利民政策变形走样，在政策具体执行过程中，与民争利，在处理个人与集体的关系时，不能做到牺牲自我，不愿放弃个人的利益，甚至假公济私、以权谋私，以个人主义为中心，不顾国家、集体和社会利益，破坏党的民主制原则，抓工作喜欢"一竿子插到底"，不注重程序，喜欢个人专断和集权，用纪律这面镜子照别人多，照自己少，指责他人多，批评自己少，导致国家和群众的长远利益和根本利益受到损害；在对待成绩上，做出一点业绩，就沾沾自喜，骄傲自满、停步不前，对上级组织报喜不报忧，有急功近利、贪大求快思想；一些地方和部门甚至出现因为领导干部强迫命令、瞎指挥和决策失误而导致损害群众利益的行为。

4. 一些党员干部追求享乐，艰苦奋斗的精神不足。

我国经济社会的发展提高了人民的物质生活水平，物质和财富的增长考验着党员干部艰苦奋斗的优良传统和作风。在现实的物质生活和诱惑面前，把党形成的艰苦奋斗的优良传统和作风丢在一边，追求奢靡的物质享受和生活享受，并把它当成一种荣耀和特权，主要表现在一些党员干部在生活上奢靡浪费、炫耀攀比，吃穿住行追求贵族化，挥霍公款，讲排场、比阔气，沉迷于灯红酒绿，声色犬马，贪图享受，不以为耻，反以为荣；在工作上，不干实事，做表面文章，不学无术，说谎邀功，喜欢华而不实，热衷于举办庆典和盛会，不顾当地经济实力，场面越来越大，花费越来越多，实质内容却越来越少，在办公场所上，政府机关的办公楼越来越豪华，面积越来越大。正如习近平总书记2013年7月在河北调研指导党的群众路线教育实践活动时的讲话中指出："享乐主义实质是革命意志衰退、奋斗精神消减，根源是世界观、人生观、价值观不正确，拈轻怕重，贪图安逸，追求感官享受。奢靡之风实质是剥削阶级思想和腐朽生活方式的反映，根源是思想堕落、物欲膨胀，灯红酒绿，纸醉金迷。'四风'的后果，就是浪费了有限资源，延误了各项工作，疏远了人民群众，败坏了党风政风，最终会严重损害党的先进性和纯洁性、严重损害党的执政基础和执政地位。"①

一些党员干部身上出现精神懈怠的问题是由多方面原因造成的，有党员干部自我要求不严的原因，有党组织教育和管理缺失的原因，有考核机制和责任追究不健全的原因，也有干部任用导向偏差的原因等。但从根本上说，归结到一点是一些党员干部思想意识出了问题。思想意识是个人精神的内在因素与支柱，思想意识有问题必然会使个人的精神状态发生变化。导致一些党员干部精神懈怠的思想意识原因主要有以下几个方面：

1. 一些党员干部的党员意识和责任意识逐渐淡化。

个人的主体意识和责任意识决定了人的精神状态，因此，只有确立党员在党内活动中的主体地位和中心地位，不断增强党员的责任意识和主体意识，才能最大限度发挥党员的积极性、主动性、创造力和战斗力，才能激发和长期保持共产党人的奋斗精神和斗志。当前，党员的主体地位存在弱化和边缘化的现象，党员的主体地位还没有真正确立起来，主要体现在：党员是各级党组织的工作对象和工作工具，还没有建立起以党员为主体和中心的工作体制和机制；党内民主制度有待进一步完善，党员民主权利还没有完全落实；党员领导干部的主体地位和中心地位明显，普通党员和一般党员的主体地位作用被弱化和边缘化；市场经济发展推动党员对物质和财富利益的追求，淡化了党员的政治意识和敏感性，降低了党员对党

---

① 习近平：《在河北调研指导党的群众路线教育实践活动时的讲话》（2013 年 7 月 11 日、12 日）。

组织的认同感和归属感。正是因为主体地位的弱化，部分党员淡化了党员意识、责任意识和主体意识，继而其身上所应具备的共产党人精神、状态和作风也就失去了存在的基础。

2. 中国共产党执政的巨大业绩，使一些党员干部丧失了忧患意识和危机意识。

社会发展的历史经验证明，"打江山容易守江山难"。凡在取得胜利后或太平盛世之时，人们往往就容易精神松懈、丧失斗志。黄炎培先生早在新中国成立前就对毛泽东说，历代王朝"'其兴也勃焉，其亡也忽焉'，大凡初时聚精会神，没有一事不用心，没有一人不卖力，也许那时艰难困苦，只有从万死中觅取一生。既而环境渐渐好转了，精神也就渐渐放下了"。经过90多年的努力奋斗，我们党带领人民群众把中国从一个贫穷落后的国家建设成为经济发展、社会安定和人民幸福的国家，得到了人民群众的拥护和支持。与过去相比，党的生存环境、政治地位、物质条件都得到极大的改善。当前中国的 GDP 已跃居世界第二位，国际地位大幅提升。在这种背景下，一些党员干部丧失了忧患意识。忧患意识是一种超前的预见意识和防范意识，是一种危机感、紧迫感和责任感。忧患意识是党员干部保持共产党人奋斗精神的推动力。党员干部丧失了忧患意识，就会陶醉和满足于眼前的成绩和利益，追求享乐，不思进取，就会丢掉共产党人应有的开拓进取和艰苦奋斗等优良作风和精神。正如新中国成立前夕毛泽东所言："因为胜利，党内的骄傲情绪、以功臣自居的情绪、停顿起来不求进步的情绪、贪图享乐不愿再过艰苦生活的情绪，可能生长。"①

3. 现实矛盾的困扰和物质利益的诱惑，使一些党员干部丧失了理想信念。

当前，我国已进入改革发展的关键时期和深水期，由于经济体制、社

---

① 《毛泽东选集》第4卷，人民出版社1991年版，第1438页。

会结构、利益格局和思想观念的深刻变化和调整，产生了许多新的问题和矛盾，我国也进入了矛盾的多发期和凸显期。这些现实矛盾与问题，使相当一部分党员干部感到困惑和忧虑，甚至怀疑中国特色社会主义道路和中国共产党的先进性，对中国共产党的伟大事业发展前途悲观失望。理想与现实之间的反差，使部分党员和党的干部理想信念动摇甚至丧失。邓小平同志指出："共产主义的理想是我们的精神支柱。"① 正是坚守共产主义的信仰，共产党人才焕发出伟大的精神追求；丧失了理想信念，共产党人的革命精神和奋斗气概就失去了支柱和目标，从而产生精神懈怠的现象。

习近平总书记指出，"坚定理想信念，坚守共产党人精神追求，始终是共产党人安身立命的根本。对马克思主义的信仰，对社会主义和共产主义的信念，是共产党人的政治灵魂，是共产党人经受住任何考验的精神支柱。"② 新中国成立以来党的长期执政的历史使党内很多同志丧失了危机意识和忧患意识，精神逐渐懈怠下来，贪图安逸的思想滋长起来。随着经济的发展，生活水平的提高，执政地位稳固，党内出现了政治信仰不坚定、理论素养不高，服务意识不强，执政意识淡薄，工作积极性和责任感降低，组织纪律松懈等一系列消极现象，这些给党的长期稳固执政带来了隐患和风险，主要体现在以下两方面：

一是由于精神懈怠导致党员干部在工作中没有积极性和主动性，出现消极萎靡、形式主义、好大喜功、急功近利等工作作风，严重损害了党的形象，影响了工作效率，使党和国家的事业遭受损失。如有些官员为了提升自己的政绩，喜欢做表面文章，热衷于搞一些劳民伤财的"拍脑袋"规划、"形象工程"和"面子工程"，严重地浪费了社会资源，也损害了民心资源；国家机关工作人员作为国家事务的管理者和实施者，工作稳定、环境优越，由于竞争机制和淘汰体系尚未完善，这就使得一些公务人员工作

① 《邓小平文选》第 3 卷，人民出版社 1993 年版，第 137 页。
② 习近平：《习近平谈治国理政》，外文出版社 2014 年版，第 15 页。

积极性和主动性不够，出现了"为官不为""做太平官""宁可不做事，也不能做错事"的消极心理，从而出现有些地区政府机关之间的协调不够充分、部门责任不明确、办事拖拉、工作互相推诿，这些消极现象严重影响了政府机关的工作效率，也降低了政府机关高效、为民服务的形象。正是由于精神懈怠和责任感的降低，导致了严重的失职和渎职行为，出现因质量把关不严的"豆腐渣"工程、因食品药品安全监管不到位的"问题奶粉""地沟油"问题、不顾生产安全导致的矿难等事件，严重威胁了人民的生命健康和安全，也给国家造成了重大损失，同时也损害了党群关系。

二是由于精神懈怠导致党员干部的组织性和纪律性涣散，严重影响了党和国家方针政策的落实力度。如在贯彻执行党和国家重大政策上，有些党员干部采取了"上有政策、下有对策"的方法，"择其利而行之，择其不利而弃之"，对于中央的政策有选择的执行或是片面的执行；在理论学习上，有些党员干部思想上不重视，行动上走走形式，做做样子，没有做到真学真懂真用，敷衍应对，走过场，以至于一些党员干部理论素质不高，领导改革发展的能力不强，导致执政力降低，党的先进性得不到体现；在组织生活上，一些党员干部参加组织生活的意识淡薄，组织生活质量不高，党员归属感和荣誉感降低，有的党员认为，"党员不党员，就差几块钱（党费）"，导致一些地方政治生态恶化，影响党的事业发展；在遵纪守法上，有些党员干部纪律涣散，法制观念不强，做出一些违法乱纪的事来，不但使党和国家路线方针政策得不到执行，反而扰乱了中国特色社会主义事业的建设和发展。

二　故步自封，引发能力不足的风险

党员干部的执政能力是与党的事业紧密相关的。当党的路线方针政策正确的时候，党员干部执政能力的强弱就对党的事业的发展具有关键意义。1939 年 5 月 20 日毛泽东在延安在职干部教育动员大会上的讲话曾提出党内存在"本领恐慌"的问题："我们队伍里边有一种恐慌，不是经济恐慌，也不是政治恐慌，而是本领恐慌。过去学的本领只有一点点，今天用一些，明天用一些，渐渐告罄了。好像一个铺子，本来东西不多，一卖就完，空空如也，再开下去就不成了，再开就一定要进货。我们干部的'进货'，就是学习本领，这是我们许多干部所迫切需要的。"① 我们党在路线方针政策正确的前提下，加强了能力建设，就大大加快了建设和发展的进程。我们党进入新世纪新阶段，遇到了许多新情况和新问题，出现了新的"本领恐慌"。习近平总书记指出："我们必须以更大的决心和勇气抓好党的自身建设，确保党在世界形势深刻变化的历史进程中始终走在时代前列，在应对国内外各种风险和考验的历史进程中始终成为全国人民的主心骨，在发展中国特色社会主义的历史进程中始终成为坚强的领导核心。"② 党的十六届四中全会通过的《中共中央关于加强党的执政能力建设决定》指出："执政能力建设是党执政后的一项根本建设。"这是我们党执政 65 年的历史经验总结。一个执政党要治国理政，就需要不断加强执政能力建设，加强党的执政能力建设，是时代的要求和人民的要求。党的十六届四中全会提出各级党委和领导干部要不断提高"五种能力"，分别是：驾驭社会主义市场经济的能力、发展社会主义民主政治的能力、建设社会主义先进文化的能力、构建社会主义和谐社会的能力、应对国际局势和处理国际事务的能力，这五大执政能力，涵盖了我国经济发展、民主政治、先进文化、和谐社会和外交事务的执政要素。我们党具备这些能力，才能长期执政，成为建设中国特色社会主义的坚强领导核心。在新形势下，面对国际国内环境的深刻变化，要担负起领导中国特色社会主义建设事业的历史重任，党的执政能力建设尤为重要。习近平总书记指出："要继续推进全面从严治党，牢牢把握加强党的执政能力建设和先进性建设这条主线，加强和

---

① 《毛泽东文集》第 2 卷，人民出版社 1993 年版，第 178 页。
② 习近平：《全面贯彻落实党的十八大精神要突出抓好六个方面工作》（2012 年 11 月 15 日）。

规范新形势下党内政治生活，坚定不移推进党风廉政建设和反腐败斗争，不断增强党自我净化、自我完善、自我革新、自我提高能力，提高党的领导水平和执政水平、增强拒腐防变和抵御风险能力，确保党始终成为中国特色社会主义事业的坚强领导核心。"① 历史上一些社会主义国家发生演变的一个重要原因是执政党没有把执政能力建设作为自觉行动，因而在内政外交等方面发生了失误，导致经济社会发展出现危机。如苏联共产党是一个大党、老党，但由于该党不重视执政能力建设，执政能力日益衰退、执政政绩不理想，甚至倒退，得不到人民群众的拥护和支持，因而导致了政权的垮台。

面对国际国内复杂的形势和环境，要肩负起实现中华民族伟大复兴中国梦的历史重任，我们党需要努力提高自身的执政能力。但从党内存在的突出问题来看，党员干部的整体状况和素质与党承担的历史重任还不适应，主要表现在：

1. 一些党员干部思想政治素质不高、运用马克思主义中国化时代化的最新理论成果指导执政实践的能力不强。党的执政地位和历史使命决定了全党必须重视并提高马克思主义理论水平，只有这样才能保证我们党在理论和实践上沿着正确的轨道和方向迈进。当前，党内还存在轻视理论学习、学用脱节的现象，比如有的党员干部不重视学习党的执政理论和马克思主义中国化的最新成果，不会用马克思主义的立场观点方法来分析问题和指导实践；有的党员干部轻视和放弃马克思主义这一认识世界改造世界的思想武器，认为马克思主义是过时和没用的，"不信马列信鬼神"，缺乏马克思主义信仰；有的党员干部领导改革发展的能力降低，跟不上时代和形势的发展，仍以过去的决策思路、过时的工作方式来处理社会转型中出现的各种问题和矛盾，一些党员干部的领导素质和能力与当前全面深化改革、全面依法治国的形势和要求不适应、不匹配。

---

① 习近平：《在纪念红军长征胜利 80 周年大会上的讲话》（2016 年 10 月 21 日）。

2. 一些党员干部的素质和能力同全面建成小康社会、实现"两个一百年"目标的要求还不相适应。党员干部的素质和能力是保证实现党的执政目标和历史使命的重要因素。在长期执政的条件和较好的执政环境下，有些党员干部没有把自身肩负的责任和使命摆在重要位置，不重视提升自己的素质和能力，他们的素质能力与完成党的历史任务的要求还不相适应，存在较大差距。比如，有的党员干部不善于用全球眼光、国际视野、全局观念和战略思维去关注世界形势和环境的发展变化，科学判断形势和把握局势的能力不强；有些党员干部不能有效地解决和应对我国全面深化改革、扩大开放、发展社会主义市场经济条件下出现的新情况、新问题和新矛盾，不能主动积极适应转变经济发展方式的新要求，驾驭市场经济的能力比较薄弱；有些党员干部在经济结构深刻调整、利益矛盾和阶层矛盾日益凸显的社会转型时期，处理突发事件和群体性事件时不知所措，应对复杂和困难局面的能力较低；有些党员干部在中国特色社会主义事业建设进程中，不能把贯彻党的路线方针政策和本地实际情况有机结合起来，总览全局的能力欠缺。如有媒体公开报道了吉林省舒兰市"最美最狠强拆女市长"韩迎新公开叫嚣"我不懂拆迁法，不按拆迁法办"等言论，充分暴露了有些领导干部素质低下、能力不足等问题。①

3. 一些党员干部缺少复杂艰巨任务的考验和锻炼，缺乏应对新情况、新挑战、新问题的能力。当前，我国正在全面深化改革的关键时期，改革之路向来不是平坦的，前进的路上必然会碰到各种艰难险阻，在这种情况下，有些党员干部丢掉了共产党应有的事业担当和责任。比如，有些党员干部面对改革的艰巨任务、面对工作中的棘手问题，手足无措，没有一往直前、勇于担当、敢于谋划的勇气，也缺少解决新问题、新矛盾的能力和战略，于是敷衍塞责，揽功诿过，绕开问题和矛盾走，甘于做"老好人"，做"太平官"

---

① 《"最美最狠强拆女市长"：我不懂法，不按法办》，《现代快报》2014 年 7 月 20 日。

"无为官"；有些党员干部四平八稳，在工作中不敢碰硬，不敢动真格，奉行"多一事不如少一事"的思想，多栽花少栽刺，睁一只眼闭一只眼，工作没抓好，正气也不彰，导致官僚主义和形式主义作风盛行；有些党员干部受市场经济的影响和物质利益的诱惑，把持不住自己，管不好亲属和家人，在外界环境的影响下，滥用权力、以权谋私，最后成为市场经济大潮中的牺牲品，违法犯罪，沦为人民的罪人和阶下囚。

4. 一些年轻党员干部的工作能力与所担负的使命任务还有较大差距。新世纪新阶段，随着党和国家事业发展，党的队伍结构状况发生了重大变化，生于"60 后""70 后"的党员干部在党的队伍中的比例越来越大，生于"80 后""90 后"的青年源源不断加入党的队伍，有些还成为党的骨干力量。党的干部队伍新老交替不断进行，一大批年轻的党员干部走上领导岗位。他们学历高、观念新、思想活，是党的事业的未来和希望，但一些年轻干部与老一辈干部相比，还存在作风不实、能力欠缺、缺乏历练，与群众的感情不深等缺点和不足，主要表现在：有的年轻干部没有经历过艰苦环境的磨炼，在重大事件面前常常患得患失、束手无策；有的年轻干部缺乏群众感情，对人民群众的切身利益无所用心，没有深厚的群众基础；有的年轻干部缺乏艰苦的基层锻炼和严格的党性锻炼，缺少组织、纪律和法制观念，组织和带领群众完成各项任务的能力不强；有的年轻干部满足于不出错、差不多、过得去，缺乏一种钻劲和韧劲，一旦工作中遇到困难和问题，就丧失自信和决心，畏难不前；有的年轻干部因为"年轻得志"，因此"得意忘形"经不起诱惑，据媒体报道，2013 年浙江省检察机关查处的干部贪污贿赂案件中，35 岁以下的年轻干部就达 291 人，其中 25 岁以下新进人员就有 27 人。①

新形势下，党员干部表现出能力不足的主要原因有两点。

---

① 《好人主义培养不出好干部》，《人民日报》2014 年 7 月 16 日第 5 版。

1. 新形势新任务对党员干部的素质能力提出新的更高要求。知识爆炸性的增长和更新、科学技术日新月异的发展和进步对党员干部的工作和学习能力提出了新的更高的要求。新时代党的领导干部不仅仅要拥有坚定的马克思主义信仰和优良的工作作风，更要具备国际化的战略眼光和较为全面的专业知识储备，才能适应时代的变化和发展。我国目前正处于社会转型发展与改革攻坚时期，正处于战略机遇期，也处在矛盾凸显期，党所面临的执政环境异常复杂多变，党所面临的执政风险也不断增多，这就对党的执政能力提出了更高的要求。虽然我们党的执政能力在不断提高，但是时代和社会的发展、国内外形势的变化对我们党的执政能力提出了新的更高的要求，执政能力是一个不断适应不断提高的过程，不可能一蹴而就。党的各级领导干部转变思想、创新观念，适应国内外环境的变化需要有一个过程；党的各级领导干部不断研究工作中出现的新情况、新问题，找到有效解决的对策和方法也需要有一个过程；党的各级领导干部，通过努力学习、丰富自己的知识储备，提高自身理论水平和综合素质能力也需要长期的积累和不断的努力的过程，因此，党员干部能力素质的提高与形势发展变化相比，总是具有滞后性，是一个不断提高、不断适应、不断发展的过程。

2. 一些领导干部的领导方式和工作方法不能适应时代和形势的发展变化。随着我国社会主义现代化建设进程的不断推进，经济结构、社会体制、利益格局发生了巨大变化，我们党在执政过程经常会遇到新情况和新问题，处理不好就很容易触发社会矛盾。我们用惯了的、会用的、曾经很管用的一些工作方法和管理办法在新形势下不管用了，处于"老办法不管用，新办法不会用，没有办法可用"的尴尬境地。如何在新的形势下，不断改进领导方式和工作方法，用新思维新办法解决社会问题、化解社会矛盾、促进社会公平、应对执政风险、保持国家长治久安，是我们党必须解决的一个重大课题。

在我国，中国共产党是执政党，是中国特色社会主义事业的领导核心。党的执政能力问题关系党的生死存亡和国家的长治久安，党的执政能力状况关乎党的执政地位的巩固和执政目标使命的实现。党的执政能力主要体现在党的各级干部队伍的执政能力上，虽然我们党的执政能力在随着经济社会的发展而不断提高，但仍然存在很多问题和不足，加强各级领导干部的执政能力建设是摆在我们党面前的一项重大而紧迫的战略任务。

三　为政不廉，引发消极腐败的风险

中国当前正处在改革开放和经济社会快速发展时期，新旧体制交替，社会正处在转型期，体制上、制度上、政策上、管理上等各方面的漏洞增多，腐败行为的可乘之机明显增多。虽然我国的反腐败斗争中已取得了一定的成效，但腐败现象赖以生存的土壤、条件、诱因仍然存在，还有进一步发展的潜在危险。当前和今后一个时期，仍然是反腐败斗争最关键的时期。在这个关键时期，能不能在深化改革、扩大开放、加快发展的同时，做到"干部清正、政府清廉、政治清明"，这是对我们党的一个严峻考验。

当前，在党内滋生的一些消极腐败现象，呈现出新的特点和发展趋势。

1. 腐败现象呈现多发、高发态势。

中央纪委在向党的十八大提交的工作报告中有一组数据：2007 年 11 月至 2012 年 6 月，全国纪检监察机关共立案 643759 件，结案 639068 件，给予党纪政纪处分 668429 人。涉嫌犯罪被移送司法机关处理 24584 人。全国共查办商业贿赂案件 81391 件，涉案金额 222.03 亿元。坚决查处了薄熙来、刘志军、许宗衡等一批重大违纪违法案件（见表 3 - 7、3 - 8）。[①] 党的十八大以来，据统计，2013 年前 9 个月，全国纪检监察机关初步核实处

---

① 数据来源：《中共中央纪律检查委员会向党的第十八次全国代表大会的工作报告》，2012 年 11 月 14 日。

置反映问题线索 12.9 万件，同比增长 13.5%；立案 11.8 万件，同比增长
10.1%；结案 10.2 万件，同比增长 12.6%；处分 10.8 万人，同比增长
7.6%。① 从上述数据中我们不难看出，中央关于"一些腐败现象依然存
在，有的甚至还在滋生蔓延"的判断，绝非耸人听闻。

表 3 - 7　　　　　　　2008—2012 年查办各类职务犯罪案件和人数统计

年　份	职务犯罪案件(件)	职务犯罪人数(人)	其中贪污贿赂大案(件)
2008	33546	41179	17594
2009	32439	41531	18191
2010	32909	44085	18224
2011	32567	44506	18464
2012	34326	47338	—

数据来源：最高人民检察院工作报告（2009—2013 年）

表 3 - 8　　　　2008—2012 年查办各类职务犯罪人数统计（县处以上职务）

年　份	县处级人数	厅局级人数	省部级人数	县处级以上总人数
2008	2502	181	4	2687
2009	2458	204	8	2670
2010	2529	188	6	2723
2011	2319	198	7	2524
2012	2385	179	5	2569

数据来源：最高人民检察院工作报告（2009—2013 年）

2. 串案、窝案、案中案明显增多。

个人腐败向团伙、集团腐败演化，腐败分子大多结成利益同盟，具有

---

① 数据来源：《中央纪委监察部：党的十八大以来反腐倡廉建设述评》，http://politics.people.
com.cn/n/2013/1212/c70731 - 23826093.html。

明显的团伙性，一条线索、一起案件经过滚动深挖，带出了一批窝案串案，有的涉及数十人甚至上百人，往往是查处一案，牵出一串，带出一片。比如，2013 年查处的安徽省庐江县原县委常委、政法委书记卢荣友受贿案，此案在查处过程中，牵出严重违纪违法人员近 50 人，其中处级 6 人、正科级 7 人，已有多人被移送司法机关；在湖南衡阳破坏选举案中，共有 56 名当选的省人大代表存在送钱拉票行为，涉案金额人民币 1.1 亿余元，有 518 名衡阳市人大代表和 68 名大会工作人员收受钱物。① 这反映出，一些腐败现象在一些地方和行业领域的确很严重，上下勾结、内外勾结作案现象比较突出，涉案人员众多，在经济上互相利用，结成了利益共同体。

3. 腐败向高级领导干部蔓延，涉案金额不断上升。

腐败案件呈现向高层蔓延的势头，大案要案不断出现。在受到查处的案件中，涉案人员已经从县处级以下的基层官员向厅局级、省部级官员蔓延，高层官员的腐败已经成为一个引人注目的腐败现象。党的十八大以来，截至 2014 年 2 月，就公开报道了四川省委原副书记李春城、国家发展和改革委员会原副主任刘铁男等 21 名省部级官员的腐败案件。同时腐败案件涉案金额不断攀升，由原来的几万元、几十万元攀升到几百万元、几千万元乃至数亿元人民币，腐败涉案金额的纪录被不断刷新，如铁道部原部长刘志军受贿金额达 6460 余万元，广东省委原常委、统战部原部长周镇宏其中一项犯受贿罪、巨额财产来源不明罪，涉案 6100 万元。

4. 发生在群众身边的腐败仍比较突出。

中央纪委在向党的十八大提交的工作报告中列举了解决反腐倡廉建设中人民群众反映强烈的突出问题："开展工程建设领域突出问题专项治理，排查工程建设项目 42.51 万个，查办违纪违法案件 2.43 万件。开展'小金库'专项治理，清理出'小金库'60722 个，涉及金额 315.86

① 数据来源：中国新闻网《媒体盘点 2013 反腐案件》，2013 年 12 月 31 日，http://www.chinanews.com/fz/2013/12 – 31/5681000.shtml。

亿元。开展庆典、研讨会、论坛过多过滥问题专项治理，取消了一批活动，节约资金 12.2 亿元。开展公务用车问题专项治理，清理出违规车辆 19.96 万辆。"① 可见各类"身边腐败""微小腐败""隐性腐败"和"灰色腐败"等治理还没有取得真正的实效。这种类型的腐败往往侵害的对象是个体公民，即有权的人通过对权力的操作，将腐败浸透到教育、医疗、征地拆迁、土地和矿产资源管理、食品药品安全、环境保护、安全生产、保障性住房建设和管理、执法司法等方面损害群众利益的行为，对普通老百姓来说，这种侵害是直接的，是无法承受的，也容易损害党和政府的形象。

5. 腐败现象在一些领域和部门易发多发。

某些要害部门往往成为腐败案件的高发区，一是权力集中部门和岗位腐败案件易发多发，行政审批、司法等权力比较集中的部门腐败现象一直居高不下。随着环境保护、食品药品等监管部门的权力逐渐加大，腐败现象也有增多的趋势。比如，国家食品药品监督管理局原局长郑筱萸因受贿罪、玩忽职守罪被依法判处死刑。二是资金密集领域和行业商业贿赂、内幕交易等现象严重，工程建设领域腐败现象易发多发。据报道，在短短几年里，全国 31 个省、自治区、直辖市的交通厅局长中因腐败问题被查处的多达 17 人，河南省连续四任交通厅厅长都因腐败而落马。三是教育科研、医疗卫生、社会保障等领域腐败案件逐渐增多。随着社会建设的加强，教育、医疗、科研、社保等资金投入大量增加，高校、医院等已成为腐败案件的高发区。四是土地、矿产资源领域腐败现象易发多发。随着我国经济社会快速发展，土地和矿产作为稀缺资源，社会供需矛盾日益凸显，一些个人和单位借助土地利用和矿产资源开发这个平台进行权力寻租，导致国土资源领域腐败案件呈上升趋势。如四川省洪雅县国土资源局原局长杨淑

---

① 数据来源：《中共中央纪律检查委员会向党的第十八次全国代表大会的工作报告》，2012 年 11 月 14 日。

华因受贿罪、贪污罪、挪用公款罪、巨额财产来源不明罪被依法判处死刑，缓期两年执行，剥夺政治权利终身，并处没收个人全部财产，对违法所得予以追缴。[①]

6. 一些腐败分子向外转移赃款，向外潜逃。

随着对外开放的扩大，一些腐败分子开始向国外、境外转移赃款，一些涉案人员开始向国外、境外潜逃。腐败分子转移赃款和外逃往往有"三部曲"：首先是将子女或配偶送出去，其次是将赃款、赃物转移出去，最后本人再伺机出去。《新京报》记者梳理了从 1992 年至 2012 年公开报道的 54 名贪腐人员外逃案例。20 年来中国出逃官员最高级别至省部级，案件多发区集中在与经济相关的政府部门、国企和金融机构。出逃官员，尤其是高官的最终落脚点多为发达国家，出逃前多有筹划，部分官员已经"裸官"，出逃前妻儿甚至亲戚都已定居国外。央行《我国腐败分子向境外转移资产的途径及监测方法研究》列举了腐败分子转移资产的方法，主要有：利用地下钱庄转移；企业管理层与境外公司通过"高进低出"或者"应收账款"等方式，将国内企业的资产掏空，转移企业资产；在境外使用信用卡大额消费或提现来实现资金向境外转移等。大部分贪官涉案金额巨大，多数在前期策划时将资金转移海外，除个别贪官涉案金额不详外，涉案金额过亿元的有 10 人。其中，银行等金融机构和大型国企官员的涉案金额更多。在曾经轰动一时的中国银行广东开平支行案中，三任行长许超凡、余振东、许国俊同时失踪外逃，他们共挪用公款 4.82 亿美元；浙江省建设厅原副厅长杨秀珠外逃，涉案金额为 2.532 亿元；2004 年出逃加拿大的中国银行黑龙江省分行哈尔滨河松街支行原行长高山，涉案金额达到 9.426 亿元（见表 3 - 9、3 - 10）。[②]

---

① 资料来源：钟季执：《为留"后路"，反断了"后路"——杨淑华违纪违法案件剖析》，《中国纪检监察报》2011 年 9 月 23 日。

② 《出境外逃贪官　经济领域"扎堆"》，《新京报》2014 年 3 月 2 日。

表 3-9　　　　　　　　2008—2012 年境内外追逃追赃情况统计

年　份	抓获在逃职务犯罪人数(人)	追回赃款赃物(亿元)
2008	1200	—
2009	1129	71.2
2010	1282	74
2011	1631	77.9
2012	978	

数据来源：最高人民检察院工作报告（2009—2013 年）

表 3-10　　　1992—2012 年公开报道的 54 名贪腐人员外逃案例（部分）

姓　名	职　务	涉案金额	外逃时间	外逃路线	追逃情况
蓝甫	厦门市原副市长	505.7 万元	1999 年	中国—澳大利亚	2000 年 1 月 21 日归案
李化学	北京城乡建设集团原副总经理	1333 万元	2000 年 1 月	中国—中国香港—新西兰	2000 年归案
许超凡 余振东 许国俊	中国银行广东开平支行行长（前后三任）	4.82 亿美元	2001 年	中国—中国香港—加拿大—美国	2004 年 4 月 16 日余振东归案
卢万里	贵州省原交通厅厅长	受贿 2000 元，有 2600 余万元巨额资产来源不明	2002 年	中国—中国香港—斐济	2004 年 4 月 16 日归案
王振忠	福州市公安局原副局长	赃款预计过亿	2002 年	中国—中国香港—美国	2007 年在美国死于癌症
杨秀珠	浙江省建设厅副厅长	2.532 亿元	2003 年	中国—新加坡—美国	在逃

续 表

姓 名	职 务	涉案金额	外逃时间	外逃路线	追逃情况
高 山	中国银行黑龙江省分行哈尔滨河松街支行原行长	9.426 亿元	2004 年	中国—加拿大	2012 年 8 月回国自首
胡 星	云南省交通厅原副厅长	受贿人民币 2905 万元、港币 1100 万元以及住房等	2007 年	中国—新加坡—中国香港—伦敦（被拒绝入境）—中国香港（被拒绝入境）—新加坡	2007 年归案

资料来源：《出境外逃贪官 经济领域"扎堆"》，《新京报》2014 年 3 月 2 日，http：//tom. politics. people. com. cn/n/2014/0302/c70731 - 24504651. html

腐败现象产生既有深刻的政治经济体制原因，也有党自身建设存在问题的原因：一是政治体制根源。当前，中国正处在体制转型的关键时期，在政治体制、经济体制、文化体制和社会体制等改革的过程中，一部分制度规范需要改革和调整，新的制度规范正在逐步建立和完善。一方面，在新旧体制的交替和转换过程中，旧的体制可能已经破除，而新的体制还没有建立起来；另一方面，新建立的体制可能存在漏洞或缺陷，需要进一步完善和健全。因此，社会转型时期容易出现一些体制缝隙和漏洞。由于政治体制不健全、不完善，一些腐败现象就会趁机而入。二是权力缺乏制约机制和监督机制是产生腐败的一个重要根源。由于没有健全的监督机制，导致监督缺位，主要表现在上级对下级的监督太远，鞭长莫及，下级对上级的监督太难，无法监督，不敢监督；同级对同级的监督太软，拉不下面子，保持一团和气；法律监督太晚，事后监督，秋后算账；社会监督无力，形成不了威慑力。三是经济体制根源。从世界各国的发展进程和特点来看，当一个国家处在经济体制转换、经济快速发展的时期，往往是腐败现象的易发多发期。当前，我国正在深化市场经济体制改革，建立和完善社会主义市场经济体制的进程中，由于各种制度、规范和法律正在逐步建设和健全之中，腐败现象的产生也在所难免。四是党自身建设存在问题。腐败的产生与执政党的自身建设存在的问题有着密切的联系。一些党员干部在思想上丧失理想信念，没有坚定的共产主义信仰，在生活上追求拜金主义、享乐主义，在工作上，假公济私，以权谋私，这样腐败现象就应运而生，德国历史学家迈内克说过，腐败是附着在权力上的一种咒语。腐败现象总是和权力结合在一起的。公共权力是一把双刃剑，当它服务于公众时，将促进经济社会的发展，得到人民群众的拥护和支持，当它服务于个人、异化为私人权力时，权力就偏离了社会公共利益的目标，成为一些人用来谋取特殊利益和个人私利的工具，就会产生腐败行为。如果局部性的腐败现象不断蔓延开来，整个上层建筑和国家机体就会受到严重腐蚀，威胁到现存的国家政权，使人们丧失对政府和执政党的认同，执政党就有失去政权的危险。在我国，虽然腐败现象只发生在少数党员和干部身上，但是却严重败坏了党和政府的形象，损害党和人民群众的鱼水关系，破坏了党的凝聚力和战斗力，危害和后果极其严重。如果放任腐败现象发展蔓延，党在人民群众中就会失去威信和号召力，我们的党就有可能面临不攻自破、自我毁灭的危险。因此，我们党一定要深刻吸取苏联和东欧社会主义国家执政党丧失政权的教训，始终坚持党要管党、从严治党，时刻教育党员干部管好手中的权力，做到权为民所用、情为民所系、利为民所谋，坚决反对消极腐败行为，保持党的清正廉洁。

四　背离宗旨，引发脱离群众的风险

古今中外人类社会历史表明，不管是王朝的更替，抑或是政权的兴衰，都遵循着"得民心者得天下，失民心者失天下"这条亘古不变的真理。任何国家和政党都无法抗拒和违背。苏联共产党垮台的历史教训告诉我们，政党执政过程中遇到的风险和挑战并不可怕，可怕的是失去民心。习近平总书记指出："一个政党，一个政权，其前途和命运最终取决于人心向背。如果我们脱离群众、失去人民拥护和支持，最终也会走向失败。"①

人心向背是决定政党能否执掌政权的关键因素。马克思主义唯物史观认为，人民群众是历史的创造者，是影响历史发展方向的决定性力量，是推动历史前进的根本动力。人民群众是人类社会的主体，是构成人类历史活动的主要担当者和体现者，历史的发展从根本上说，都是人民群众根据自身利益和意志进行选择的结果，推动人类社会向前发展的一切活动都是人民参加的，都渗透着人民群众的影响和作用。马克思主义执政党把群众观点作为自己的基本观点，把群众路线作为自己的生命线，失去了人民群众的拥护和支持，马克思主义政党也就失去了存在的基础。因此，马克思主义政党十分重视人民群众的作用，只有始终保持与人民群众的血肉联系，党的政权才能巩固和发展，否则，党的事业必然受到严重挫折。

当无产阶级政党获取政权、执政地位形成和确立之后，客观条件的变化增加了党脱离人民群众的危险性。对此邓小平同志在 1956 年《关于修改党的章程的报告》中就指出："执政党的地位，使我们党面临着新的考验。……脱离实际和脱离群众的危险，对于党的组织和党员来说，不是比过去减少而是比过去增加了。"② 在新的历史条件下，长期执政容易使党群关系疏离，一些党员干部脱离群众的现象是客观存在的，甚至有的还比较严重，在一定程度上削弱了党的执政基础。主要表现在：

1. 为人民群众服务的意识和自觉性日渐淡化。

由于党处在长期执政的地位，执政条件和环境日渐优越，一些党员干部对待人民群众的态度发生了变化，为人民群众服务的意识正在逐渐淡

---

① 习近平：《在十八届中共中央政治局第一次集体学习时的讲话》（2012 年 11 月 17 日）
② 《邓小平文选》第 1 卷，人民出版社 1994 年版，第 214 页。

化，甚至有些党员干部丢掉了党的群众路线、群众立场和群众观点，做出了违背党的性质宗旨，损害党群关系的行为，主要表现在：有的党员干部眼睛只往上看，一心只走上层路线，天天围着领导转，专心于察言观色，揣摩领导意图，投上级领导所好，讨上级领导喜欢，把服务领导当作头等大事；有的党员干部自认为高人一等，喜欢骑在群众头上当官做老爷，干工作做决策不听取群众的意见和诉求，对于群众的意愿和要求漠然处之、置若罔闻，在工作和执行政策时脱离实际，损害群众利益；有的党员干部没有树立正确的政绩观，只顾自己追求名利，不关心群众疾苦，热衷于搞形象工程、面子工程和政绩工程，从而使得劳民伤财、民怨载道。据媒体报道，深圳南山区的"春花"天桥规模宏大，设施豪华，但在使用中经常出现人行电梯停运，桥面雨天积水等问题，豪华天桥还不如普通天桥实用，后来有关部门回应说"春花"天桥是"形象提升工程"。① 更为严重的是一些党员干部为了自己的升迁和保住自己的位子，向上级瞒报、谎报、缓报不利情况，甚至堵塞群众的申诉和上访渠道，使群众的利益受到损害也投诉无门，破坏了社会公平正义；有的党员干部没有树立正确的利益观，不但不为群众谋利益和福祉，而且想方设法从群众身上捞好处、占便宜，搜刮民脂民膏，近年来发生在群众之中的腐败现象越来越多，败坏了党在人民群众心目中的形象。这些现象说明，一些党员干部已经不能正确处理与人民群众的关系问题，为人民服务的立场改变了，为人民群众服务的意识淡化了，长此下去，必将割断党同人民群众的血肉联系，最后得不到人民群众的拥护和支持。

2. 官僚主义和享乐主义盛行。

密切联系群众是我们党的优良传统，我们党一直非常重视党群关系建设。特别是执政以后，不断建立健全党密切联系群众的体制机制，大力加

---

① 《深圳豪华天桥：有民众会同意上马这种形象工程吗?》，《长江日报》2012 年 8 月 20 日。

强党的作风建设，坚决反对损害党群关系的行为，总体上看，党与人民群众保持着良好关系。但也要清醒地看到，一些党员干部身上还存在着脱离群众的不良作风，损害党群关系的一些体制机制障碍还未得到根本解决，主要表现在：第一，一些党员干部身上充满着官僚主义习气。工作中喜欢以官老爷自居，作决策习惯于凭经验拍脑袋，抓工作习惯于下命令发指示，从不倾听人民群众的意见和建议，如一些干部到基层调研，为调研而调研，看到的情况都是基层事先安排好的，只看表面现象，不深入思考，调研表面工作做得多，解决实际问题的工作做得少；有的党员干部自视甚高，目中无人，习惯在工作中打官腔，说官话，讲套话，如有些干部"出门有人跟着，工作有人干着，讲话稿有人写着，把自己当个官"；有的党员干部对上级投其所好，对群众需求却充耳不闻，视而不见；有的党员干部工作作风飘浮，效率低下，互相推诿扯皮，导致群众办事时"门难进、脸难看、话难听、事难办"。第二，一些党员干部追求享乐主义。有的党员干部为了物质财富和利益，不顾党纪国法，丧失立场原则，一心钻在钱眼里，凡事只顾个人享受；有的党员干部追求高享受，坐高档车，住豪宅，办公场所奢华；有的党员干部公款吃喝、公款旅游、公款消费，显摆身份地位；有的党员干部热衷于与老板和大款称兄道弟交朋友，整天陶醉于纸醉金迷、声色犬马，大搞非法交易，以权谋私，腐败堕落。据统计，2013 年纪检监察机关对违反中央八项规定精神的问题进行处理，共查处违规问题 2.4 万起，处理 3 万多人，其中给予党纪政纪处分 7600 多人。① 可见，当前党内存在的"形式主义、官僚主义、享乐主义和奢靡之风"四风问题还相当严重，应引起高度重视。官僚主义和享乐主义的存在，是巩固党和群众血肉联系的巨大障碍，如果不能坚决制止、彻底根绝，党的执政根基便会发生动摇，执政合法性也会面临巨大挑战。

---

① 　数据来源：《十八届中央纪委第三次全会工作报告》，2014 年 1 月 13 日。

3. 对群众的利益和诉求漠不关心。

随着执政地位的巩固和执政环境的变化，一些党员干部对群众的利益和诉求不关心不重视不解决。有的党员干部面对群众的合理诉求置之不理、视而不见或打压民意；有的党员干部习惯于维护自身的既得利益，不管群众的疾苦，只顾自己发财和升迁；有的党员干部不愿接近群众，不愿受理和解决群众的诉求，缺乏担当精神；有的党员干部"不作为"，任由群众中的各种问题和矛盾"自生自灭"；有的党员干部"乱作为"，把精力放在打压民意，阻挠群众表达正当诉求，甚至实行"高压政策"，激化矛盾，导致党群关系干群关系恶化。据媒体报道，2013 年 5 月 31 日，陕西省延安市城管"暴力执法"，城管执法人员殴打执法对象，虽然事件责任人受到处分，但影响极坏，损害了党群关系。① 当前，社会上存在的"仇官"现象说明，一些党员干部尤其是领导干部漠视群众利益诉求问题已经到了十分严重的地步，党群关系已出现裂痕，一旦任其发展蔓延下去，我们党将会失去群众的拥护和支持，最终会动摇党执政的群众基础。

党内出现脱离群众的现象有其深刻原因。

1. 长期执政增加了党脱离群众的可能性。

党的执政地位来之不易，但并不是一劳永逸，执政时间越长，越要防止脱离群众。中国共产党是执政党，执掌着国家政权，地位的变化容易使党员干部由人民的公仆蜕变为"官僚""政客"。习近平总书记指出："'水能载舟，亦能覆舟。'这个道理我们必须牢记，任何时候都不能忘却。老百姓是天，老百姓是地。忘记了人民，脱离了人民，我们就会成为无源之水、无本之木，就会一事无成。我们要坚持党的群众路线，始终保持党同人民群众的血肉联系，始终接受人民群众批评和监督，心中常思百姓疾苦，脑中常谋富民之策，使我们党永远赢得人民群众信任和拥护，使我们的事业始终拥有不

---

① 《延安"城管打人"事件责任人被处分》，《燕赵都市报》2013 年 6 月 6 日。

竭的力量源泉。"① 人的思想情感总是随着社会地位的变化而变化的，新中国成立后中国共产党成了执政党并将长期执政，由于掌握着权力，不是党员干部求群众，而是群众跑来求党员干部了。因此，一些党员干部就会滋长高高在上、以自我为中心的官僚主义习气，就会滋长不关心群众疾苦、只关心自己的"位子"和"帽子"的政客作风。这些年来，普通百姓习惯称党员干部为"官员""领导"，有些党员干部也时刻以"官"自居，认为权力是上级赋予的，不是对人民负责，而是对上级负责，"不怕群众不满意，就怕上面不注意"，说话做事不是建立在为人民服务的基础上，考虑更多的是个人的得失，上级的评价，而不是人民的利益，从而从根本上脱离了群众。

2. 执政环境的变化，容易使党脱离群众。

群众立场、群众观点、群众路线是中国共产党的根本立场、根本观点、根本路线，随着执政环境的变化，在一些党组织和党员干部身上，却出现了不愿意和群众接触的情况。战争年代艰苦和险恶的环境使我们党形成了一系列优良的传统和作风，党执政后毛泽东同志指出："因为革命胜利了，有一部分同志，革命意志有些衰退，革命热情有些不足，全心全意为人民服务的精神少了，过去跟敌人打仗时的那种拼命精神少了，而闹地位，闹名誉，讲究吃，讲究穿，比薪水高低，争名夺利，这些东西多起来了。"② 近些年来，由于经济社会的发展，物质条件比以前更好了，有些党员干部认为艰苦奋斗、勤俭节约已经成过时，现在正是追求享乐与奢华的时候，事事讲排场比阔气，党内的不良风气滋长起来，形成官僚主义、形式主义、特权思想甚至以权谋私，权钱交易，贪污受贿，贪赃枉法，这就从根本上脱离了群众。

3. 对党群关系的重要性认识不够。

党执政后一些党员干部认为，党的路线、方针和政策的贯彻落实、党

---

① 习近平：《在纪念红军长征胜利 80 周年大会上的讲话》（2016 年 10 月 21 日）。
② 《毛泽东文集》第 7 卷，人民出版社 1999 年版，第 284 页。

的各项工作的开展，完全可以依靠手中的权力来实现。人民群众必须无条件接受和执行国家政策。一些党员干部认为群众拥护不拥护、支持不支持党的领导都是无关紧要的，产生了"权力高于一切"的思想。近些年来，面对国际和国内环境的深刻变化，有些党员干部为民服务的宗旨淡薄了，理想信念动摇了，不愿做人民的公仆，喜欢做人民的"领导"，不是以人民满意为工作的最高标准，只是尽量做到工作不出事，群众不闹事，从而脱离群众，得不到群众的支持和拥护。

古训告诉我们："民为邦本，本固邦宁"①，"政之所兴在顺民心，政之所废在逆民心"②。人民群众是影响历史发展方向的决定性力量，是推动历史前进根本动力，是人类社会发展的推动者。世界政党的执政历史和经验表明，任何政权和政党的生死存亡都最终取决于民心向背，只有始终保持与人民群众的血肉联系，党的事业才能兴旺发达，脱离群众最终会动摇党的执政基础。党执政后最大的风险是脱离群众，人民群众是我们党的力量之源、胜利之本、执政之基。只有始终坚持人民群众的主体地位，发挥人民群众的首创精神，紧紧依靠人民群众才能做好新形势下的各项工作。不论时代和环境如何变化，只要我们党能够坚持立党为公、执政为民，坚持权为民所用、情为民所系、利为民所谋，坚持把人民群众的利益放在第一位，我们党就能得到人民群众的支持和拥护，否则，党的事业必然受到严重挫折，就会被人民群众所抛弃，失去执政地位。

---

① 出自《尚书·五子之歌》。
② 出自《管子·牧民》。

第四章　中国共产党防范执政风险的对策分析

面对错综复杂的国际形势和不断发展变化的国内环境，面对各种危及执政地位的现实挑战，能不能始终保持同人民群众的血肉联系，能不能始终成为中国特色社会主义事业的坚强领导核心，能不能始终带领人民走在时代前列，成为对党的最根本的考验。要经受住这个最根本的考验，我们党明确提出，必须从新的实际出发，坚持以科学理论指导党的建设，以改革创新精神研究和解决党执政面临的重大理论和现实问题，着眼于全面建成小康社会、实现"两个一百年"目标、加快推进社会主义现代化建设，全面认识和自觉运用马克思主义执政党建设规律和执政规律，全面推进党的建设新的伟大工程，不断提高党的建设科学化水平，防范执政风险，巩固执政地位，带领全国人民为实现中华民族伟大复兴的中国梦而奋斗。

第一节　创新执政理论，为党长期执政建立强大的思想理论基础

执政党的执政理论及其路线方针政策体现了执政党的执政理念、方式和目标。只有在正确的理论路线方针政策指导下，党的各项任务才能完

成。执政理论是一个比较稳定的理论体系。执政党如果没有比较稳定的理论体系，就不能有效地吸引群众。但稳定的理论并不意味着执政理论不能发展。随着时代的发展和执政环境的变化，一个政党的执政理论如果不再完全适合新的情况和变化，执政理论必须创新和发展。反映时代发展变化的理论才能更好地体现和反映阶级的利益和民众的利益。资产阶级执政党是如此，马克思主义执政党也是如此。实践证明，如果无产阶级政党把马克思主义理论看作教条，不根据新的情况进行创新和发展，思想就会僵化，观念就会停止不前，就不能制定正确路线方针和政策。我们党必须根据当今时代发展变化，在理论和实践上进行新的创新，根据时代和社会的发展变化不断提出新的理论，并由此创立一脉相承的马克思主义理论体系，正确解决我国社会主义建设事业的一系列重大理论和实践问题，使人民群众信服和拥护，巩固党执政的思想和理论基础。

一　理论创新是中国共产党的优势和防范执政风险的先导

马克思主义是科学的理论、实践的理论、发展的理论。习近平总书记指出："坚持不忘初心、继续前进，就要坚持马克思主义的指导地位，坚持把马克思主义基本原理同当代中国实际和时代特点紧密结合起来，推进理论创新、实践创新，不断把马克思主义中国化推向前进。"[①]

理论创新是马克思主义的本质要求。马克思主义的根本特征就在于它是在实践中勇于、善于和不断创新和发展的科学理论体系，具有与时俱进的理论品质。马克思和恩格斯强调，马克思主义不是僵化不变的教条，而是科学的方法论。恩格斯说："我们的理论是发展着的理论，而不是必须背得烂熟并机械地加以重复的教条。"[②] 列宁强调："我们决不把马克思的

---

① 习近平：《在庆祝中国共产党成立 95 周年大会上的讲话》（2016 年 7 月 1 日）。
② 《马克思恩格斯文集》第 10 卷，人民出版社 2009 年版，第 562 页。

理论看作某种一成不变的和神圣不可侵犯的东西。"① 毛泽东指出："马克思这些老祖宗的书，必须读，他们的基本原理必须遵守，这是第一。但是，任何国家的共产党，任何国家的思想界，都要创造新的理论，写出新的著作，产生自己的理论家，来为当前的政治服务，单靠老祖宗是不行的。"② 邓小平指出："只有结合中国实际的马克思主义，才是我们所需要的真正的马克思主义。"③ 江泽民指出："马克思主义具有与时俱进的理论品质。"④ 胡锦涛指出："推进实践基础上的理论创新，是马克思主义具有蓬勃生命力的关键所在，是我们党坚持先进性、增强创造力的决定性因素。我们要坚定不移地坚持马克思列宁主义、毛泽东思想、邓小平理论和'三个代表'重要思想，一切从实际出发，以我国改革开放和现代化建设的实际问题为中心，着眼于马克思主义理论的运用，着眼于对实际问题的理论思考，着眼于新的实践和新的发展，不断丰富和发展马克思主义。要善于从群众的实践和创造中寻找解决问题的答案，善于在新的实践的基础上不断作出新概括，坚持用发展着的马克思主义指导新的实践。"⑤ 习近平总书记指出："我们要及时总结党领导人民创造的新鲜经验，不断开辟马克思主义中国化新境界，让当代中国马克思主义放射出更加灿烂的真理光芒。"⑥ 马克思主义是随着时代和实践的进步而不断丰富和发展的，这正是马克思主义能够始终反映时代和实践的要求，始终保持蓬勃生机和活力，始终具有科学性和真理性的根本原因。

　　理论创新是执政党永葆生机和活力的重要条件。理论创新在各方面创新中占据核心地位，是一切创新的基础。党的理论创新能力是党的创造力

---

① 《列宁专题文集　论马克思主义》，人民出版社 2009 年版，第 96 页。

② 《毛泽东文集》第 8 卷，人民出版社 1999 年版，第 109 页。

③ 《邓小平文选》第 3 卷，人民出版社 1993 年版，第 213 页。

④ 《江泽民文选》第 3 卷，人民出版社 2006 年版，第 282 页。

⑤ 胡锦涛：《在邓小平同志诞辰 100 周年纪念大会上的讲话》，人民出版社 2004 年版，第 17 页。

⑥ 习近平：《在纪念毛泽东同志诞辰 120 周年座谈会上的讲话》（2013 年 12 月 26 日）。

的重要标志，党的创造力首先表现为理论的创新力。任何政党在思想理论上都不能僵化。思想理论一僵化，这个政党就会失去活力和生机，必将停滞不前。从科学发展的历程来看，任何一门学科的发展都必然要走向探索未来、展望未来的阶段，探索尚未发生而又必然发生的问题和现象。正如学科发展一样，从理论发展本身看，任何一种理论的发展总要走向深入和细化，把理论创新的触角向前不断延伸。从一定意义上看，理论创新的过程，就是不断进行探索未知，预见未来的过程。对未来可能发展的研究，正是对现实问题探索和研究的延伸。我们进行理论创新，就是要使我们党的基本理论在继承的基础上不断汲取新的实践经验、吸收新的思想而向前发展。

理论创新是中国共产党治国理政的优良传统和优势。中国共产党始终坚持高举马克思主义伟大旗帜，坚持理论创新的主动性，积极探索、独立思考，把马克思主义基本原理同中国具体实际相结合，不断推进理论创新，不断赋予马克思主义以新的生命活力。我们党之所以能够历久弥新、保持生机和活力，我们党之所以领导中国人民取得革命、建设和改革的伟大成就，就在于始终坚持科学理论的指导，坚持把马克思主义基本原理同中国革命、建设、改革的具体实际相结合，不断推进理论创新，九十多年来，在中国革命、建设和改革的不同历史时期，我们党高度重视理论指导又善于进行理论创新，在把马克思主义同中国实际相结合的过程中，实现了理论创新的两次历史性飞跃，形成了毛泽东思想和中国特色社会主义理论体系。我们国家能够实现民族独立、人民解放，继而社会主义建设事业快速发展，现正朝着实现中华民族伟大复兴中国梦的目标稳步向前迈进，是中国人民在中国共产党领导下进行实践创新和理论创新的结果，是马克思主义、毛泽东思想和中国特色社会主义理论体系指导实践的伟大成就。改革开放三十多年来，我们党改革旧的体制，建立新的体制机制，经济社会快速发展，人民生活水平得到极大提高，使社会面貌发生了巨大变化。

究其原因，就是我们党在思想理论上坚持与时俱进，不断用党的最新理论成果指导最新的实践。1997 年 9 月党的十五大上，我们党总结改革开放 20 年的经验，系统完整提出了邓小平理论，并把邓小平理论写入党章，作为党的指导思想。进入新世纪，国际国内环境发生了重大变化，我们党又总结实践经验，提出了"三个代表"重要思想。十六大以来，我们党处在一个新的历史起点上，新的实践又对我们党在理论上提出了要求。为此，我们党及时总结经验，提出了以科学发展观为标志的最新理论成果。党在理论上与时俱进，不断创新，满足了我国深化改革和扩大开放的实践要求，我国社会主义建设事业取得了举世瞩目的巨大成就。

　　加强党的执政理论建设，与时俱进进行理论创新，是巩固党的执政地位的需要，是防范执政风险的先导。党的执政地位不是与生俱来的，也不是一劳永逸的，已执政不等于会执政，执不好政一样会失去政权。正确认识世情、国情、党情的深刻变化，大力加强执政理论建设，不断巩固党执政合法性的理论基础，关系党的生死存亡、关系中国社会主义事业的兴衰成败、关系中华民族的前途和命运。一个政党不根据时代的变化而变化，而是固守陈旧的执政理论，必然被历史所淘汰。中国台湾国民党 2000 年在大选中失败，沦为在野党，一个重要原因就是没有根据时代的发展提出新理论。作为一个百年老党，抱着"孙中山主义"睡大觉，没有提出反映时代特点和社会变化的新理念，从而导致国民党内部在陈旧理论指导下已失去向心力，对民众也失去了感召力和凝聚力。马克思主义执政党如果固守马克思主义教条，不研究新的情况，创新执政理论，也将被历史所淘汰。苏联共产党丧失政权的一个重要原因是没有根据时代的发展变化提出科学的先进理论，在苏联共产党内部，马克思主义机械化和教条化盛行，从而使马克思主义脱离实际和空洞无物，在党内形成了墨守成规、抱残守缺、不思创新的思维定式。这种思维定式没能抵挡社会上其他思潮的冲击，使不少党员纷纷放弃马克思主义信仰。可见，马克思主义执政党不在理论上与时俱进，执政理论跟不上时代和社会的发展，势必影响到党的执政地位。

当前，我国正在全面深化各项事业改革，任务繁重，国际国内形势日益复杂多变，使党的执政环境发生了重大变化，党的执政基础、执政方式、执政体制、执政资源，都呈现出新的特点，需要党对新问题新情况进行理性思考，对新经验进行及时总结，创新并发展真正符合人民利益、反映执政规律的执政理论，增强党执政合法性的理论基础，指导党的各项工作，抵御执政风险。

二　不断推进理论创新，增强执政党的理论说服力和事业吸引力

科学的执政理论决定执政党执政理论体系和目标体系的科学性。创新执政理论，要求我们必须坚持以马克思列宁主义、毛泽东思想、邓小平理论和"三个代表"重要思想以及科学发展观为指导，不断开拓马克思主义理论发展的新境界。要善于把人民群众的实践经验升华为理论，善于用理论创新的成果指导路线方针政策的制定，通过理论创新推动制度创新、科技创新、文化创新以及其他各方面的创新。只有不断创新，党的执政才能符合社会发展变化的客观实际和人民群众的利益需要，党的事业才能永葆生机和活力，不断向前发展。

理论创新是党在执政过程必须认真解决的重大课题。我们党肩负着领导全国人民实现社会主义现代化和中华民族伟大复兴中国梦的历史任务。创新执政理论，是党的事业前进的重要保证。党和人民的事业是不断前进的，指导这种实践的理论也要不断前进。当前，我国的改革和发展正处在新的历史起点上，世情、国情、党情的深刻变化给我们党提出了一系列新的历史课题，我们正面临着难得的机遇和严峻挑战。习近平总书记指出："时代是思想之母，实践是理论之源。实践发展永无止境，我们认识真理、进行理论创新就永无止境。今天，时代变化和我国发展的广度和深度远远超出了马克思主义经典作家当时的想象。同时，我国社会主义只有几十年

实践、还处在初级阶段，事业越发展新情况新问题就越多，也就越需要我们在实践上大胆探索、在理论上不断突破。"① 这就要求当代共产党人顺应时代发展的潮流，准确把握我国社会主义初级阶段的基本国情，深入研究我国发展的阶段性特征，继续用发展着的马克思主义指导新的实践，在中国特色社会主义的伟大实践中不断推进党的理论创新，及时回答实践提出的新课题，为实践提供科学指导，永葆科学理论的旺盛生命力。

1. 执政理论创新要反映时代进步和社会发展的潮流。

理论的本质是揭示客观事物内在的联系和特征。人们对客观事物本质的认识是逐步发展和升华的，人类的认识不能超越社会的实践，只能根据社会实践的发展而发展，因此，在马克思恩格斯所处的时代，要求马克思恩格斯回答21世纪的社会发展问题是不现实的，也是不可能的，正如毛泽东所说："马克思活着的时候，不能将后来出现的所有问题都看到，也就不能在那时把所有的这些问题都加以解决。"② 邓小平也曾指出："绝不能要求马克思为解决他去世之后上百年、几百年所产生的问题提供现成答案。列宁同样也不能承担为他去世以后五十年、一百年所产生的问题提供现成答案的任务。真正的马克思列宁主义者必须根据现在的情况，认识、继承和发展马克思列宁主义。"③ 因此，马克思主义执政党要时刻关注时代的变化和社会的发展，如果从马克思经典作家的书本里寻找解决现实问题的答案，必然脱离实际，落后于时代，注定要失败。党的理论创新主题必须解决时代的现实课题。在共产主义运动的历史中，无产阶级领袖根据不同的时代课题提出的理论主题，都促进了社会的发展变革和进步。马克思主义回答了"什么是科学社会主义"的理论主题；列宁主义回答了"社会主义能在一国首先胜利"的理论主题；毛泽东思想回答了在"在半封建半

---

① 习近平：《在庆祝中国共产党成立95周年大会上的讲话》（2016年7月1日）。

② 《毛泽东文集》第8卷，人民出版社1999年版，第5页。

③ 《邓小平文选》第3卷，人民出版社1993年版，第291页。

殖民地的国家如何进行新民主主义革命"的理论主题;邓小平理论回答了"什么是社会主义,怎样建设社会主义"的理论主题;"三个代表"重要思想创造性地回答了"建设一个什么样的党,怎样建设党"的理论主题;科学发展观进一步回答了"实现什么样的发展、怎样发展"的理论主题,这些理论主题体现了无产阶级政党对共产党执政规律、社会主义建设规律、人类社会发展规律认识的进一步深化,实现了人民愿望与时代主题的高度统一。

坚持与时俱进的创新精神,顺应和反映时代进步和社会发展的潮流,是执政理论创新的不竭动力。马克思主义政党要保持其先进性,最关键的就是要关注时代发展,紧跟世界进步潮流,把握社会前进的方向,不断推进执政理论创新,使马克思主义保持生机和活力。马克思曾指出:"每个原理都有其出现的世纪。"① 马克思、恩格斯认为,任何理论的产生和发展,都来自时代的需要和时代条件。"一切划时代的体系的真正的内容都是由于产生这些体系的那个时期的需要而形成起来的。"② 创新执政理论,就要使理论充分反映时代进步和社会发展要求,体现时代和社会发展的精神和特点,适应时代和社会发展的需要,解决时代和社会发展中的新课题。在理论创新中要关注和分析世界政治、经济、文化、科技等领域发生的重大变化、我国社会主义建设进程中各领域发生的重大变化、广大人民群众对未来生活期盼和利益诉求所发生的重大变化,认真思考、仔细分析这些变化对我们党执政提出的严峻挑战和崭新课题,并在此基础上进行理论创新。只有坚持与时俱进的创新精神为动力,努力推动实践基础上的理论创新,我们党的执政理论才能把握时代发展的方向和趋势不断向前发展,始终走在时代潮流的前列,我们党才能永葆生机和活力,领导人民群众为实现中华民族伟大复兴的中国梦而努力奋斗。

---

① 《马克思恩格斯文集》第 1 卷,人民出版社 2009 年版,第 607 页。
② 《十六大以来重要文献选编》(上),中央文献出版社 2005 年版,第 366 页。

2. 执政理论创新要以中国特色社会主义的实践为源泉，解放思想、抛弃僵化的教条。

盲目照搬马克思主义的理论，是执政理论建设的最大危害。马克思主义是发展着的理论，具有实践性的品格。马克思主义"不是在每个时代中寻找某种范畴，而是始终站在现实历史的基础上，不是从观念出发来解释实践，而是从物质实践出发来解释各种观念形态①"，马克思主义是适应实践的需要而产生的，是以无产阶级运动实践为基础的，因而必然是随着实践的发展而发展的。马克思、恩格斯曾经说过："一切划时代的体系的真正的内容都是由于产生这些体系的那个时期的需要而形成起来的。所有这些体系都是以本国过去的整个发展为基础的。"② 社会实践是不断发展的，我们党的执政理论也必须不断前进，不断根据实践的要求进行理论创新。

执政理论创新要以中国特色社会主义建设事业实践为源泉，要以广大人民群众的伟大实践为源泉，脱离实践的理论创新就会成为无源之水、无本之木。习近平总书记指出："全党同志必须坚持以邓小平理论、'三个代表'重要思想、科学发展观为指导，毫不动摇坚持和发展中国特色社会主义，坚持马克思主义的发展观点，坚持实践是检验真理的唯一标准，发挥历史的主动性和创造性，清醒认识世情、国情、党情的变和不变，永远要有逢山开路、遇河架桥的精神，锐意进取，大胆探索，敢于和善于分析回答现实生活中和群众思想上迫切需要解决的问题，不断深化改革开放，不断有所发现、有所创造、有所前进，不断推进理论创新、实践创新、制度创新。"③ 当前，我国正在建设中国特色社会主义，人民群众正在为实现中华民族的伟大复兴中国梦而努力奋斗，我们要结合社会主义现代化建设的实践，研究回答现代化建设进程中碰到的实际问题，以实践为基础推进理

---

① 《马克思恩格斯文集》第 1 卷，人民出版社 2009 年版，第 544 页。

② 马克思恩格斯：《德意志意识形态》，《马克思恩格斯全集》第 3 卷，人民出版社 1957 年版，第 544 页。

③ 《习近平谈治国理政》，外文出版社 2014 年版，第 21 页。

论创新，不断充实、丰富和发展中国特色社会主义理论体系，使之成为指导我国改革开放和现代化建设事业的科学指南。

执政理论创新还要进一步解放思想，抛弃僵化的教条。推进执政理论创新不是一个自发的过程，而是人们的自觉行为。理论创新的前提是解放思想。邓小平同志指出："我们讲解放思想，是指在马克思主义指导下打破习惯势力和主观偏见的束缚，研究新情况，解决新问题。"① "解放思想，就是使思想和实际相符合，使主观和客观相符合，就是实事求是。"② 江泽民在建党 80 周年的讲话中深刻地阐述了"三个解放出来"，即"自觉地把思想认识从那些不合时宜的观念、做法和体制的束缚解放出来，从对马克思主义的错误的和教条式的理解中解放出来，从主观主义和形而上学的桎梏中解放出来"③。在"三个解放"中核心是解放思想，关键是从对马克思主义的错误和教条式的理解中解放出来。胡锦涛同志指出："我们必须坚持解放思想、实事求是，与时俱进，从理论与实践的结合上不断研究新情况、解决新问题，做到自觉地把思想认识从那些不合时宜的观念、做法和体制的束缚中解放出来，从对马克思主义的错误的和教条式的理解中解放出来，从主观主义和形而上学的桎梏中解放出来。不断有所发现、有所创造、有所前进。"④ 习近平总书记指出："坚持问题导向是马克思主义的鲜明特点。问题是创新的起点，也是创新的动力源。只有聆听时代的声音，回应时代的呼唤，认真研究解决重大而紧迫的问题，才能真正把握住历史脉络、找到发展规律，推动理论创新。"⑤ 可见，抛弃教条，才能解放思想，才能根据新的实际提出新的观点和结论。

---

① 《邓小平文选》第 2 卷，人民出版社 1994 年版，第 279 页。
② 同上书，第 364 页。
③ 《江泽民文选》第 3 卷，人民出版社 2006 年版，第 538 页。
④ 胡锦涛：《在"三个代表"重要思想理论研讨会上的讲话》，人民出版社 2003 年版，第 27 页。
⑤ 习近平：《在哲学社会科学工作座谈会上的讲话》（2016 年 5 月 17 日）。

3. 执政理论创新要准确把握人民的愿望，代表人民的利益，解决好新的理论主题。

人民的愿望和要求是理论创新的出发点。理论创新一般要借助思想材料的积累、社会实践的经验和严密的逻辑演绎。我们党进行理论创新也必须遵循这一规律。但是，我们党进行执政理论创新仅凭这些要素和过程是不够的，更重要的是还需要有正确的立场。立场问题，就是解决为谁谋利益的问题。无产阶级政党之所以要坚持马克思主义立场，根本原因是马克思主义站在人民的立场上判断问题、分析问题和解决问题，代表了最广大人民的利益。习近平总书记指出："马克思主义坚持实现人民解放、维护人民利益的立场，以实现人的自由而全面的发展和全人类解放为己任，反映了人类对理想社会的美好憧憬。"① 历史实践证明，把理论创新与人民利益高度统一起来，才能推进党的执政理论的发展。因此，人民的愿望是党进行理论创新的动力，是发展党的执政理论的根本动因。

坚持以代表人民的愿望和实现人民的根本利益为目的进行理论创新，首先，必须牢固树立马克思主义立场观点和方法，坚持人民群众在历史发展中主体地位的观点，坚持人民群众利益中心地位的原则，坚持我们党全心全意为人民服务的宗旨，在执政理论创新过程中，把发展和实现最广大人民的根本利益作为理论创新的出发点和落脚点，提高执政理论的说服力和吸引力。其次，党的理论主题必须代表人民的根本利益。理论的指导作用总是与人民的利益相联系的。马克思指出："'思想'一旦离开利益就一定会使自己出丑。"② 马克思主义理论之所以能够掌握群众，根本原因是代表了广大人民群众的利益。邓小平理论、"三个代表"重要思想和科学发展观之所以成为广大人民群众的共识，也源于集中了中国最广大人民群众

① 习近平：《在哲学社会科学工作座谈会上的讲话》（2016 年 5 月 17 日）。
② 《马克思恩格斯文集》第 1 卷，人民出版社 2009 年版，第 286 页。

的利益，反映了人民的愿望，成为推进中国特色社会主义建设事业的强大思想理论武器。最后，必须自觉遵循党的群众观点、路线和方法，理论创新要坚持从群众中来、到群众中去，党员干部和理论工作者要经常深入基层一线、深入群众当中调查研究，听取群众意见，吸收群众的创造智慧，总结群众的实践经验，把群众的呼声、要求和期盼作为理论的创新主题，把群众的智慧和经验升华为理论。

三　坚持科学理论指导，增强理论自信，努力实现中华民族伟大复兴的中国梦

政党通过执政来完成党的历史使命。中国共产党是一个长期执政的党，党的各项事业都要围绕完成党的执政使命、巩固党的执政地位来展开。党的执政实践必须有科学的理论来指导，理论产生于实践、检验于实践、发展于实践并能动地指导着实践。加强党的执政理论创新和建设不是最终目的，创新执政理论是为了适应我们党执政实践的需要，其最终目的在于指导我们党的执政实践，为党的各项事业提供强有力的理论指导。党的执政实践，不仅要坚持以当代中国的马克思主义、邓小平理论、"三个代表"重要思想和科学发展观为总的指导，还必须坚持以不断发展着的党的执政理论为具体指导。加强党的执政理论创新和建设，正是为了使我们党的执政理论能够与时俱进，在不断研究新情况新问题、总结新实践新经验的过程中，不断提出新思想新观点，以适应新形势新任务的需要，更好地指导党的各项事业。

新世纪新阶段，中国共产党所处的地位、面临的环境和肩负的任务都发生了巨大的变化，中国共产党在不断发展变化的执政环境中开展执政活动。中国共产党领导的宏大的执政实践活动需要科学的执政理论来指导。列宁指出："没有革命的理论，就不会有坚强的社会主义政

党。"① 从党的自身建设看，解决中国共产党执政中存在的问题也需要科学的执政理论来指导。在长期的执政实践中，中国共产党已取得了举世瞩目的执政成就，党的执政能力同党所肩负的重任和使命总体上是适应的。习近平总书记指出："我们要坚持党要管党、从严治党，增强党自我净化、自我完善、自我革新、自我提高能力，永不动摇信仰，永不脱离群众。凡是影响党的创造力、凝聚力、战斗力的问题都要全力克服，凡是损害党的先进性和纯洁性的病症都要彻底医治，凡是滋生在党的健康肌体上的毒瘤都要坚决祛除，使中国共产党始终同人民心连心、同呼吸、共命运。"② 面对新形势、新任务，党的自身建设有诸多的不完善和不适应，如党的执政方式不科学、执政体制不完善；党员干部的思想理论水平不高、领导能力不强、综合素质不高、工作作风不扎实；党的基层组织软弱涣散、战斗力不强；党员干部脱离群众和消极腐败现象还比较突出，要有效解决这些问题，有赖于全党同志对这些问题进行理论思考，从理论上分析问题存在的原因、研究解决问题的思路、寻求解决问题的办法，充实和丰富党的执政理论，并坚持执政理论的指导。

党的十八大报告全面系统地阐释了中国特色社会主义道路、理论体系、制度，鲜明地提出了道路自信、理论自信和制度自信的新观点和新要求。中国现代化建设和改革开放的实践证明，中国特色社会主义理论体系是指导中国特色社会主义事业的正确理论，是中国共产党最宝贵的政治和精神财富，是全国各族人民团结奋斗的共同思想基础。实现中华民族伟大复兴的中国梦，必须坚持和增强中国特色社会主义理论自信。增强理论自信，一是在中国社会主义事业的道路上，不管遇到什么困难、面临什么风险，都要始终坚持马克思主义的指导地位、始终坚持中国特

---

① 《列宁全集》第4卷，人民出版社1984年版，第161页。
② 习近平：《在庆祝中华人民共和国成立六十五周年招待会上的讲话》（2014年9月30日），《人民日报》2014年10月1日。

色社会主义理论体系为指导；二是坚持推进马克思主义中国化时代化大众化，在实践的基础上坚持理论创新，不断发展中国特色社会主义理论体系，不断开辟马克思主义的新境界；三是在新形势下增强理论自信，要求我们准确把握时代特征，顺应历史潮流，以人民群众的根本利益为出发点，回应民众关切，建立以人民愿望和人民利益为导向的理论创新机制，使人民群众容易理解、接受和掌握中国特色社会主义理论体系，充分发挥理论指导实践的能动作用，为我国社会主义建设事业提供强大的思想保证和精神动力。

只有大力加强党的执政理论建设和创新，以不断发展着的党的执政理论来指导党的各项事业，坚定和增强理论自信，才能使我们党不断创新执政理念、巩固执政基础、提高执政能力、健全执政体制、改进执政方式、优化执政环境，带领人民群众实现中华民族伟大复兴的历史使命。

第二节　完善执政方式，为党长期执政提供科学的方法和途径

党的执政方式是指党为了履行执政职能和实现执政目标而采取的方法、形式、手段和途径的总称。中国共产党作为执政党，按照什么方式执政，怎样处理党政关系，关系党的领导水平和执政水平，关系党的执政地位和国家的长治久安。在长期的执政实践中，我们党对改进领导方式和执政方式进行了不懈探索。新形势下，进一步完善中国现阶段社会历史条件的执政方式，是提高党的领导水平和执政水平的一个重要的环节，也是防范执政风险的重要保障。

一　完善执政方式是中国共产党为人民执好政、掌好权的时代要求

党的执政方式科学与否决定着党的领导能力和水平，关系着党执政地位的巩固。正因为如此，随着改革开放的不断深化，党所面临的国内外形势和发展任务的变化，改革和完善党的执政方式，对于推进中国特色社会主义事业，具有全局性和关键性的作用。中国共产党必须按照科学发展和社会和谐的要求，坚持与时俱进，在执政的具体实践中正确处理好党政关系，完成党的执政方式战略性转变。

1. 巩固党的执政地位，完成党的执政使命要求改革和完善党的执政方式。

在民主革命时期，我们党作为革命党，其主要任务是组织、发动和领导人民群众，通过武装斗争推翻反动政权的统治，夺取政权成为执政党。新中国成立后，我们党取得了革命的胜利，成为执政党，党的主要任务就变成了通过执政活动，领导人民群众完成执政目标，进一步巩固党的执政地位。党的地位和主要任务的深刻变化，对党的执政方式提出了新的要求：一是要处理好党与人民群众的关系。我们党执政的实质就是领导和支持人民当家做主，最广泛地动员和组织人民群众依法管理国家和社会事务，维护和实现人民群众的根本利益。二是要处理好党与国家政权机关的关系，按照国家基本政治制度的要求和国家政权运作方式介入和执掌国家政权，正确行使国家权力。三是要处理好党的领导与法治的关系，做到"党必须在宪法和法律的范围内活动"，领导人民"实行依法治国，建设社会主义法治国家"，坚持依法执政。我们党执政以后，必须认清执政党与革命党的本质区别，从执政理念、领导方法和执政模式等方面进行转变，改革和完善党的执政方式，才能适应时代要求，赢得人民群众的拥护和支持，从而完成执政使命，巩固执政地位。

2. 执政条件和执政环境的深刻变化，要求改革和完善党的执政方式。

新世纪新阶段，我们党执政的内部和外部环境都发生了深刻变化。从外部环境看，我国经济建设、政治建设、文化建设和社会建设等各方面必然受到国际局势和环境变化的影响。国际局势和环境的变化突出体现在经济全球化、世界多极化、文化多元化、科技信息化等发展态势；从国内环境看，社会结构发生变化，利益格局深刻调整，人民诉求日益多元，这种深刻变化要求中国共产党在执政的过程中，在制定方针政策的决策过程中，既要有国际视野和世界眼光，又要考虑国内的具体环境和实际情况，在国际和国内环境背景下思考和做出决策。因此我们党必须科学地分析和应对这种深刻变化带来的挑战，通过改革和完善党的执政方式，提高党的领导水平和执政能力，巩固党的执政地位。

党的执政方式，必须和党的目标和任务以及党在推动社会发展中的作用相适应，而当前我们党的执政方式与党在新的形势下领导中国特色社会主义建设事业的需要还不能完全相适应，这正是我们党改革和完善党执政方式的内部动因。党的十六届四中全会明确提出，要使我们党始终成为科学执政、民主执政、依法执政的执政党。"三个执政"的提出，是世情、国情和党情深刻变化的迫切需要，体现了我们党对共产党执政规律的准确把握，实现了我们党执政理念的一次飞跃。党的十七大再一次明确了"三个执政"，提出要按照科学执政、民主执政、依法执政的要求，改进领导班子思想作风，提高领导干部执政本领。胡锦涛指出："科学执政、民主执政、依法执政，反映了我们党对共产党执政规律认识的深化和对党长期执政正反两方面经验的科学总结，反映了我们党对自己所处的历史方位和所承担的历史使命的清醒认识，反映了我们党把推进党的建设新的伟大工程同推进中国特色社会主义伟大事业紧密结合的高度自觉。只有坚持科学执政、民主执政、依法执政，我们党才能更加有效地完成人民和时代赋予我们党的庄严使命。"① 总之，改进和完善党的执政方式，不仅是工作方法的问题，更是关系到党的事业问题和国家前途命运。作为执政党，面对新形势新任务的要求，我们党要完成历史使命，巩固党的执政地位，就必须与时俱进，改革和完善党的执政方式，使党的领导和执政反映时代要求、符合客观规律。

二　坚持科学执政，尊重和符合客观规律

"科学执政，就是坚持以马克思主义的科学理论为指导，不断探索和遵循共产党的执政规律、社会主义的建设规律、人类社会的发展规律，以科学的思想、科学的制度、科学的方式组织和带领人民共同建设中国特色社会主义。"② 科学执政要求我们党科学制定和实施党的理论和路线方针政策，科学设计、组织、开展各项执政活动。坚持科学执政的基本要求，就是全党都要树立和落实科学发展观，实现决策的科学化、执行的科学化、结果的科学化。

科学执政要求执政党必须自觉地运用客观规律指导执政实践。执政活动是一项复杂的系统工程，执政党通过什么样的体制和机制、以何种方式和方法管理国家和社会事务，实现对国家和社会的有效治理，有其自身的发展逻辑和其固有的客观规律。要科学执政，就要探索并尊重执政党执政所固有的规律，总结我们党丰富的执政经验，吸取世界其他政党执政的经验和教训。以科学的思想、科学的制度和科学的方法执政，把执政作为一门科学认真研究和探索，使我们党的执政方式尊重和符合客观规律。因此，我们党必须正确认识和把握共产党执政规律、社会主义建设规律和人类社会发展规律，认真掌握邓小平理论、"三个代表"重要思想和科学发

---

① 《胡锦涛在中共中央政治局第三十二次集体学习时强调：坚持科学执政、民主执政、依法执政，扎实加强执政能力建设和先进性建设》，《人民日报》2006 年 7 月 4 日。

② 同上。

展观的理论精髓，研究和分析社会主义市场经济建设规律、社会主义民主政治发展规律、社会主义文化建设规律、社会主义和谐社会建设规律、生态文明建设规律和党的建设规律。只有对这些规律理解和掌握，才能使我们党执政活动更符合客观实际，更反映社会发展的趋势和人民的意愿，更能代表人民的根本利益。只有这样，中国特色社会主义事业才能不断向前推进，中华民族伟大复兴的中国梦才能早日实现。

1. 坚持科学执政，必须以科学的思想和理论为指导。

坚持以马克思列宁主义、毛泽东思想、邓小平理论、"三个代表"重要思想和科学发展观为指导，党的执政活动要在实践的基础上着眼于对重大问题的理论思考，不断解放思想、实事求是，不断创新和发展马克思主义理论，坚持用发展着的马克思主义指导党的执政活动，研究执政面临的新情况，解决执政中出现的新问题，做到与时俱进，推动党的执政方式的科学化。

2. 坚持科学执政，必须通过科学的体制和机制来实现执政。

通过什么样的体制和机制来管理国家和社会事务，提高执政的效率，是执政党执政的关键问题。党的执政体制和工作机制是否科学合理、运转是否顺畅高效，直接影响着党的执政效果。以科学的体制和机制执政，需要合理配置公共权力，改革和完善党的领导体制和工作机制，提高党组织总览全局、协调各方的能力，正确处理好党政关系，合理利用执政资源，提高执政体制的运行效率和科学治理国家和社会的能力。

3. 坚持科学执政，必须以科学方式和方法为手段。

在具体执政活动中，必须综合运用经济、政治、法律、行政等各种手段来领导、管理国家和社会事务，推进决策的科学化。为此，在执政过程中，需要建立健全一整套科学的决策机制和制度。对涉及经济社会发展全局的重大事项，要认真调研，广泛征询意见，进行论证和评估后才能执行；对专业性技术性较强的重大事项，要组织专家论证、技术咨询和决策评估，建立健全多种形式的专家决策咨询系统；对同群众利益密切相关的重大事项，要认真听取群众的意见和建议，决策前要进行公示、举行听证，合理吸收人民群众的诉求。

三　坚持民主执政，支持和保证人民当家做主

为谁执政、靠谁执政，是任何执政党必须首先解决的根本性问题，也是判断执政党性质的根本依据，就中国共产党来讲，"民主执政，就是坚持为人民执政、靠人民执政，发展中国特色社会主义民主政治，推进社会主义民主政治的制度化、规范化、程序化，以民主的制度、民主的形式、民主的手段支持和保证人民当家做主"[1]。民主执政的实质是领导、支持和保证人民当家做主，最广泛地动员和组织人民群众依法管理国家和社会事务，维护和实现人民群众的根本利益。"民主执政的基本内涵，既科学回答了我们党执政的民主性质，也深刻揭示了我们党执政的实现途径；既体现了我们党执政的根本目的，也体现了我们党执政的动力源泉。"[2]

历史的经验充分证明，中国共产党什么时候坚持民主执政，其事业就兴旺发达，什么时候背离民主执政，其事业就遭受挫折。因此，坚持民主执政既是中国共产党执政的经验总结，也是中国共产党执政为民的本质要求。决定一个政党兴衰存亡的关键因素是民心向背，人民群众是历史前进和社会发展的主体力量，是我们党的血脉和根基。我国是社会主义国家，国家的一切权力属于人民，我们党执政，就要支持和保证人民当家做主。新世纪新阶段，国际国内环境发生了深刻变化，我们党执政也面临着一系列新情况、新问题和新挑战。面对新形势新任务，我们党在执政方式上还存在一些不适应的地方。因此，只有不断完善党的执政方式，坚持民主执

---

① 《胡锦涛在中共中央政治局第三十二次集体学习时强调：坚持科学执政、民主执政、依法执政，扎实加强执政能力建设和先进性建设》，《人民日报》2006 年 7 月 4 日。

② 赵晓呼主编：《中国共产党执政理论研究》，天津人民出版社 2008 年版，第 156 页。

政，才能最大限度地调动广大人民群众参与管理国家事务的积极性和创造性，实现人民当家做主，体现我国社会主义制度的优越性。

1945 年，毛泽东在同访问延安的民主人士黄炎培谈到中国历朝历代"其兴也勃焉，其亡也忽焉"，始终未能跳出历史周期律的支配时就曾指出："我们已经找到新路，我们能跳出这周期率。这条新路，就是民主。只有让人民来监督政府，政府才不敢松懈。只有人人起来负责，才不会人亡政息。"① 坚持民主执政，既要制定法律制度来规范和保障，也要采取一定的方法措施来体现和落实。我们党必须不断适应执政环境的新变化、执政使命的新要求，坚持与时俱进、开拓创新，不断改革和完善党的执政方式、领导体制和工作机制，实现民主执政。

1. 坚持民主执政必须依靠人民执政。

坚持民主执政必须在执政的过程紧紧依靠人民，通过民主的制度和方式，领导、支持、保证人民当家做主，实现人民管理国家和社会事务的权力。我们党是人民实现自身利益的工具，人民的利益要求，是我们党制定路线方针政策的依据，人民利益的得失、人民满意与否是评判一切执政活动成效的主要标准。毛泽东同志指出："一切政治的关键在民众，不解决要不要民众的问题，什么都无从谈起。"② 坚持民主执政，就要最大限度地获得广大人民群众的支持，必须坚持党执政为民的执政理念，坚持全心全意为人民服务的宗旨，为人民执好政，掌好权，不断地为人民谋利益，满足人民群众不断增长的物质和文化的需求，实现好、维护好、发展好最广大人民的根本利益，获得人民群众的认同和支持。新形势下，中国共产党要为人民执好政、掌好权，仍然要靠发挥人民群众的主观能动性和积极性，组织和动员人民群众依法管理好国家和社会事务，充分发挥人民群众

---

① 中共中央文献研究室编：《毛泽东年谱（1893—1949）》中卷，人民出版社、中央文献出版社 1993 年版，第 609—610 页。

② 《毛泽东文集》第 3 卷，人民出版社 1996 年版，第 202 页。

的智慧和力量，为建设中国特色社会主义而共同奋斗。离开了人民群众的支持和拥护，我们党就不可能巩固自己的执政地位，也就不可能实现长期执政。

2. 坚持民主执政必须健全民主制度，丰富民主形式，拓宽民主渠道。

民主执政是马克思主义政党执政的本质要求。民主执政，就是要为民执政、靠民执政，发展中国特色社会主义民主政治，推进社会主义民主政治的制度化、规范化、程序化，以民主的制度、民主的形式、民主的手段支持和保证人民当家做主。党的十八届三中全会通过的《中共中央关于全面深化改革若干重大问题的决定》指出："发展社会主义民主政治，必须以保证人民当家做主为根本，坚持和完善人民代表大会制度、中国共产党领导的多党合作和政治协商制度、民族区域自治制度以及基层群众自治制度，更加注重健全民主制度、丰富民主形式，从各层次各领域扩大公民有序政治参与，充分发挥我国社会主义政治制度优越性。"我们要按照《决定》的精神和要求，认真做好以下几项工作：一要坚持和完善人民代表大会制度、中国共产党领导的多党合作和政治协商制度、民族区域自治制度以及基层群众自治制度等民主制度，逐步建立健全保证人民当家做主的制度体系，支持人民代表大会依法履行职能，大力发挥人民政协协商民主的作用，保证民族自治区域依法行使自治权，进一步发展基层民主，使社会主义民主政治走上制度化、规范化和程序化的轨道；大力发展党内民主，建立和完善党内民主的各项制度，保障党员的民主权利，以党内民主带动人民民主，实现党的领导、人民当家做主与依法治国的有机统一。二要丰富民主的实现形式，要依法实行民主选举、民主决策、民主管理和民主监督，保障人民的知情权、参与权、表达权、监督权，加强对权力的监督，保证把人民赋予的权力真正用来为人民谋利益。三要进一步拓宽民主渠道，扩大公民有序的政治参与，完善基层政权、基层群众性自治组织、企事业单位的民主管理制度，保证基层群众依法享有更多更实际的民主权利。

3. 坚持民主执政必须完善党的决策机制和程序，推进决策的科学化和民主化。

领导水平和执政能力的高低，直接表现为决策能力和水平的高低。要保证决策的正确和执行决策的有效，必须完善党的决策机制和决策程序，做到科学民主决策。一要坚持和健全民主集中制原则。习近平总书记指出："严肃的党内生活，是解决党内自身问题的重要途径。要健全和认真落实民主集中制的各项具体制度，促使全党同志按照民主集中制办事，促使各级领导干部特别是主要领导干部带头执行民主集中制。要严明党的组织纪律和政治纪律，教育引导党员、干部自觉维护中央权威，始终在思想上政治上行动上同党中央保持高度一致，维护党的团结统一。"[①] 在建设中国特色社会主义的过程中，国际国内环境复杂多变，新问题、新情况和新矛盾不断出现，只有坚持和贯彻民主集中制原则，集思广益，才能提高决策的民主化、科学化程度，尽量减少失误，形成正确的决策。二要坚持群众路线，开展调查论证。在决策前要深入了解民情，广泛调查研究，倾听群众呼声，感受群众诉求，充分反映民意，体现群众要求，代表人民利益；在决策中要广泛集中民智，问计于民，疏通下情上达、民意上传的渠道，充分发挥群众的聪明才智，提高决策水平。三要规范决策程序，明确决策责任。对于重大决策，要广泛征求意见，充分进行协商和协调，建立多种形式的决策咨询机制和信息支持系统；建立决策失误责任追究制度，明确决策主体责任，健全纠错改正机制，及时跟踪决策执行情况，建立决策执行反馈机制，对不当决策进行调整和纠正。

民主合法性是现代政党执政合法性的核心要素，执政党必须得到民主授权，实行民主执政，接受民主监督，这是现代政党巩固执政合法性地位

---

① 习近平：《在全国组织工作会议上的讲话》（2013 年 6 月 28 日），《人民日报》（2013 年 6 月 30 日）。

的必由之路。因此，新形势下，我们党实行民主执政，不但是改进和完善党的执政方式的需要，而且是巩固党的执政合法性基础的时代要求，随着我国民主政治的发展，人民群众的民主意识和观念日益增强，人民群众所要求民主权利的呼声也越来越高，我们要吸取世界上一些执政党兴衰成败的经验教训，增强忧患意识、风险意识和责任意识，始终坚持民主执政，支持和保证人民当家做主，赢得人民群众的支持和拥护，巩固执政地位，实现长期执政。

四 坚持依法执政，用法律规范执政行为

依法执政是新的历史条件下我们党执政必须遵守的基本方式。"依法执政，就是坚持依法治国、建设社会主义法治国家，领导立法，带头守法，保证执法，不断推进国家经济、政治、文化、社会生活的法制化、规范化，以法治的理念、法治的体制和法治的程序保证党领导人民有效治理国家。"① 依法执政是从制度上、法律上保证党的路线方针政策的贯彻实施，是法治精神在治国理政中的体现，也是依法治国、建设社会主义法治国家目标的必然要求，是科学执政、民主执政的保证。党的十八届三中全会通过的《中共中央关于全面深化改革若干重大问题的决定》指出："建设法治中国，必须坚持依法治国、依法执政、依法行政共同推进，坚持法治国家、法治政府、法治社会一体建设。"坚持依法执政，必须从以下几方面着力：

1. 坚决维护宪法和法律的权威。

依法执政是现代法治国家的基本要求，是由法律的属性和地位所决定的，是贯彻"法律面前人人平等"原则的必然要求。我国的法律是在党的领导下，通过国家权力机关制定的，是党的主张、人民的意志和国家意志

① 《胡锦涛在中共中央政治局第三十二次集体学习时强调：坚持科学执政、民主执政、依法执政，扎实加强执政能力建设和先进性建设》，《人民日报》2006年7月4日。

的充分体现和有机统一。广大党员尤其是党的领导干部应认真学习宪法和法律，自觉遵守宪法和法律，坚持法律面前人人平等，牢固树立法律至高无上的观念，提高法律修养，带头学法、懂法、用法，维护社会的公平正义，维护社会主义法制的尊严和权威。党的各级领导干部在实际工作中要坚持依法行政，不断提高依法授权、依法用权、依法监督、依法办事的能力。在任何时候、任何情况下都要坚持依法办事，自觉而坚定地维护社会主义法律的权威性，在新的历史条件下推动依法治国方略的进一步深化和发展。

2. 自觉地在宪法和法律范围内活动。

政党在宪法和法律的范围内活动，是法治国家对政党行为的基本要求。我们党领导人民制定了宪法和法律，也要带头自觉遵守宪法和法律，党的各项执政活动都应该以宪法和法律为依据和准绳。我国宪法规定："任何组织或者个人都不得有超越宪法和法律的特权。""一切国家机关和武装力量、各政党和各社会团体、各企业事业组织都必须遵守宪法和法律。一切违反宪法和法律的行为，必须予以追究。"① 只有党的各级组织和全体党员带头做到在法律范围内活动，同时深入开展法治教育，弘扬法治精神，才能在全社会形成学法、守法、用法的社会氛围。依法执政要求执政党要带头守法，十六届四中全会通过的《中共中央关于加强党的执政能力的决定》指出："全党同志特别是领导干部要牢固树立法制观念，坚持在宪法和法律范围内活动，带头维护宪法和法律的权威。"这充分表明了我们党提高依法执政能力的坚定意志和决心。这就要求所有党员尤其是党的领导干部，牢固树立法制至上观念，要模范遵守宪法和法律，以法律为依据处理事务和开展工作，把自己置于宪法和法律的监督之下，在宪法和法律允许的范围内行使权力，履行职责。

---

① 《中华人民共和国宪法》，人民出版社 2004 年版，第 62 页。

3. 加强和改进党对立法工作和司法工作的领导。

党要推进科学立法、民主立法，"加强党对立法工作的领导，善于使党的主张通过法定程序成为国家意志，从制度上、法律上保证党的路线方针政策的贯彻实施，使这种制度和法律不因领导人的改变而改变，不因领导人看法和注意力的改变而改变"①。正确处理党的政策决策与国家法律的关系，建立健全社会主义法律体系；逐步形成主要依靠法律、法规解决各种社会矛盾和现实问题的社会文化。要加强和改进党对司法工作的领导，改革司法管理体制，保证审判机关和检察机关依法独立公正地行使审判权和检察权，健全司法权力运行机制，加强对司法活动的法律监督和社会监督，维护社会公平正义。进一步健全国家司法救助制度，完善法律援助制度，保护弱势群体的维权权益。

实行科学执政、民主执政、依法执政是中国共产党改进和完善执政方式的总体目标。改进和完善党的执政方式，是我们党在深刻认识世情国情党情的基础上做出的科学判断，是我们党主动应对时代和社会发展挑战的重要体现，具有非常重要的理论和现实意义。科学执政、民主执政、依法执政互相联系，相辅相成，缺一不可。科学执政强调执政的科学性，民主执政强调执政的人民性，依法执政强调执政的合法性。科学执政与民主执政互为条件和前提。要做到科学决策，必须充分发扬民主，广泛听取意见，进行民主协商和民主讨论。而要实现民主执政，也必须以科学的思想、方法和制度为前提。依法执政是科学执政、民主执政的体现和保证。三者的有机结合，形成了中国共产党特有的执政方式的完整框架。科学执政、民主执政、依法执政是一个有着共同目标的统一整体，最终目的是加强和改善党的领导、支持和保证人民当家做主，坚持和实施依法治国，建设有中国特色的民主政治，从而巩固党的执政地位。

---

① 《中共中央关于加强党的执政能力建设的决定》，人民出版社 2004 年版，第 16 页。

第三节 巩固执政基础，为党长期执政筑牢 人民根基和力量

执政基础，是指执政党在执政过程中赖以掌握政权、巩固政权、保证执政有效和成功所必备的根本条件和基础前提，是执政活动赖以发生和持续的根基，是执政党赖以存在和发展的根本，也是执政党依靠谁、依靠什么执政的问题。从广义上讲，执政基础包括思想基础、政治基础、经济基础、文化基础、组织基础、社会基础等，其中最根本的基础是社会基础，也可称人民基础，因为，只有人民的拥护、人民的授权、人民的支持，我们才可以执政，也才可以长期执政。人民群众，是我们执政最重要最宝贵的基础。本书所述的执政基础主要是指我们党执政的人民基础。

一 人民群众的支持和拥护是党防范执政风险的力量源泉和 胜利之本

巩固党的执政基础问题，是执政党面临的一个举足轻重的大课题。一个政党，能否在一个国家执政、执政时间的长短以及执政效果如何，取决于它的执政基础是否稳固，损伤和动摇党的执政基础，势必危及党的执政地位，只有夯实执政基础，才能防范执政风险，保持党的执政地位。唐朝初年杰出的政治家魏征，曾多次劝谏唐太宗吸取隋朝灭亡的教训，要善待民众。他把君比作舟，民比作水，指出"水能载舟，亦能覆舟"。人民群众在历史发展进程中的主体地位，决定了在当代它与政党之间也是"水"和"舟"的关系。人民群众是政党的执政基础，不论什么政党，只有以人

民群众为依托，得到人民群众的拥护和支持，才能生存，才能有所作为，党的事业才能有所发展，否则必然垮台。列宁曾经深刻地指出："只有以一定的阶级为依靠的政党才是强有力的，才能在形势发生各种各样的转变时期安然无恙。公开的政治斗争迫使政党更紧密地联系群众，因为没有这种联系，政党就没有什么用处。"① 政党只有依靠人民群众的力量，才能完成自己的历史使命。概言之，人民群众是政党执政之基、力量泉源和胜利之本，能否得到人民群众的支持和拥护，直接决定着政党的盛衰兴亡。

历史经验充分证明，是否有稳固的执政基础，能否得到人民群众的拥护和支持，是一个政党是否真正有力量的关键所在。一个党要长期执政，通过有效执政来实现自己的历史任务，就一定要有牢固的执政基础。因此，研究党的执政基础的内涵，分析党的执政基础的现状及存在的问题，探讨增强党的执政基础的对策，巩固党的执政地位，防范执政风险具有重要理论意义和现实意义。

世界上一些长期执政的大党、老党丧失政权的教训有很多方面，但归根结底，不能赢得人民群众的拥护是执政党丧失政权的根本原因，可以说人心向背是决定一个政党、一个政权盛衰的根本因素，在现代政党政治中，不断巩固和增强党的执政基础，确保党在国家和社会中的领导地位，使党能够长期执政，一直都是执政党谋求实现的首要目标。中国共产党的执政基础是人民群众的支持和拥护，良好的群众基础是保证党执政地位的必要条件。马克思主义指出，共产党必须代表最广大人民的根本利益。因为群众性体现了人民性，具有广泛的群众基础才能保持和巩固共产党的执政地位。人民是党的力量源泉，不仅革命战争时期如此，执政条件下仍然如此。打江山要靠人民群众的支持，执掌政权也不能没有人民群众的拥护。列宁指出："只有相信人民的人，只有投入生气勃勃的人民创造力泉

---

① 《列宁专题文集　论无产阶级政党》，人民出版社 2009 年版，第 342 页。

源中去的人，才能获得胜利并保持政权。"① 党的执政是建立在人民群众的拥护和支持之上的，只有人民群众才是党的执政基础。党也只有自觉地以人民群众作为自己的执政基础，才能取得并保持执政地位。

一个政党，如果不能保持同人民群众的血肉联系，如果得不到人民群众的支持和拥护，就会失去生命力。习近平总书记指出："崇高信仰始终是我们党的强大精神支持，人民群众始终是我们党的坚实执政基础。只要我们永不动摇信仰、永不脱离群众，我们就能无往而不胜。"② 可见，我们党的根基在人民、血脉在人民、力量在人民，保持党同人民群众的血肉联系，巩固党的执政基础，是我们党无往而不胜的法宝。全党必须增强忧患意识，从防范执政风险和巩固执政基础的高度，深刻认识密切党同人民群众的血肉联系的重要性和现实意义，把巩固党的执政基础，密切党群关系作为党执政的核心问题。

中国共产党作为执政党，在改革开放和社会主义市场经济条件下领导国家建设的大党来说，不断巩固和增强党的执政基础就成为必须高度关注和抓紧研究解决的重大现实课题。当前，党的执政基础的巩固目前正面临着巨大的挑战，党的执政基础面临削弱的危险。随着我国改革开放的推进和深入、经济社会的发展、人们思想观念的多元化，党赖以执政的传统体制和方式日益不适应新形势的发展，而发展转型期所面临的大量矛盾和问题对党的执政地位构成不利的影响，面对社会结构复杂化、利益主体多元化、分配方式多样化，如何保护和运用民心资源，巩固党执政的群众基础，是中国共产党在新的历史条件下，必须认真研究和切实解决的一个重大课题。

---

① 《列宁全集》第 33 卷，人民出版社 1985 年版，第 57 页。
② 习近平：《全面贯彻落实党的十八大精神要突出抓好六个方面工作》（2012 年 11 月 15 日），《求是》2013 年第 1 期。

二　切实改善民生，赢得广大人民群众的信任和支持

民生连着民心，民心关系国运，世界政党执政历史经验启示我们，"得民心者得天下""得道者多助，失道者寡助"等发人深省的真理。可见，民生问题是一个重大的政治问题，其本质是人心向背问题，抓住了民生问题，就抓住了党执政的要义。民生问题无小事，群众利益大于天，抓民生问题，就是要切实解决好人民群众迫切需要解决的利益问题，让改革发展的成果惠及全体人民。

历史和现实充分表明，我们党之所以能从小到大，从弱到强，不断从胜利走向新的更大胜利，其根本原因是因为我们党，无论是成立之初，还是社会主义现代化建设时期，都能够以人民的利益为最大利益，以全心全意为人民服务为唯一宗旨，特别是随着我国改革开放和现代化事业的不断发展，在利益需求多样化，利益矛盾复杂化的背景下，始终坚持"发展为了人民，发展依靠人民，发展的成果与人民共享"的发展目标，从而赢得了广大群众的最大信任和支持。

改革开放三十多年来，我国民生工作迈上新的台阶，城乡居民收入增速达到历史最高水平，覆盖城乡的社会保障体系基本建立，城乡全面实行免费义务教育，全民医保体系初步形成，人民生活水平总体上发生了很大变化。与此同时，由于我国仍处在社会主义初级阶段，还面临着为数不少的民生难题：城乡居民收入不断增长，但在广大农村和偏远地区仍有一定数量的贫困人口；就业规模持续扩大，但每年仍有大量劳动力等待就业；住房保障制度不断完善，但还有一些城镇低收入群众居住条件亟须改善；上学难、看病难、养老难问题还没有根本解决。

党的十八大报告指出，"加强社会建设，必须以保障和改善民生为重点。要多谋民生之利，多解民生之忧，解决好人民最关心最直接最现实的利益问题，在学有所教、劳有所得、病有所医、老有所养、住有所居上持

续取得新进展，努力让人民过上更好生活"。2013 年 5 月 14 日至 15 日，习近平总书记在天津调研保障和改善民生工作时强调，保障和改善民生是一项长期工作，没有终点站，只有连续不断的新起点，要实现经济发展和民生改善良性循环。这是我们改善民生的重要指导方针。

1. 中国共产党人要不畏困难挑战，勇于担当保障和改善民生的历史责任。

各级党委和政府对待民生工作要有长期抓、坚持做的决心和作为，要接力奋斗、持续努力，杜绝政绩工程和面子工程，要狠抓落实、一抓到底，切忌虎头蛇尾，从而不断满足人民群众日益增长的民生需求，在发展经济的同时，不断保障和改善民生。各级领导干部要善于涉险滩、破难题，以更大的勇气和决心、以更新的理念、更高的标准、更实的举措，全面推进民生建设工程，让老百姓过上更有保障、更加体面的幸福生活。

2. 改善民生要补上短板，守住底线，始终把解决好人民群众最关心、最直接、最现实的利益问题放在各项工作首位。

一是要加大投入，将更多的财政资金用于改善民生事业上的薄弱领域，立足长远构建国民教育、就业服务、社会保障、医疗卫生、住房保障、社会养老服务等民生保障体系；二是要以经济发展守住民生底线，各级党委和政府要监管好民生事业，实行民生工程保障的刚性标准，将精力和财力用在为民办实事、做好事、解难事上；三是减少中央和地方的行政经费和"三公"经费，坚持过紧日子和苦日子，杜绝各种形式的铺张浪费，将更多的财政收入用于民生支出，确保民生事业的逐年发展和改善。

3. 根据时代发展和社会进步，不断满足人民群众改善民生的愿望和要求。

保障和改善民生没有最好，只有更好，没有终点站，只有连续不断的新起点。随着时代发展和社会进步，人民群众对发展寄予了越来越大的期望，也提出了越来越多的民生新课题。如温饱解决了，如何生活得更体面；生存不成问题了，怎样过得更幸福等。中国共产党需要根据经济社会的发展，不断提高民生事业的目标，努力满足人民群众的新期待。

三　维护社会公平和正义，巩固党执政的合法性基础

执政合法性是维护执政基础的前提和基础。合法性的本质和核心是人民对执政党的支持和拥护。法国思想家卢梭说："即使最强者也绝不会强得永远做主人，除非他把自己的强力转化为权利，把服从转化为义务。"[①]卢梭所讲的就是权力合法性的问题，只有执政党真正成为大多数人民利益的代表者和实践者才能使执政持久，否则任何手段都会失效。林肯说："有些时候一切人民都是可欺的，也有些人民在一切时候都是可欺的；但是你绝不能在一切时候欺骗一切人民。"[②]因此，要想取得合法性，巩固执政基础，就必须维护社会公平正义，建立合理的利益表达机制，使社会各阶层都能通过合法的途径和手段表达和维护自己利益。

党的十八大报告指出，"公平正义是中国特色社会主义的内在要求。要在全体人民共同奋斗、经济社会发展的基础上，加紧建设对保障社会公平正义具有重大作用的制度，逐步建设以权利公平、机会公平、规则公平为主要内容的社会公平保障体系，努力营造公平的社会环境，保证人民平等参与、平等发展权利"。维护社会公平和正义，要做好以下工作。

1. 深化收入分配制度改革，缩小贫富差距，使人民共享发展的成果。

在社会主义初级阶段，由于我国市场经济体制不完善、本身存在的缺陷以及经济发展的不平衡，为贫富分化提供了客观条件。贫富分化扩大严重影响社会公平和社会稳定。亚里士多德说："在所有情况下，我们总是

---

① ［法］卢梭：《社会契约论》，何兆武译，商务印书馆1980年版，第12—14页。
② ［英］詹姆斯·布莱斯：《现代民治政体》（上册），张慰慈等译，吉林人民出版社2001年版，第50页。

在不平等中找到叛乱的起因。"① 改革收入分配制度，构建科学合理、公平公正的社会收入分配体系，缩小贫富差距，关系到最广大人民的根本利益，关系到国家的长治久安。党的十八大指出，"实现发展成果由人民共享，必须深化收入分配制度改革，初次分配和再分配都要处理好公平和效率的关系，再分配要更加注重社会公平"。这为我国深化收入分配制度改革提供根本原则和方向。各级党委和政府必须采取有力措施，严格规范分配秩序，克服收入分配领域的混乱现象，扭转利益分配中的不公平现象。

　　一是积极作为，维护初次分配领域的公平。在初次分配领域中，我国存在着各种复杂的不公平利益分配情况，如垄断行业凭借其垄断地位占有并支配优势资源，获得超额利润，转化为本部门职工的高收入，导致了不合理的收入差距。对于这种垄断性高收入，政府应该调节、限制和监管；再如一部分人利用经济转轨和市场缺位趁机获取的非法收益和黑色收入，对于这些非法收入，各级政府部门应加大对其监督审计，必要时要动用法律手段，严厉打击各种经济犯罪行为。二是发挥政策导向，加强宏观调控，建立科学合理的再分配机制，各级政府要完善税收制度，通过税收手段来扭转利益格局中的不公平现象。三是倡导遵规守法的致富创业观念，遏制非法致富手段，净化社会创业环境，引导和保护人民群众通过辛勤劳动、遵章守法来获取收入和劳动报酬，增强社会活力和创造力。通过采取调节过高收入，整顿不合理收入，取缔非法收入，增加中低收入者的收入、保障低收入者的基本生活等措施，促进共同富裕的实现，使全体人民都能共享改革开放和现代化建设的成果，逐步实现社会公平正义。

　　2. 逐步建立以权利公平、机会公平、规则公平、分配公平为主要内容的社会公平保障体系，从法律、政策和制度上营造公平的社会环境。

　　实现和维护社会公平和正义，不仅仅是利益分配等经济问题，它还涉

---

① 亚里士多德：《政治学》，商务印书馆1965年版，第308页。

及公民权利、社会地位、民主施政、自由平等、公共服务、司法公正等内容，因此，建立社会公平保障体系是实现和维护社会公平的坚实基础和重要保证。在社会公平保障体系中，实现权利公平就是要确定和保障公民包括选举和被选举的权利、自由言论、结社和集会的权利、人身自由的权利等平等自由的权利；实现机会公平就是要保证起点平等。具体来说，机会公平包括受教育机会公平、就业机会公平、享受医疗机会的公平、享受社会保障的机会的公平等；实现规则公平主要指对同样的人同等对待，对不同的人不同对待，重视差异，确保各尽其能，各得其所；实现分配公平则强调实质的公平、结果的公平，要在坚持效率的前提下，高度重视分配公平对推进社会全面进步的作用。要关注收入分配的公平问题，尽快建立起合理的收入分配制度。通过建立社会公平保障体系，营造公平的社会环境，使人民在政治经济社会文化生活等各方面都感受到公平和正义。

3. 关注社会弱势群体，建立和完善社会保障体系。

社会保障体系是社会和谐稳定的安全阀，建立与经济发展水平相适应的社会保障体系，是维持社会稳定的重要保障，也是实现社会公平的重要一环。国家通过社会保障制度介入公民收入分配，改变社会不同阶层、不同社会成员的收入分配状况，以及同一阶层、同一社会成员不同时期的收入状况，达到维护社会公平，促进经济发展的目的。

我国已基本建立起社会保障体系的总体框架。但是由于我国经济发展水平地区间差异较大，社会保障的覆盖范围窄、保障水平低、制度不健全、管理薄弱等问题还较突出。要实现社会的公平与和谐，必须建立健全社会保障机制，高度重视和维护弱势群体的实际利益，使他们的生活得到保障。第一，积极研究进城务工农民的社会保障问题，建立健全农民工的社会保障制度，在工业化和城镇化过程中逐步将在城市的农民工纳入规范的城镇社会保障体系，以确保社会的和谐稳定。第二，进一步完善农民的最低生活保障制度。2007 年，我国已在农村全面建立了最低生活保障制度，当前，要加强政策支持、实现制度保障、加大财政投入等措施进一步完善和巩固农民最低生活保障，维护社会公平。第三，重视无固定职业人员的社会保障。无固定职业的人员流动性强、收入不稳定，相对于固定职业人员，对社会稳定影响程度更大，因此，要设计更好、更灵活的制度来保障无固定职业人员的基本生活。总之，社会主义初级阶段的国情决定了我国社会保障体系的完善是一个较长的过程。要探索多种保障形式相结合，逐步提高保障水平，使人民更多分享改革成果。

4. 建立宽容性的社会文化。

在社会急剧变革、利益多元化趋势下，人民群众的思想观念呈现多元化趋势，原有的价值观念和意识形态受到冲击，各种利益要求希望得到充分表达，在这种情况下，需要建立宽容性的社会文化，容纳社会上各种利益要求。在我国，要弘扬中华民族传统文化的精华，吸收合理的外来文化，吸纳社会各阶层新兴有益的价值信念体系，建立良好的宽容性的文化体系，抗衡各种非社会主义思想，形成一种促进社会稳定的社会心理和文化条件。同时，要加强思想政治工作，在尊重各群体利益差别的基础上，通过思想政治工作引导不同利益群体和个人正确认识和处理好个人、集体利益与国家利益、当前利益与长远利益、改革发展与稳定的关系，从而自觉地调整和规范自己在经济、政治、文化发展中的各种行为，为社会稳定创造有利环境和条件。

四　以群众路线教育实践活动为手段，建立健全密切联系群众的体制机制

密切联系群众是中国共产党的优良作风，也是党得到人民群众支持和拥护的根本原因，要巩固执政基础，我们党就必须牢固树立群众观点，践行一切相信群众，一切依靠群众，从群众中来，到群众中去的群众路线。党的十八大提出，围绕保持党的先进性和纯洁性，在全党深入开展以"为

民务实清廉"为主要内容的党的群众路线教育实践活动。2013年4月19日，中国共产党中央政治局召开会议，决定从2013年下半年开始，用一年左右时间，以"为民、务实、清廉"为主要内容，按照"照镜子、正衣冠、洗洗澡、治治病"的总要求，在全党自上而下分批开展党的群众路线教育实践活动。开展群众路线教育实践活动是新形势下坚持党要管党、从严治党的重大决策，是顺应群众期盼，加强学习型、服务型、创新型马克思主义执政党建设的重大部署，是推进中国特色社会主义伟大事业的重大举措。开展党的群众路线教育实践活动对于教育引导党员干部牢固树立宗旨意识和马克思主义群众观点，切实改进工作作风，赢得人民群众信任和拥护，夯实党的执政基础，巩固党的执政地位，具有十分重大而深远的意义。

我国正处在全面深化改革开放，转变经济发展方式的关键时期，要发挥党的最大政治优势，保持党同人民群众的密切联系，从根本上说，必须依靠构建密切联系群众的长效机制，使制度真正成为党员、干部联系和服务群众的硬约束，使坚持和贯彻群众路线真正成为党员、干部的自觉行动。新形势下建立健全党联系群众的体制与机制，是适应我国社会生活的新变化和群众工作的新特点的根本要求，通过制定和完善党联系群众的各种规章制度，为密切党群关系、巩固执政基础提供可靠的制度保证。

当前，我们要认真扎实做好群众路线教育实践活动的各项工作，在教育实践活动中，要把着力解决人民群众反映强烈的突出问题和提高做好新形势下群众工作的能力结合起来，把解决影响党群关系的具体问题和健全联系服务群众的机制结合起来，要以开展这次党的群众路线教育实践活动为契机，着眼长远、抓好制度建设，建立健全密切联系群众的长效机制，把在实践活动中创造出来的一些好的经验和做法转化为制度成果，推动密切联系群众制度化、规范化、长效化。一是进一步健全服务群众制度，完善党员干部定点联系制度，倾听群众呼声，解决好人民群众的实际问题；二是健全群众诉求表达机制，疏通和拓宽社情民意反映渠道，构筑不同层次的对话协商机制，引导群众依法表达合理诉求，使广大人民群众的利益表达走向制度化和法制化；三是健全人民群众内部矛盾排查化解机制，建立社会矛盾预警体系，及早发现矛盾，运用各种方式和手段解决群众矛盾，维护社会和谐稳定；四是健全维护群众权益机制，正确反映和兼顾不同方面群众的利益，让利益关系处于良性的协调发展状态，不断实现好、维护好、发展好最广大人民的根本利益。

五　改革和创新反腐败的体制机制，深入推进反腐败斗争

当前影响党和人民群众关系的最大障碍是腐败问题。腐败损害党和政府的形象和威信，削弱党和政府的凝聚力，破坏社会稳定，动摇政权基础，甚至会导致"党亡政息"，使党丧失执政地位。人民群众对腐败深恶痛绝，反腐败是关系党和国家生死存亡的严重政治斗争。历史已经反复证明，任何外力都打不垮共产党，但如果党内腐败不除，就会不打自倒。中国共产党只有坚决反腐败，深入开展反腐败斗争，才能取信于民，增强执政基础，防范执政风险，巩固执政地位。

腐败现象是一种根深蒂固的顽症。虽然我国的反腐败斗争已经取得了明显成效，但反腐败斗争的形势依然十分严峻，习近平总书记指出："党风廉政建设和反腐败斗争是一项长期的、复杂的、艰巨的任务，不可能毕其功于一役。反腐倡廉必须常抓不懈，拒腐防变必须警钟长鸣，关键就在'常''长'二字，一个是要经常抓，一个是要长期抓。我们要坚定决心，有腐必反、有贪必肃，不断铲除腐败现象滋生蔓延的土壤，以实际成效取信于民。"① 深入开展反腐败斗争，必须进行全方位、系统化的体制机制创

---

① 习近平：《在第十八届中央纪律检查委员会第二次全体会议上的讲话》，2013 年 1 月 22 日。

新，持续做好以下几方面反腐败的具体措施。

1. 加强反腐败和廉政建设的顶层设计和体制机制创新。

反腐倡廉工作是一项系统工程，需要标本兼治，因此，加强顶层设计和总体规划尤为重要。要加强调查研究和科学论证，认真总结党风廉政建设和反腐败工作的有益经验，努力把握新形势下反腐倡廉建设的特点、规律和趋势，以战略眼光、改革精神、创新思路来谋划反腐败工作；要绘制反腐败斗争和廉政建设的改革路线图、时间进程、方法与手段和推进路径，加强领导，科学规划，指导反腐败工作。

近些年来，我们党坚定不移地反对腐败，坚持不懈地开展党风廉政建设，但腐败现象依然多发，滋生腐败的土壤依然存在，反腐败斗争形势依然严峻复杂，影响反腐败成效的主要原因是体制机制的障碍，因此，要在新形势下取得反腐的新成效，就必须在总结经验的基础上，改革和创新反腐败的体制机制。党的十八届三中全会对改革和创新反腐败领导体制和工作机制进行了部署，对加强党风廉政建设和反腐败斗争将起到积极的作用，习近平在十八届中纪委三次全会上发表重要讲话强调，要以深化改革推进党风廉政建设和反腐败斗争，改革党的纪律检查体制，完善反腐败体制机制，增强权力制约和监督效果，保证各级纪委监督权的相对独立性和权威性。① 当前，推进反腐败体制机制改革创新，必须积极推进和落实"两个为主"，即"查办腐败案件以上级纪委领导为主，各级纪委书记、副书记的提名和考察以上级纪委会同组织部门为主"；"两个全覆盖"，即"全面落实中央纪委向中央一级党和国家机关派驻纪检机构，实行纪检监察派驻机构全覆盖；改进中央和省区市巡视制度，做到对地方、部门、企事业单位全覆盖"，"一岗双责"，即"完善和落实党风廉政建设责任制，各级党组织要切实担负起党风廉政建设的主体责任，各级纪委要担负起监

---

① 参见习近平《在第十八届中央纪律检查委员会第三次全体会议上的讲话》，2014 年 1 月 14 日。

督责任";"一案双查"即"对发生重大腐败案件和不正之风长期滋生蔓延的地方、部门和单位,既要追究当事人责任,又要追究相关领导责任",对以上这些改革和创新措施和制度,要坚持在实践中完善,在完善中发展,不断探索反腐败和党风廉政建设的新方法、新手段和新举措,用改革创新精神推动反腐败和党风廉政建设取得成效。

2. 统筹谋划,积极整合各种反腐败的制度、力量和资源,形成反腐败的合力。

执政党的廉政建设直接关系着整个社会的公共利益,要充分发挥社会各界对权力的制约和监督,实现全社会的共同反腐;要进一步加强公众反腐败的意愿、拓宽公众反腐败的渠道、提升公众反腐败的能力;加大新闻舆论监督,增加新闻媒体的自由度,完善投诉和举报制度,实现全社会的广泛参与和监督;各级党委的纪检监察机关要有效发挥作用,加强人员力量,增强自身的专业性、权威性和独立性,加大反腐力度;进一步加强廉政文化建设和廉政教育,在全社会形成反腐倡廉的良好氛围,让腐败成为"过街老鼠,人人喊打",将反腐败工作推向深入,以实际成效取信于民。

3. 深化经济和政治体制改革,消除滋生腐败的土壤和条件,使党员干部不能腐败。

"扬汤止沸莫若釜底抽薪",通过彻底的体制改革,减少腐败滋生的土壤是反腐败最根本的措施。一是加速市场化改革进程,完善社会主义市场经济体制,发挥市场在资源配置中的决定性作用。当前,要深化社会主义市场经济体制改革,建立高效、科学的资源配置方式,使企业成为市场的主体,除关系到国计民生的重要领域外,凡是市场能做的事,一律放手由市场来做,使腐败无可趁之机。二是深化行政体制改革,转变政府职能,规范政府行为,建立现代化政府;进一步改革行政审批制度,减少政府的审批事项;进行政府机构改革,精兵简政,减少行政机构与工作人员的数量，调整各部门的职责划分，完善行政运行机制；改革行政管理，简化办事程序，减少办事环节，提高工作效率。三是加快公务员人事制度改革，建立现代公务员制度，规范公务员行为、保证公务员廉洁自律。

4. 强化监督机制，加大惩罚力度，形成威慑力，使党员干部不敢腐败。

"权力导致腐败，绝对权力导致绝对腐败。"① 腐败现象产生的根本原因在于权力结构不合理，权力配置不科学，权力运行不规范，权力体系内部缺乏有效的制约监督机制。因此，遏制腐败滋生蔓延的根本举措，就是加强对权力的制约和监督，建立健全有效的制约监督机制。一是加强社会监督，完善党务和政务公开制度，推行权力清单公开，让权力在阳光下运行，及时曝光权力运行中的违法违规行为，完善举报制度，积极发动人民群众对权力进行监督；二是完善法律监督，建立健全反腐败的法律法规体系，把反腐倡廉建设中行之有效的政策、措施和办法通过立法程序上升为法律，使之具有更大的权威性和稳定性；三是强化行政监督，积极开展行政监察，加强对国家行政机关及其工作人员的监督，规范行政权力，加强对制度执行落实情况的监督检查；四是引导舆论监督，既要鼓励社会舆论对权力的监督，又要引导新闻媒体秉持社会责任感，遵守职业道德，坚持党性原则，在党的领导下，赋予新闻机构更大的自由监督权，充分发挥新闻机构的监督作用，要加强和规范网络监督，积极引导网络监督，发现信息线索，提高网络监督的有效性。同时要强化惩罚机制，提高腐败成本，对腐败分子形成威慑力。一是加强纪检监察工作力度，提高纪检监察机关和司法机关的工作效率，高效快速侦破腐败案件；二是加大对腐败的惩罚力度，对无视法纪、违法犯罪的干部，必须用重典，不论是谁，不论职务多高，该受什么处分就给什么处分，该重判的坚决重判，绝不手软，对任

---

① ［英］阿克顿勋爵：《自由与权力》，侯健、范亚峰译，商务印书馆2001年版，第342页。

何腐败分子都必须彻底查处、严惩不贷。

5. 加强廉洁教育，提高自我约束能力，使党员干部不易腐败。

在改革开放和发展社会主义市场经济的新形势下，加强学习和教育，提高广大党员干部的思想政治素质，对于保持我们党的先进性和纯洁性极为重要。坚持不懈开展反腐倡廉教育，使党员干部树立正确的权力观、地位观和利益观，自觉遵守廉洁从政各项规定，筑牢思想道德防线，增强拒腐防变的能力，同时加强廉政文化建设，在全社会形成以廉为荣、以贪为耻的良好风尚，多措并举，提高党员干部自身对腐败的"免疫力"，建设一支廉洁奉公的高素质干部队伍。

第四节　提高执政能力，为党长期执政打好自身素质基础

党的执政能力，是"党提出和运用正确的理论、路线、方针、政策和策略，领导制定和实施宪法和法律，采用科学的领导制度和领导方式，动员和组织人民依法管理国家和社会事务、经济和文化事业，有效治党治国治军，推动社会主义现代化建设的本领"。①

新世纪新阶段，党所处的历史方位发生了深刻变化。在机遇与挑战并存的国内外条件下，党要带领全国各族人民继续推进现代化建设、实现"两个一百年"目标，最终实现中华民族伟大复兴的中国梦的历史任务，必须进一步提高执政能力。2002 年，党的十六大第一次把"加强党的执政能力建设"的任务正式提到全党面前。党的十六届四中全会通过了《中共

_____

① 《中共中央关于加强党的执政能力建设的决定》，人民出版社 2004 年版。

中央关于加强党的执政能力建设的决定》，把党的执政能力建设摆上重要位置，并始终强调我们党是执政党，党的各方面建设的成效最终都应该体现到提高党的执政能力上来、体现到巩固党的执政地位上来，必须以加强党的执政能力建设为重点，持之以恒地加强和改进党的思想、组织、作风和制度建设，持之以恒地加强和改善党的领导，使党成为社会主义建设事业的坚强领导核心。

任何一个执政党，只有将所掌握的权力转变为执政的能力，赢得人民群众的认同和支持，才能长期有效地执政，从而保持执政地位。党的执政能力是党体现先进性和增强创造力的关键因素，也是巩固执政地位的决定性因素。执政党如果缺乏执政的能力，就不会有创造力、凝聚力、战斗力，就会因循守旧，停滞不前，就会落伍，就有丧失执政资格的危险。过去，我们常讲，打江山坐江山天经地义，把执政地位建立在推翻旧政权和建立新中国的历史功绩上。改革开放以来，又习惯把执政地位的巩固建立在已经取得的发展成绩上。但苏联解体、东欧剧变，以及国外其他一些老牌执政党纷纷下台的历史教训告诉我们：执政地位的巩固，不能靠吃政绩老本，不是一劳永逸的。时代的发展和社会的进步，党所处的环境、肩负的任务以及党员队伍的变化，人民群众的利益需求也在发展，认真实现广大人民群众的愿望、满足人民群众的需求、维护人民群众的利益，必须加强党的执政能力建设，把握和遵循执政规律，使我们党始终能够得到最广大人民群众的拥护和支持，在建设中国特色社会主义的历史进程中始终成为坚强领导核心。

一 提高执政能力是党防范执政风险的关键和基础

党的执政能力建设是党自身建设的重要组成部分，是党执政后的根本建设。党的执政能力建设与党的其他方面的建设紧密联系在一起，在党的建设中起牵头作用。党的各方面建设，最终都应该体现到把握党的执政规律、提高党的执政能力上来，体现到增强党的执政意识、巩固党的执政地位上来。党的执政能力的强弱，关系到我国的发展和进步，关系到党的各项事业的发展，关系到广大人民群众根本利益的实现。当前，国内外环境继续发生深刻变化，我国改革发展正处于关键时期和攻坚时期。加强党的执政能力建设，增强全党同志的执政意识，提高执政本领，已经突出地摆在我们党的面前。党的执政能力如何，已经越来越成为巩固党的执政地位和中国特色社会主义事业兴旺发达的关键性因素。我们党要适应新形势新任务的要求，在团结带领人民群众推动全面建成小康社会的进程中，大力加强党的执政能力建设，顺应时代和人民的要求。

1. 提高执政能力是国际环境发展变化的要求。

新世纪新阶段，经济全球化、政治多极化、文化多元化和信息网络化逐渐成为时代的特征。当今世界，和平与发展仍是时代的主题，但国际局势正发生着复杂而深刻的变化，影响和平与发展的不确定因素在增加。世界多极化在曲折中发展，世界主要力量重新分化和利益调整进程加快，对我国的影响不可低估。面对复杂激烈的国际斗争和竞争，我们党要带领人民抓住机遇、迎接挑战、趋利避害，争取有利的外部环境，就必须不断提高包括科学判断世界形势、有效驾驭复杂局面、沉着应对各种风险和挑战、妥善应对国际局势和处理国际事务在内的执政能力。

放眼世界，苏联共产党等一些长期执政的大党、老党由于执政能力的丧失或减弱，相继丧失了执政地位。不但执政的共产党面临着执政考验，其他性质的执政党同样面临着巩固执政地位的课题。因此，我们党不仅要有世界眼光，吸取世界上一些执政党丧失执政地位的教训，也需要海纳百川，研究和借鉴世界上其他国家包括西方发达资本主义国家执政党治国理政的成功经验，取其精华，去其糟粕，为我所用。中国共产党必须适应国际环境的新变化，不断加强执政能力建设，将挑战变成发展的机遇，始终为人民执好政、掌好权，顺应时代和社会发展的要求，保证党在国际形势深刻变化的历史进程中，始终走在时代的前列。

2. 提高执政能力是国内改革发展的要求。

改革开放三十多年来，我国社会面貌发生了翻天覆地的变化。社会主义市场经济体制初步建立，以公有制经济为主体、多种经济成分共同发展的基本经济制度已经确立，多层次、宽领域、全方位的对外开放格局已经形成。经济成分、组织形式、就业方式和分配方式的多样化进一步发展，政治体制改革任务凸显，社会公平和发展问题显现。当前，我国正处在全面深化改革的关键期和攻坚期，要解决好改革发展中出现的一系列问题，就要求我们党要加强执政能力建设，不断改进领导方式和执政方式，提高领导改革发展的各项能力。

我国已进入人均国内生产总值从 1000 美元向 3000 美元跨越的关键时期，我们既面临"黄金发展期"，又面临"矛盾凸显期"，社会利益关系更为复杂，人民对民主权利的要求更为迫切，抓改革、促发展、保稳定的任务更加艰巨。在这样的新形势下，我们党领导经济政治文化社会的发展，必须面对经济市场主体多元化、群众民主诉求多样化、文化需求多元化、社会矛盾尖锐化的复杂情况，这就对加强党的执政能力建设提出了新的要求。我们党必须与时俱进，勇于创新，不断提高驾驭社会主义市场经济的能力、发展社会主义民主政治的能力、建设社会主义先进文化的能力和构建社会主义和谐社会的能力。

3. 提高执政能力是党自身发展的要求。

中国共产党与中国特色社会主义事业和中华民族的伟大复兴紧密相连，中国共产党是中国特色社会主义事业的组织者和领导者，是能否实现中华民族伟大复兴中国梦的关键因素。目前中国共产党有八千多万党员，拥有庞大的党员队伍，但党的执政地位不是与生俱来的，也不是一劳永逸的，面对艰巨的历史重任，党在自身建设和发展过程中也面临着严峻的考验和挑战。

　　一是中国共产党由"革命党"到执政党，再到长期执政的政党，工作任务、掌握的权力和拥有的地位都发生了根本性变化。这种变化容易使一些党的组织和党员因为掌握了权力和既有的地位而产生脱离群众的倾向，甚至滥用权力，腐化堕落。人心向背历来是决定一个政党、一个政权盛衰存亡的根本因素，党的十六届四中全会指出："无产阶级政党夺取政权不容易，执掌好政权尤其是长期执掌好政权更不容易。党的执政地位不是与生俱来的，也不是一劳永逸的。"① 因此，中国共产党要长期执政，必须加强自身建设，努力提高执政能力，走在时代发展的前列。

　　二是全面建成小康社会和实现两个百年目标，对我们党的执政能力提出了更高的要求。我们党把全面建成小康社会作为新世纪新阶段的重要发展目标，就是要建设一个经济发展、政治民主、文化先进、社会和谐、生态良好的小康社会，要实现这个目标，就要求我们党提高执政能力，提高领导发展的能力。我们党领导发展的能力，要体现在按照科学发展观和全面建成小康社会的要求，正确处理经济发展和社会发展的关系，正确处理社会主义经济建设、政治建设、文化建设、社会建设和生态文明建设的关系上面。全面建成小康社会，实现两个百年目标，要求我们党不断提高领导发展的能力，提高科学执政、民主执政、依法执政的能力，这样才能推动中国特色社会主义事业的全面发展，才能为我们党治国理政提供更加有利的经济、政治、文化和社会条件，使党的执政基础更加牢固。

　　三是面对新形势新任务，党的执政能力仍然存在着"不适应"的现象和问题。主要表现在党的领导方式和执政方式还有待进一步改进和完善，党的领导体制和工作机制还需进一步深化改革，一些党员干部的素质和能力还需进一步提高，党风廉政建设任重道远。这些问题的滋生与蔓延，破坏了党的形象和威信，严重妨碍了党的路线、方针、政策的贯彻执行，损

---

① 《中共中央关于加强党的执政能力建设的决定》，人民出版社 2004 年版，第 4 页。

害了党和政府与人民的密切联系，削弱了党的战斗力、凝聚力。如何正确处理好党自身发展中出现的问题，同样考量着党的执政能力，使加强党的执政能力建设显得更加重要和紧迫。

执政党执政的正反两方面的经验和教训告诉我们，只有具备和提高执政能力，才能领导人民建设和发展好各项事业，由此得到人民群众的拥护和支持，从而获得执政的合法性，最终巩固执政地位。中国共产党靠自己的执政业绩和人民的支持来确立自己执政地位的现实合法性，只有提高执政政绩，得到人民群众的支持和拥护，才会有执政地位。这是在对古今中外执政党执政的经验教训和执政规律的深刻把握，以及对中国共产党如何长期保持执政地位的深刻思考中总结出来的。因此，中国共产党应把提高自己的执政能力作为自身建设的首要任务。

二　加强党的执政能力建设，提高党的领导能力和执政水平

党的十六届四中全会通过的《中共中央关于加强党的执政能力建设决定》指出："执政能力建设是执政后的一项根本建设。"在我国，中国共产党作为执政党，承担着管理国家和振兴民族的历史任务。要把国家建设好、治理好，实现中华民族伟大复兴，我们党就应当把执政能力建设作为根本建设，努力提高自身的执政能力。党的能力与党的事业紧密相关，当党的路线方针政策正确的时候，党的能力就对党的事业的发展具有关键意义。1939 年，毛泽东在一次延安在职干部教育动员大会上提出党内存在"本领恐慌"的问题，毛泽东指出，"我们队伍里边有一种恐慌，不是经济恐慌，也不是政治恐慌，而是本领恐慌"，"好像一个铺子，本来东西不多，一卖就完，空空如也，再开下去就不成了，再开就一定要进货"。我们党在路线方针政策正确的前提下，加强了本领建设，就大大加快了革命的进程。新世纪新阶段，在建设中国特色社会主义事业历史进程中，我们党遇到了许多新情况和新问题，出现了新的"本领恐慌"。一个执政党要

治国理政，需要有发展经济的能力、从事政治活动的能力、发展国家文化的能力、构建和谐社会的能力和处理国际事务的能力。这些能力相互联系，相互促进，是一个政党执掌国家政权所必须具备的能力。在党的十六届四中全会上，我们党从治国理政的角度提出了执政的五大能力，涵盖了我国经济发展、民主政治、先进文化、和谐社会和国际事务的执政要素。只有具备这些基本能力，我们党才能承担好时代赋予的重任，才能长期执政，成为建设中国特色社会主义的坚强领导核心，把中国特色社会主义事业推向前进。

1. 提高驾驭社会主义市场经济的能力。

我国改革开放三十多年的经验表明，执政党不能驾驭市场经济，经济就不能健康发展，社会就不能协调发展，人民就不能共享改革开放的成果。我们党掌握驾驭市场经济的本领和能力，是治国理政的首要本领和基本能力。

提高驾驭社会主义市场经济的能力，必须善于学习和掌握市场经济的内在要求和运行特点，坚持按照市场经济的客观规律办事。运用经济学理论，分析和决定经济建设和发展问题。这就要求党在社会主义市场经济条件下，适应世界经济、科技发展趋势和我国改革开放的新形势，把握社会主义市场经济的内在要求和运行特点，自觉遵循客观规律，并按照客观规律办事，充分发挥社会主义制度的优越性和市场机制的作用，不断提高领导经济工作的能力和水平，促进社会主义市场经济健康运行和快速发展。

提高驾驭社会主义市场经济的能力，要以经济建设为中心，认真解决经济发展中存在的问题和弊端。要坚持以人为本，全面协调可持续的科学发展观，要加强和改善宏观调控，保持经济平稳较快发展，要着力转变经济发展方式，全面提高经济的整体素质和竞争力。

提高驾驭社会主义市场经济的能力，必须处理好效率与公平的关系。

我们党要正确处理好按劳分配为主体和实行多种分配方式的关系，兼顾公平和效率。我们要大力推进经济体制改革，正确处理市场机制和宏观调控的关系，让市场在资源配置中起决定性作用，简政放权，坚持按市场经济规律办事，同时，加强和改善国家宏观调控，防止由市场效率引起的两极分化。因此，我们党在市场经济的环境下，要牢记社会主义的价值观，始终坚持为大多数人谋利益的宗旨，既要善于利用市场经济的效率发展经济，又要用宏观调控实现社会公平，充分发挥社会主义制度的优越性。正如邓小平指出："社会主义的目的就是要全国人民共同富裕，不是两极分化。如果我们的政策导致两极分化，我们就失败了；如果产生了什么新的资产阶级，那我们就真是走了邪路。"①

2. 提高发展社会主义民主政治的能力。

一是要坚定不移地走中国共产党和中国人民自己选择的政治发展道路，坚持党的领导、人民当家做主和依法治国的有机统一，不断推进社会主义民主政治的制度化、规范化和程序化，切实保证人民当家做主；二是要积极稳妥地推进政治体制改革，处理好党的领导与民主政治的关系，健全人民代表大会制度，扩大基层民主的发展，以增强党和国家的活力，调动人民参与民主政治的积极性；三是要树立宪法权威，贯彻依法治国的基本方略，提高依法执政的能力和水平；四是要善于在社会主义民主政治的平台上执政，改革和完善决策机制，推进决策的科学化和民主化；五是要发挥社会主义政治制度的特点和优势，改革和完善党的领导方式，巩固和发展民主团结、生动活泼、安定和谐的政治局面。

3. 提高建设社会主义先进文化的能力。

在建设社会主义先进文化的过程中，我们党要始终坚持社会主义文化建设的指导思想，即马克思主义、毛泽东思想、邓小平理论、"三个代表"

---

① 《邓小平文选》第3卷，人民出版社1993年版，第110页。

重要思想、科学发展观和党的最新理论成果，坚持马克思主义在意识形态领域中的指导地位；要努力把握社会主义文化的本质，即面向现代化、面向世界、面向未来的民族的、科学的、大众的文化；要努力把握社会主义文化建设的根本方向，即为人民服务、为社会主义服务；要牢牢把握社会主义文化方针，即百花齐放、百家争鸣；要牢牢把握社会主义文化建设的根本任务，即坚持中国特色社会主义文化发展道路，深化文化体制改革，推动社会主义文化大发展大繁荣；努力建设社会主义文化强国；要大力提高社会主义先进文化的竞争力和影响力，进一步深化文化体制改革，解放和发展文化生产力，不断增强社会主义先进文化的发展动力、活力和国际竞争力，切实抓好文化产品的创作和生产，多出优秀文化产品，弘扬主旋律，反映真善美；要培养高度的文化自信和文化自觉，高举社会主义意识形态的旗帜，发扬中华民族优秀文化传统，坚持走中国特色社会主义文化发展道路，增强发展文化的自信心和自觉意识。

4. 提高构建社会主义和谐社会的能力。

构建社会主义和谐社会需要多方面的能力，但从根本上说，就是要不断提高领导干部和各级党组织处理社会矛盾的能力。首先，要努力提高协调社会各阶层利益的能力。社会阶层之间的矛盾通常是由利益引起的，协调社会关系，实质就是协调人与人之间的利益矛盾。在社会主义市场经济条件下，整合和协调社会利益，最重要的是要维护、发展和实现最广大人民的根本利益，正确反映和兼顾不同群体的利益，使全体人民朝着共同富裕的方向稳步前进。其次，要努力提高解决群众问题的能力。我们党领导人民进行改革开放和现代化建设的根本目的，就是要通过发展生产力，努力满足人民群众日益增长的物质文化需要。但由于我国人口多，经济发展不平衡，各项改革不断深入，许多社会深层次的矛盾逐渐凸显出来，群众反映的热点问题和难点问题越来越多，因此，领导干部和各级党委要依法及时合理地处理群众反映的问题，切实维护群众的合法权益。最后，要努力提高处理人民内部矛盾的能力。在新的历史条件下，人民内部矛盾出现了许多新情况和新问题。近年来，一些地方出现了群体性事件。正确处理人民内部矛盾，直接关系到社会的和谐稳定，党员干部要积极研究和把握新形势下群众工作的特点和规律，探索新途径、新方法，不断提高化解社会矛盾的能力和本领。

5. 提高应对国际局势和处理国际事务的能力。

当今世界风云变幻。我国是世界大家庭中的一员，和世界相互联系日益紧密。我们党在这样的背景下执政，能否正确应对国际局势和处理国际事务，直接关系到党执政的全局。新世纪新阶段，我们党一是要用宽广的眼界观察世界，深刻认识国际环境的深刻变化和特点，进一步提高科学判断国际形势和进行战略思维的水平和能力；二是要坚持走和平发展道路，坚持独立自主的和平外交政策，掌握处理国际事务的主动权；三是要熟悉和善于运用国际规则，主动积极参与国际事务的磋商和处理，坚持求同存异的方针，不断提高同国际社会交往的本领；四是要维护国家主权和安全，构建维护国家安全的战略机制，保证国家的经济安全、政治安全、文化安全和信息安全。

三　保持和发展党的先进性和纯洁性，增强党的生机活力和自我更新能力

先进性是马克思主义政党的本质属性，是马克思主义政党的生命所系、力量所在。胡锦涛同志指出："先进性问题，从来就是马克思主义政党存和发展的根本前提，是党得到最广大人民群众信任和拥护的根本条件。"① 党的先进性建设是具体的历史的，并不是抽象的。世界执政党执政历史告诉我们，一个政党过去先进不等于现在先进，现在先进不等于永远

---

① 《胡锦涛在 2002 年中央党校春季开学典礼上的讲话》，《人民日报》2002 年 3 月 6 日。

先进；马克思主义政党获得先进性固然不容易，但在复杂的国内外环境中和长期执政的条件下保持和发展先进性更不容易。马克思主义政党的先进性建设历来同党担负的历史任务和使命紧密联系在一起，并随着形势和任务的变化而不断丰富和发展。时代和实践的发展，总是不断对党的先进性提出新的内容和新的要求，赋予党的先进性建设新的时代内涵。党是由党员按照一定的思想原则和组织原则组织起来的有机整体。习近平强调，"党员是党的肌体的细胞。党的先进性和纯洁性要靠千千万万党员的先进性和纯洁性来体现，党的执政使命要靠千千万万党员卓有成效的工作来完成，党要管党、从严治党必须落实到党员队伍的管理中去。党组织要严格把关，把政治标准放在首位，确保政治合格。要重视从青年工人、农民、知识分子中发展党员。要严格党员日常教育和管理，使广大党员平常时候看得出来、关键时刻站得出来、危急关头豁得出来，充分发挥先锋模范作用"①。可见，党员是党的组织细胞和党的活动主体。党的所有工作都依靠党员去落实，党的建设的各方面要求，都要通过党员的行动去实现，因此，共产党员的先进性是决定党的先进性的重要条件和基础。建设一支优秀的党员队伍，保持共产党员先进性，是巩固党执政地位的重要保证。无产阶级政党历来重视党员的先进性属性和先进性建设。马克思恩格斯在建立世界上第一个无产阶级政党的时候强调党员要成为工人阶级的先进分子。列宁非常注重提高党员的质量，他指出："徒有其名的党员，就是白给，我们也不要。世界上只有我们这样的执政党，即革命工人阶级的党，才不追求党员数量的增加，而注意党员质量的提高和清洗'混进党里来的人'。"② 中国共产党已经拥有八千多万党员，规模宏大，只有广大党员具备先进性，整个党的先进性才会有坚实的基础。只有全体党员的先进性充

---

① 习近平在全国组织工作会议上发表重要讲话（2013 年 28 日至 29 日），《人民日报》2013 年 6 月 30 日第 1 版。

② 《列宁专题文集 论无产阶级政党》，人民出版社 2009 年版，第 222 页。

分体现和发挥出来，党的先进性才能有可靠的根基和保证。因此，新世纪新阶段，加强党的先进性建设，必须抓好党员队伍先进性建设的基础工程。

1. 加强党员队伍先进性建设，必须增强广大党员的先进性意识，激发其自我教育、自我提高的内在动力。崇高的理想和坚定的信念，始终是共产党人保持先进性的精神支柱，是共产党员发挥先锋模范作用的内在动力。中国共产党人信仰马克思主义，树立共产主义远大理想，认为马克思主义必须随着实践发展而不断丰富和发展，反对把马克思主义看成是僵化的教条，党和人民用马克思主义指导实践，并在实践的基础上推动马克思主义向前发展。加强党员队伍先进性建设，必须加强广大党员的理想信念教育，增强广大党员的马克思主义信仰，推动广大党员增强先进性意识，不断提高为人民服务的本领和能力，为保持先进性而不懈努力，始终成为人民群众的表率和领路人。实践证明，只有抓住了党员主体这个根本，促使党员高标准要求自己和提高自己，不断增强党员的责任意识、忧患意识、使命意识，党的先进性建设就有了强大而不竭的动力源泉。

2. 加强党员队伍先进性建设，必须坚持党要管党，从严治党，解决党员队伍中存在的突出问题，不断增强党员队伍的先进性。当前，我们党有八千多万名党员，党员数量宏大，在社会主义现代化建设过程中，绝大多数党员和干部发挥先锋模范作用奋战在第一线。但是，在物质利益诱惑和不良风气影响下，一些党员干部身上出现或存在不容忽视的突出问题。邓小平指出："党要管党，一管党员，二管干部。"① 党要管党、从严治党要求我们把管党治党贯穿于党的建设各个方面，在各个环节加强对党员干部的教育、管理和监督，特别是要加强干部队伍建设，把领导干部的先进性

---

① 《邓小平文选》第1卷，人民出版社1994年版，第328页。

教育放在重中之重的位置。实践证明，加强对党员干部的教育和培养，大力解决党内存在的突出问题，促使广大党员和干部在工作岗位上充分发挥先锋模范作用并加强群众监督，是保持党员队伍的先进性的有效途径。习近平指出："各级党委要增强'抓好党建是本职，不抓党建是失职，抓不好党建是不称职'的理念，自觉履行管党治党责任，切实做到责任明确，措施到位，领导有力。党委书记要切实履行抓党建的第一责任人的责任，善于通过抓的建设来推动经济社会又好又快发展。"① 因此，要面对现实，正视问题和矛盾，采取综合措施，狠抓党员队伍建设，把保持党员队伍的先进性、充分发挥党员先锋模范作用的任务鲜明地提到全党面前。

3. 加强党员队伍先进性建设，必须构建长效机制，把党的先进性要求转化为党员自觉遵守的行为准则。党的先进性建设不可能一蹴而就，也不可能一劳永逸，促使广大党员更好发挥先锋模范作用。要长期保持和不断发展党的先进性，必须通过建立和完善制度和机制，使党的先进性建设常态化和制度化，时刻提醒和激励广大党员自觉遵守党章和党规党纪，主动自觉发挥先锋模范作用。建立保持党员先进性的长效机制是一项复杂的系统工程，在党建工作中应注意把建立长效的党员学习、党员教育、党员管理、党员联系群众、党内民主参与等方面的机制有机结合起来，把建立针对党员的考核评估、奖惩激励、监督制约等环节的机制有机结合起来，形成比较稳定有效的机制，不断推动党的先进性建设向前发展。

党的纯洁性同党的先进性相互联系、密不可分。纯洁性是马克思主义政党的本质属性，保持党的纯洁性是保持党的先进性的前提和基础，先进性是纯洁性的体现和保证，二者在本质上具有一致性。马克思主义政党与其他政党相比较的一个重要特征就在于其纯洁性。马克思、恩格斯在创建第一个无产阶级政党——共产主义者同盟时，就把坚持党员的先进性和纯

---

① 习近平：《抓紧解决党内存在的突出问题》，《人民日报》2009 年 10 月 9 日。

洁性看作保持党的无产阶级性质，实现党的伟大历史使命的重要问题之
一，予以高度重视。马克思在国际工人协会共同章程中规定："每一个支
部对它的会员的品质纯洁负责。"① 列宁在创建俄国布尔什维克党的时候，
就十分注意党员的质量。在同机会主义分子的斗争中，他针锋相对地指
出："宁可 10 个实际工作者不自称为党员，（真正的工作者是不追求头衔
的！）也不让一个空谈家有权利和机会做一个党员。……我们的任务是要
保护我们的党的巩固性、坚定性和纯洁性。我们应当努力把党员的称号和
作用提高，提高，再提高。"② 列宁指出：这个政党"吸收了这个阶级的一
切优秀代表，集中了经过顽强的革命斗争的教育和锻炼的、完全觉悟的和
忠诚的共产主义者"③。

　　胡锦涛指出，在新的形势下保持党的纯洁性，要坚持党要管党、从严
治党，坚持强化思想理论武装和严格队伍管理相结合、发扬党的优良作风
和加强党性修养与党性锻炼相结合、坚决惩治腐败和有效预防腐败相结
合、发挥监督作用和严肃党的纪律相结合，不断增强广大党员自我净化、
自我完善、自我革新、自我提高能力，始终坚持党的性质和宗旨，永葆共
产党人的政治本色。④ 因此，党的纯洁性建设要以党员干部的思想纯洁、
队伍纯洁、作风纯洁、清正廉洁保证党的先进性。

　　1. 以党员干部的思想纯洁保证党的先进性。

　　党的纯洁性首先体现在党员干部的思想纯洁，加强党的纯洁性建设首
先要把理想信念教育作为党的思想建设的重点，教育引导党员干部增强贯
彻党的基本理论、基本路线、基本纲领、基本经验的自觉性和坚定性，增
强坚持走中国特色社会主义道路、为实现中华民族伟大复兴中国梦的历史
使命不懈奋斗的自觉性和坚定性，进一步坚定党员干部的中国特色社会主

---

① 《马克思恩格斯全集》第 44 卷，人民出版社 1982 年版，第 577 页。
② 《列宁全集》第 6 卷，人民出版社 1959 年版，第 457—458 页。
③ 《列宁专题文集　论无产阶级政党》，人民出版社 2009 年版，第 342 页。
④ 《人民日报》2012 年 1 月 10 日第 1 版。

义共同理想和共产主义远大理想。保持和发展党的纯洁性，还要求党员干部树立正确的世界观、权力观、事业观。在实际工作中，广大党员干部要坚持不懈加强党性修养和党性锻炼，牢固树立正确的世界观、权力观、事业观，反对形式主义、官僚主义、享乐主义和奢靡之风"四风"，大力开展批评与自我批评，在改造客观世界的同时，改造自己的主观世界，树立权为民所用、利为民所谋，永葆党的先进性。

2. 以党员干部的队伍纯洁保证党的先进性。

做好新形势下发展新党员的工作，是全面提高党员队伍质量的基础。2014 年 6 月 10 日，中共中央办公厅印发了《中国共产党发展党员工作细则》，体现了党要管党、从严治党的方针，体现了实践探索的新经验，是做好新形势下发展党员工作的重要遵循。当前要认真贯彻"控制总量、优化结构、提高质量、发挥作用"的总要求，坚持党章规定的党员标准，严格程序，严肃纪律，有领导、有计划地发展党员，把好党员入口关。首先，发展党员必须严格按照党章规定的党员条件进行。党组织要在实践中和群众中严格考察了解每一个申请入党的人，主要审核申请人是否已经符合党章规定的入党条件；主要了解申请人是否能密切联系人民群众，做群众的榜样和表率；主要考察是否能自觉地遵守党的纪律和履行党员义务。坚持成熟一个发展一个，不搞突击发展，坚决把一些入党动机不纯的人阻挡在党的大门之外。其次，在发展党员时，要加强入党教育环节的工作，做好入党积极分子的培养教育，组织入党积极分子听党课，参加党内有关活动，对入党积极分子进行党的基本理论、党的路线、方针和政策、党史和党的优良传统和作风的教育和培训，帮助入党积极分子端正入党动机，使入党积极分子真正能够做到从思想上入党。加强党员干部的日常教育管理，建立健全党员党性定期分析制度，民主评议党员，及时清除不合格党员。通过加强对党员干部的教育培训，不断提高党员干部的思想政治素质和业务素质，提高党员干部做好本职工作的本领和能力。

坚持按标准发展党员，优化党员队伍结构，目的都是保证党员质量。只有提高质量才能保证党的先进性和纯洁性。因此，为了保证党员质量，要坚持慎重发展和均衡发展，把数量控制在一个合适的规模上。衡量一个党组织发展党员工作的好坏，不能只看数量，关键是要看党员的质量，看党员的整体素质是否提升。发展党员工作要坚决反对那种只追求数量，不注重质量的倾向

3. 以党员干部的作风纯洁保证党的先进性。

党员队伍的质量关系到党的事业的兴衰成败，党的作风如何直接影响着党同人民群众的联系。密切联系人民群众，是党的力量源泉，是党的事业兴旺发达的基础。党同群众的联系，不但要通过党的纲领、路线和政策充分反映和代表广大人民群众的意志和利益来实现，而且要通过广大党员的良好作风来实现。人民群众对党的认识，一方面是通过党的纲领、路线、方针、政策，另一方面是通过广大党员的实际行动和工作作风。党员都是生活在群众之中的，党的形象和作风至关重要。党员质量高、党性强、作风好，坚持全心全意为人民服务，真正为人民谋利益，就能同广大群众保持同呼吸、共命运、生死与共的鱼水关系。党员同群众建立起密切的联系，并在各项工作中起先锋模范作用，就能提高党的威信，加强党同群众的联系。党员如果不能处处给群众做榜样和表率，就得不到群众的拥护和支持，就不能带领群众为社会主义建设事业奋斗。

加强党的作风建设，保证党员干部的作风纯洁，就要教育引导党员和干部践行群众路线，实现好、维护好、发展好最广大人民的根本利益。关心群众的利益，解决群众生产和生活的实际问题。认真解决群众反映强烈的教育医疗、环境保护、安全生产、食品药品安全、企业改制、征地拆迁、涉农利益、涉法涉诉等突出问题和利益矛盾，不与民争利，坚决纠正损害群众利益的不正之风，积极预防和妥善处置群体性事件，坚持依法按政策办事，既依法维护群众正当权益，又依法维护社会安定团结局面。

4. 以党员干部的清正廉洁保证党的先进性。

清正廉洁是党员干部从政的根本要求和准则，要通过加强廉洁从政教育，大力宣传清正廉洁、克己奉公、敢于同腐败现象做斗争的党员干部的模范事迹，弘扬正气。深刻剖析典型腐败案件，进行警示教育，使广大党员、干部自觉遵守廉洁自律各项规定。要以改革创新精神完善惩治和预防腐败体系，坚持惩治和预防两手抓、两手都要硬，始终保持惩治腐败的强劲势头，对于腐败分子要严肃处理，绝不姑息。在坚决惩治腐败的同时，更加注重治本，更加注重预防，更加注重制度建设，努力建立从源头上防治腐败的体制机制。坚持从严治党的方针，教育党员干部要严格遵守党的组织纪律和政治纪律，对于违纪行为严肃处理，坚持"零容忍"，用铁的纪律打造一支克己奉公、清正廉洁的党员干部队伍。

为了维护党的队伍的纯洁性，我们党必须经常采取纯洁组织的有力措施。一是要把腐败分子清除出党。腐败分子使整个党的肌体受到腐蚀。因此，在社会主义现代化建设过程中，要旗帜鲜明地反对腐败，对腐败分子实行高压态势，绝不手软，必须采取坚决清除的方针，把反腐败斗争同纯洁党的组织结合起来，在党内绝不允许腐败分子有藏身之地。二是要及时处置不合格党员，建立党员退出机制，坚决而妥善地使不合格党员退出党的队伍。对确实不符合党员标准的，必须从组织上采取措施，否则，就会影响党员队伍政治素质的提高，影响党的队伍的纯洁性。现在党内有少数不合格党员，过去是合格的，缺乏党性锻炼的自觉性，渐渐地变得不合格了。对这些党员也要按照《党章》规定和要求，进行劝退，否则就会影响党员队伍的整体质量，影响党的整体战斗力和凝聚力，影响党在群众中的威望和形象。只有坚持采取上述措施，党员队伍的质量才能不断提高，才能保持和发展党的纯洁性，增强党的活力和战斗力，使我们党适应中国特色社会主义事业的新要求。

四　建设学习型、服务型和创新型政党，提高适应外部环境和应对复杂局面的能力

党的十八大报告指出："建设学习型、服务型、创新型的马克思主义执政党，确保党始终成为中国特色社会主义事业的坚强领导核心。"建设学习型、服务型、创新型执政党，是巩固党长期执政地位的必然选择和现实需要。党是中国特色社会主义事业的领导核心，当前我国正朝着全面建成小康社会迈进，正向着实现两个百年目标前进，也正处在全面深化改革的关键期和攻坚期，要带领人民群众实现中华民族伟大复兴的中国梦，这就迫切要求我们党：一要加强学习，增强执政本领，推动科学发展，促进社会和谐，成为学习型执政党；二要强化服务，践行党的宗旨，全心全意为人民服务，赢得最广大人民群众的拥护和支持，成为服务型执政党；三要勇于创新，增强党的创新能力，创造性地研究新情况，解决新问题，化解和应对各种考验和风险，促进党的事业不断发展，成为创新型执政党。

1. 建设学习型政党，提升党的自身素质。

学习型政党建设在提升党的自身素质和能力方面起着基础性作用。一个政党如果轻视学习，故步自封，夜郎自大，就会出现本领恐慌，面对新问题新情况，不是束手无策的不作为，就是鲁莽蛮干的乱作为，使问题得不到解决，从而损害党的执政基础。正像个人的学习一样，应该是活到老学到老，一个政党的学习也是永无止境的，一个政党要长期执政，就必须不断学习。全党要把学习作为一种政治责任、一种精神追求、一种生活方式，必须在党内大力宣传学习工作生活化和工作生活学习化的理念，使这些理念在全党深入人心，成为自觉行动。陈云曾指出："那种认为对党尽责任无非是一天到晚不停地工作的想法是很不全面的，一天到晚工作而不读书，不把工作和学习联系起来，工作的意义就不完整，工作也不能得到

不断改进，因为学习是做好工作的一个条件，而且是一个必不可少的条件。"①

习近平总书记指出："在每一个重大转折时期，面对新形势新任务，我们党总是号召全党同志加强学习，而每次这样的学习热潮，都能推动党和人民事业实现大发展大进步。全党同志一定要善于学习，善于重新学习，同过去相比，我们今天学习的任务不是轻了，而是更重了，这是由我们面临的形势和任务决定的。正是从这样的战略高度出发，党的十八大提出了建设学习型、服务型、创新型马克思主义执政党的重大任务，把学习型放在第一位，是因为学习是前提，学习好才能服务好，学习好才有可能进行创新。"② 建设学习型政党，可以从以下几方面入手：

第一，认真抓好党的理论学习和教育。理论学习是党员干部提高自身素质和能力的根本之策，在党内，要大兴理论学习之风，组织党员干部学习马克思列宁主义、毛泽东思想、中国特色社会主义理论体系和马克思中国化的最新理论成果，提高全党的马克思主义理论水平，增强党员干部用马克思主义理论、观点和方法分析问题和解决问题的能力，实现领导干部的能力水平同肩负使命任务相适应和匹配。当前重点是认真学习党的十八大和十八届三中全会的精神。要进一步加深对党的十八大关于旗帜、道路、理论体系和制度的学习和认识，准确把握"总依据、总布局、总任务"的要求，增强"三个自信"、坚持"八个必须"，进一步贯彻落实好党的十八大精神。要进一步学习领会党的十八届三中全会通过的《中共中央关于全面深化改革若干重大问题的决定》，增强改革的紧迫感、责任感和使命感，深刻认识全面深化改革的重要性和必要性，对于改革的举措、方案和部署要全面理解，防止一知半解、虎头蛇尾，提高领导改革的决策

---

① 《陈云文选》第1卷，人民出版社1995年版。

② 习近平：《在中央党校建校80周年庆祝大会暨2013年春季学期开学典礼上的讲话》，《人民日报》2013年3月3日。

力和执行力，确保各项改革顺利平稳进行，用改革的成效向人民交上一份满意的答卷。

第二，引导党员干部树立终身学习理念，建立学习制度，养成学习习惯。不断学习是党员干部进步的阶梯，在全党要引导党员和干部牢固树立不断学习和终身学习的理念，活到老，学到老，追求知识，永无止境，丰富学习内容，充实自身的知识结构，创新学习形式，在工作中学习，在实践中学习，在生活中学习，进一步提高学习效果，使党员干部队伍整体素质不断提高，先锋模范作用充分发挥。要建立健全符合实际、行之有效的学习制度，避免"三天打鱼，两天晒网"，推进学习的制度化、长效化和生活化，建立健全促进学习、保障学习的体制机制，使学习在党内蔚然成风。要加强对党员干部和党组织学习情况和学习成效的考核，并把考核结果作为考核领导班子和选拔任用领导干部的重要依据，引导广大党员干部把兴趣、焦点和精力放在学习上、放在提高自身能力和素质上，放在干事创业上。

第三，学习要做到理论与实际相结合，学以致用。坚持理论联系实际是学习的内在要求，要教育党员和干部结合自身工作实际，坚持问政于民、问需于民、问计于民，向群众学习、向实践学习，从人民群众伟大实践中汲取智慧和力量。学习的目的是更好地在工作中使用所学的知识，坚持学以致用、用以促学、学用结合，着眼解决工作中的实际问题，把学习成果转化为谋划工作的思路，促进工作的措施，解决问题的钥匙，领导科学发展的本领，确保学有成效，使党员干部努力掌握和运用一切科学的新思想、新知识、新经验和新方法，紧跟时代发展，实现知识的不断更新，保持党的先进性，担负起实现中华民族伟大复兴中国梦的历史使命。

2. 建设服务型政党，巩固党的执政基础。

群众观点是马克思主义的基本观点，中国共产党践行全心全意为人民服务的宗旨。中国共产党的历代领导集体都对为人民服务有过重要论述，毛泽东同志曾指出，"紧紧地和中国人民站在一起，全心全意为人民服务"；邓小平同志指出，"必须养成为人民服务、向群众负责、遇事同群众商量和同群众共甘苦的工作作风"；江泽民同志指出，"立党为公、执政为民"；胡锦涛同志强调，要"权为民所用、情为民所系、利为民所谋"。十八大提出建设服务型的马克思主义执政党，继承和发扬了中国共产党为人民服务一以贯之的优良传统。

建设服务型政党，一要加强党员干部服务意识教育，努力提高党员干部服务群众的意识。结合当前在全党开展的党的群众路线教育实践活动，强化各级党员干部为人民服务的意识，走进基层，走近群众，为群众解决实际问题和困难，心系群众，情系人民，争做为民、务实、清廉的好干部。进一步引导广大党员干部深刻认识建设服务型党组织的重要意义，在全党凝聚建设服务型党组织的广泛共识；要进一步建立健全党组织服务群众的组织架构和体制机制，加强党组织的建设和培训，努力培养服务型党员、服务型干部和服务型领导班子，强化服务意识和为民理念的教育和培养，提高各级党员干部的服务意识和能力。

二要加强党组织的服务能力，提升服务水平，努力做好新形势下的服务群众工作。建设服务型党组织是建设服务型政党的一项重要举措，当前，要把建设服务型党组织抓紧抓好，强化党组织的服务功能，切实改变现实中存在的党组织重管理轻服务的倾向，使党组织从管理功能向服务功能转变；要建立健全党组织的服务体系和服务载体，充分发挥党组织的服务功能，为人民群众排忧解难，实现对服务群体和服务内容的全覆盖，努力为人民群众提供方便、快捷、优质、高效的公共服务，扎实做好新形势下群众工作，进一步认识新形势下群众工作的新特点、新规律，掌握新形势下做好群众工作的新方法，使党组织成为群众的服务之家。

三要建立健全党员干部服务群众的制度机制，实现服务群众的规范化和常态化。要进一步完善党联系群众的各种有效制度，如党的十八大报告提出要"完善党员干部直接联系群众制度"等，推动党员干部与群众保持经常性的联系，为党服务群众提供制度保障。进一步健全党服务群众的配套制度，健全完善党员服务群众的考核评价机制，把服务群众、做好群众工作的成效作为党员干部考核奖惩、选拔任用的重要依据，引导广大党员干部把时间、精力和心思放到服务群众的工作中来，一切工作以群众满意为评价标准，促进广大党员干部在服务群众中增长才干，锻炼成长。

3. 建设创新型政党，适应时代要求。

创新是时代的主旋律，创新是我们事业发展的动力，一个政党只有具备创新精神和创新能力，才能紧跟时代发展潮流，焕发出生机活力，在长期执政中经受住各种考验。当前，我国正处在改革的攻坚期，各项改革事业对党的执政能力提出了新的要求。中国共产党是有八千多万党员的大党，是中国特色社会主义事业的领导核心，其执政能力和水平关系到中华民族伟大复兴的历史使命能否实现，我们党只有具备创新意识、创新精神和创新能力，才能适应时代的发展和形势任务的要求，才能带领全国各族人民为实现中华民族伟大复兴中国梦而团结奋斗。习近平总书记指出："任何一个政党，无论实力多强，资格多老，执政时间多长，如果因循守旧，故步自封，保守僵化，不思进取，其创造力就会衰竭，生命就要停止。"①

建设创新型政党，一要在全党弘扬创新精神，营造创新环境。世界政党的执政实践表明，创新能力是一个政党必须具备的重要素质，一个政党创新能力的强弱，与它的执政绩效息息相关。如果一个政党的创新能力强，就更能适应朝代的发展，顺应人民的要求，创造更大的执政业绩。要

---

① 《十七大以来摘要文献选编（中）》，中央文献出版社 2011 年版，第 2 页。

引导广大党员干部成为创新的主体，充分挖掘蕴藏在广大党员干部和人民群众中的巨大创新潜力和能量，在中国特色社会主义建设事业中，创新工作方法，创新发展思路，用创新开创工作的新局面，同时，在全社会营造尊重劳动、尊重知识、尊重人才、尊重创造的良好风尚和想创新、敢创新、会创新浓厚氛围，为建设创新型政党提供良好环境。

二要加强党的思想理论创新和体制机制创新。解放思想、实事求是、与时俱进，勇于创新是中国共产党的精神品格。当前，我国正处在全面建成小康社会，实现"两个百年目标"的征程中，我们党要准确把握世界发展潮流，深入分析我国发展的阶段性特征，及时总结党领导人民创造的新鲜经验，做出新的理论概括，推进理论创新，通过理论创新引领中国特色社会主义事业向前发展。体制机制创新是思想理论创新在实践中的载体，是各项创新得以落实的保障，要通过体制机制的创新，推动改革事业的发展，在党领导中国特色社会主义建设事业实践中，把党建设成为创新型政党。

三要积极推进创新型党组织建设。建设创新型党组织是建设创新型执政党的基础性工程，需要在实践中探索推进。要以建立健全科学的领导体制和工作机制为手段，不断创新基层党组织领导方式和方法，推进社会主义民主建设，创新民主形式，畅通民主渠道，加快发展基层党内民主；大力培养高素质的创新型干部队伍，为建设创新型党组织提供人才队伍保障。时代发展和肩负的历史使命要求我们党不断解放思想、改革创新，把创新贯穿在党的执政能力、先进性和纯洁性建设中，使党的建设不断适应中国特色社会主义事业发展的新要求，把我们党建设成为创新型马克思主义执政党。

总之，我们要不断推进党的建设理论创新、实践创新、制度创新，把创新要求贯穿在党的建设全过程。我们要不断创新党的领导体制和工作机制，使党的体制机制适应形势发展和党的事业建设需要，推进党的建设科学化、制度化、规范化。我们要进一步发展党内民主，依靠民智民力，增强党的创造活力。

4. 正确把握建设学习型、服务型、创新型马克思主义执政党的辩证统一关系和有机整体。

建设学习型、服务性、创新型马克思主义执政党，具有各自的内涵、目标和要求，但三者之间不是彼此孤立的，而是具有内在联系的一个有机整体。学习型、服务型、创新型是马克思主义执政党的三大特征，学习型特征体现了马克思主义执政党对人类社会发展规律、社会主义建设规律和共产党执政规律的不断探索和深入认识；服务型特征体现了马克思主义执政党的执政理念；创新型特征体现了马克思主义执政党解放思想、实事求是、与时俱进、开拓创新的理论和实践品格。

建设学习型政党是基础。党员干部不仅需要树立为人民服务的意识，同时还要提高为人民服务的能力和本领，这就要求大力加强党的执政能力建设。提高党的执政能力，首先要求党员干部加强学习，只有通过学习，党员干部才能提高自身素质，从而提高为人民群众服务的能力。与时俱进、不断创新是马克思主义政党执政的必然要求，但创新不是一种自发状态。实现创新发展，首先必须学习各种理论知识和实践经验。在学习和积累的基础上，才能推进创新发展。我们党在不同历史时期，通过学习，不断总结历史经验，推进理论和实践创新，用马克思主义中国化的最新理论成果指导中国特色社会主义实践。邓小平理论、"三个代表"重要思想，科学发展观是中国共产党推进理论创新的典范。因此，广大党员干部和党组织，只有按照学习型政党的要求，把学习作为一种精神追求，把学习当作一项重要任务，做到努力学习，勤于思考，为中华崛起而读书，才能增强为人民服务的本领，才能提高创新能力。

建设服务型政党是目的。树立为人民服务的意识和提高为人民服务的能力是建设服务型政党的根本要求，学习和创新都是为这个要求而准备的，学习是为服务人民奉献祖国而学习。创新是根据群众的要求，事业的需要而创新，离开了人民群众的价值目标和取向，一切学习都是徒劳无功的，所有创新都是舍本逐末。因此，只有坚持为人民服务的价值目标和取向出发，着眼于"执政为民"和"情系人民"的理念，建设学习型政党、创新型政党才能有正确的方向和归宿。

建设创新型政党是动力。学习、服务和创新不可分割，创新是学习知识和服务群众的不竭动力。创新是学习的动力之源，只有不断创新学习形式、学习内容、学习制度，才能使学习成效更好、收获更大，使党员干部把学习当作一种追求，不断增强学习的积极性和主动性。创新是为了更好地服务群众，只有不断满足人民群众的需求，创新才有价值，同时服务群众的实践是实现创新的重要土壤和条件。此外，创新还是服务的动力之源，服务群众的举措需要不断创新，只有不断根据群众的需求和利益进行创新，才能不断提高党的执政能力和为人民服务的本领，真正代表广大人民群众的根本利益，创新才能达到目的、找到目标。

第五节　健全执政体制，为党长期执政提供制度保障

执政体制，主要是指执政党执政的制度和机制，是执政党与国家政权关系的制度性规范，包括党和国家的领导制度以及管理和运行制度等方面。建立科学合理的执政体制，是党执掌政权，保持长期稳定的执政地位的重要保证。根据中国共产党自身的发展和所处的历史方位，不断根据新情况建立健全中国共产党执政的根本体制，加强民主建设，理顺各种关系，是中国共产党加强自身建设的一项经常性和长期性的任务。

一　根据新情况建立健全党的执政体制是保证执政安全的长期性任务

不同的国家由于政党制度不同而有不同的执政体制。健全和完善执政体制，是国家政治稳定的重要保证，也是执政党执掌政权的重要基础。历史经验表明，什么时候重视制度建设，党的建设就会顺利推进；什么时候忽视制度建设，党的建设就会受到影响甚至遭受挫折。健全和完善执政体制，坚持用制度管权管事管人，健全民主集中制，对于推进党的事业，巩固党的执政地位具有十分重要的意义。改革开放以来，我国经济发展、政治稳定、社会进步，中国特色社会主义事业进一步推进和发展，其中一个重要因素就是得益于中国共产党建立了一种符合中国国情、经得起实践检验的科学合理的执政体制。

执政体制的选择不能生搬硬套，必须符合国情，执政体制的健全和完善，必须与时俱进。我国建立的社会主义基本政治制度保证了人民当家做主权利的实现，符合中国国情。邓小平说："我们评价一个国家的政治体制、政治结构和政策是否正确，关键看三条：第一是看国家的政局是否稳定；第二是看能否增进人民的团结，改善人民的生活；第三是看生产力能否得到持续发展。"① 当前，我国正处在全面建成小康社会的阶段，社会主义市场经济体制进一步完善，社会主义民主和法治建设有了巨大的进步。我们党所处的历史方位发生了巨大变化，我们党已经从一个领导人民为夺取全国政权而奋斗的党，成为一个领导人民掌握着全国政权并长期执政的党；已经从一个在受到外部封锁的状态下领导国家建设的党，成为在全面改革开放条件下领导国家建设的党。与这种新的形势和要求相比，我们党的执政体制还不相适应，科学执政、民主执政、依法执政的体制和机制还没有完全建立起来，推进执政体制改革和完善的任务依然艰巨。我们要充

① 《邓小平文选》第3卷，人民出版社1993年版，第213页。

分吸收马克思主义关于党的执政体制的正确思想，借鉴世界上其他政党构建执政体制的先进做法和成功经验，按照科学执政、民主执政、依法执政的原则和要求，进一步改革和完善党的执政体制，努力构建具有中国特色的党的执政体制。

二　完善中国共产党执政的基本制度

（一）不断完善人民代表大会制度

人民代表大会制度作为我国的根本政治制度支配着国家的整个政治生活。只有不断完善人民代表大会制度，才能实现广大人民的共同意志和根本利益，保证全体人民的主人翁地位，确保国家机关协调高效运转，维护国家安全和稳定，有效防范执政风险。党的十八届三中全会通过的《中共中央关于全面深化改革若干重大问题的决定》（以下简称《决定》）指出："坚持人民主体地位，推进人民代表大会制度理论和实践创新，发挥人民代表大会制度的根本政治制度作用。"我们要按照《决定》的要求，推动人民代表大会制度与时俱进，不断发展。

一要完善党对人大的领导体制。人民代表大会制度是我国根本的政治制度，各级人大是我国的权力机关，党和人大的关系是党执政的一个核心问题。要处理好党和人大的关系，首要的是加强党对人大的领导，这既是实现党的领导、人民当家做主和依法治国有机统一的最好途径，也是实现党委总揽全局、协调各方原则的有效途径。因此，我们党不仅要充分发挥人大作用，大力支持人大履行职能，而且要把加强对人大的领导，作为改革和完善党的执政体制的突破口和着力点，要把人大作为实现党的领导的主要载体。二要改进和完善人大立法制度。民主立法制度是社会和民众参与国家管理和决策的客观要求。立法要体现"民治"、而不是"治民"，要打破部门垄断立法，让人大及其常委会在立法中发挥主导作用，组织政府部门、人大及其常委会的专门委员会和工作机构、社会团体以及专家学者、实际工作者参与立法工作；也可以采取"公开征询""立法听证"等多种形式，吸引社会组织、公民积极参与，力求使立法的过程成为了解民情、反映民意、集中民智的过程，切实维护与实现最广大人民群众的根本利益。三要改进和完善人大监督制度。加快制定出台人大监督法，在法律上明确人大法律监督和工作监督的程序，强化人大监督权和处置权。如对"一府两院"及其政府部门向人大的工作报告，未被人大及其常委会批准通过，多数代表或委员对提出的质询案回答不满意者，对违法决策、决策失误负有重大责任者，要及时行使质询、引咎辞职、罢免等职权；成立预算专门委员会，管好资金的出入口，发挥财政的导向作用，使人大的监督更有成效；审计、检察机关要相对独立并向人大负责，着力解决监督主体多而散的问题，逐步建立起科学配置、协调有力的监督体系；对垂直管理部门，采取条块结合、以块为主的双重监督机制，确保人大监督权得到完整充分行使。

（二）完善中国共产党领导的多党合作和政治协商制度

中国共产党领导的多党合作和政治协商制度是中国共产党执政的一项重要制度。我们党执政的实践证明，进一步坚持和完善中国共产党领导的多党合作和政治协商制度这项具有中国特色、符合中国国情的基本政治制度，有利于实现和发展人民民主，增强国家活力，充分发挥社会主义制度的优势与特点，有利于保持国家安定团结的政治局面，有利于实现和维护广大人民的根本利益。当前，要根据时代和社会的发展，与时俱进地完善中国共产党领导的多党合作和政治协商制度，推进中国多党合作的制度化、规范化和程序化。

一要进一步健全中国共产党与各党派团体的政治协商机制。改进和完善中国共产党行使国家权力，贯彻治国主张，处理国家的政治、经济和社会事务，谋求和实现全民族的利益，必须把健全政治协商机制作为完善中国共产党的执政体制的重要内容，党的十八届三中全会通过的《中共中央关于全面深化改革若干重大问题的决定》指出："发挥统一战线在协商民主中的重要作用，完善中国共产党同各民主党派的政治协商制度，认真听取各民主党派和无党派人士的意见。"因此，我们党要坚持对经济和社会发展中的重大问题进行充分政治协商，坚持政治协商于决策之前并贯彻到执行的全过程，在决策中，只有在多党合作中实现政治协商，才能使决策更加民主和科学，只有扩大执政党和参政党的社会基础，才能集中社会各方面成员智慧，体现社情民意，努力提高政治协商的质量和建言献策的质量，促进我们党的执政能力、民主决策和科学决策水平的提高。通过政治协商这一有效途径，进一步集中民智、沟通思想、纠正偏差，取得共识，完善政策，扩大有序的政治参与，畅通表达渠道，取得最大公约数。

二要加强民主党派的参政议政能力建设。新世纪新阶段，全面建成小康社会，实现中华民族伟大复兴的中国梦是执政党和参政党的共同奋斗目标。各民主党派要协助和支持中国共产党执政兴国，就要求民主党派必须加强自身建设，努力提高参政议政能力，做到坚定政治思想，努力学习，提升自身素质，积极献计献策，共谋发展大计，使政治把握能力、参政议政能力、协商共事的合作能力进一步提高。

三要推进政治协商规范化、制度化和程序化。要建立健全多党合作和政治协商的制度，履行和规范决策前的民主协商程序；要坚持情况通报制和走访座谈活动，定期不定期地将重要文件、会议精神、改革的大政方针政策及时向民主党派和无党派人，工商联以及非公有制经济代表人士进行传达通报，广泛听取各界人士的意见和建议；选拔和使用党外人士干部，进一步落实党外人士担任实职的工作制度。

三　健全中国共产党党内民主制度

党的十八大报告指出："党内民主是党的生命。要坚持民主集中制，健全党内民主制度体系，以党内民主带动人民民主。"[①] 制度化的党内民主具有长期性、稳定性和规范化的特点。以党内民主推进党内和谐，带动人民民主，根本的途径是把党内民主的有效做法通过制度予以固定和规范，在民主实践中，不断建立健全管用、高效、符合实际的党内民主制度，推进党内民主的制度化。

首先，要完善党内民主制度体系。我们党通过长期的党内民主实践，基本形成了相对规范和完整的民主制度体系，如党的代表大会制度、党的委员会制度、党的选举制度和党内监督制度等，这些制度相互联系，有机统一，形成了比较完整的制度体系。新世纪新阶段，我们党要总结党内民主的实践，根据新形势和新情况进一步完善党内民主制度体系，使之适应时代的发展。如健全和完善党的代表大会制度，进一步理顺党的代表大会、全委会和常委会的关系，探索党的代表大会闭会期间发挥代表作用的途径和形式，调动党员代表参与党内事务特别是重大问题决策的积极性，充分发挥各个方面的作用，形成一个责权明确、协调高效、有效制约的科学的领导体制；健全完善党的委员会制度，进一步发挥党的委员会全体会议的作用，健全和落实全委会职责，重大问题由全委会讨论决定，加强全委会对常委会及其成员的监督，按照集体领导、民主决策、个别酝酿、会议决定的原则，完善党委内部的议事和决策机制。

其次，推进党内民主工作体制和机制创新。我们党的党内民主制度是一个开放的体系，通过兼收并蓄，不断吸收和借鉴有益经验和做法向前发

---

① 胡锦涛：《坚定不移沿着中国特色社会主义道路前进　为全面建成小康社会而奋斗——在中国共产党第十八次全国代表大会上的报告》（2012 年 11 月 8 日），人民出版社 2012 年版，第 51 页。

展。党的制度的开放性，是党内民主制度保持活力的关键所在。我们可以吸收世界各国政党制度的有益做法，充实党内民主制度的体系。在实践中，要进一步深化干部人事制度改革，建立健全干部选拔任用和管理监督机制；改革和完善党内选举制度，健全候选人提名方式，适当扩大差额比例，提高党内选举的透明度；健全和完善党内监督制度，拓宽党内监督渠道，实行多种形式的领导干部述职述廉制度，健全重大事项报告制度、质询制度和民主评议制度，保证党员对党内重大问题的知情权、参与权和监督权。

最后，提高党内民主制度的程序性和操作性。党内民主有实体制度和程序制度。没有规范的民主程序，党内民主制度也不可能有效实施。一般来说，程序民主包括会议规则、议事规则、表决规则和回避规则等具体操作性的制度。党内重大决策严格按民主程序规则办事，就能正确集中最广泛人的意志，最大限度地促进党内和谐。通过建立健全党内选举、党内监督、党内情况通报以及重大决策征求意见等方面的制度和程序，进一步疏通党内民主渠道，拓宽党内民主途径，丰富党内民主形式，使党员的民主权利得到充分的行使，实现党员对党内事务的广泛参与、有效管理和积极监督。进一步健全完善保障党员民主权利的党内法规体系，严肃党的纪律，对于违反党内民主的现象和侵犯党员民主权利的行为，要追究责任，严肃处理。

四　理顺党政关系

党的领导主要是政治、思想和组织领导。具体讲就是制定大政方针，提出立法建议，推荐重要干部，进行思想宣传，发挥党组织和党员的作用，坚持依法执政。要按照"总揽全局，协调各方"的原则，改革党"包揽一切"的领导体制，科学规范党委与人大、政府、政协、司法、人民团体以及其他各方面的关系，既保证党委的核心领导作用，又使各方面能各司其职、各尽其责，相互配合、形成合力。在党政关系上，关键是以制度创新理顺党政关系。理顺党政关系，既不是要削弱党的领导，也不是要削减政府的权力，而是把党和政府各自的职能发挥好。

一是明确界定党同国家机关的职责，充分发挥人民代表大会的作用。充分尊重宪法和法律赋予人大及其常委会的地位，支持人大及其常委会依法行使职能。明确党的主张和意见经过人大及其常委会的审议通过，才能成为国家的法律。二是科学处理党与政府的关系，支持和监督政府依法行政。党委的职责主要是确定大政方针和决定重要干部的任免，必须把大量的日常行政工作交由政府部门和业务部门承担，把主要精力集中搞好党的自身建设和做好思想政治工作。三是科学处理党与政协的关系，尊重各民主党派的平等地位，充分调动统一战线参政议政的积极性，进一步发挥政协的参政议政、政治协商、民主监督的作用。四是科学处理党与司法机关的关系，发挥司法机关维护社会公平正义的职能。党领导人民制定法律，也领导人民遵守法律，坚决纠正以言代法、有法不依的认识和做法，既要坚持对审判司法机关的领导，又不干涉司法机关依法办事。五是科学处理党与人民团体和各种社会组织的关系，充分发挥人民团体和社会组织的桥梁和纽带作用。党要进一步加强和改善对人民团体和各种社会组织的领导，正确引导这些组织的发展方向，拓展其发展空间，支持其依照法律和各自章程独立自主地开展工作。六是规范党政机构设置。党政机构设置是一项复杂的系统工程，要适应坚持和完善党的领导的需要，从我国社会经济发展的实际出发，统筹规划，总体设计，稳步推进。要按照精简、统一、高效的原则，科学规范部门职能，合理设置工作机构，逐步撤并党委和政府职能相同或相似的工作部门，理顺工作关系，改进管理方式，切实解决层次过多、职能交叉、多头管理等问题。适当扩大党政领导成员交叉任职，减少领导职数，切实解决分工重叠的问题。这样，既有利于避免因职责分工重叠引起的党政不分、相互扯皮等现象，也有利于增强党委总揽全局的能力，提高班子成员的积极性和集体决策水平。

第六节　提升执政绩效，为党长期执政奠定坚实的物质基础

执政绩效是指执政党在治理国家、领导社会、服务公众的过程中所取得的实际业绩和效能，包括执政任务、执政使命、执政目标的完成状况、经济政治文化社会发展目标、人民群众的根本利益的实现状况等。

执政绩效是政党执政能力的最直接外在表现，是执政党能否获得执政合法性和政党认同的主要依据，是影响人民对党评价的最重要的因素之一。党如果"在执政中能有效控制公共权力，顺利实现本党的纲领、路线、方针、政策，进而有力推动社会政治、经济、文化的协调发展，以实现大多数人的利益"[1]，就能赢得人民的支持和拥护。一个政党取得执政地位后，总是努力开展执政活动，争取提升执政绩效，因为执政党的执政绩效关系到国家安全、社会稳定和人民幸福，更关系到执政党的认同，关系到执政地位的巩固和延续。

一　执政绩效是人民选择政党执政的主要指标

任何政党的目标都是提高执政绩效，获取民心，巩固政权，人民之所以选择某个政党，就是因为此政党能给人民带来实实在在的利益，能够有

---

① 杜艳华：《论影响政党执政绩效的几个关键要素》，《学习与探索》2005 年第 4 期。

更美好的未来。一旦脱离人民的利益和愿望，政党也会失去人民的支持。列宁曾指出："如果你不善于把理想与经济斗争参加者的利益密切结合起来，与该阶级的'公平的劳动报酬'这类'狭隘'琐碎的生活问题，即自命不凡的民粹主义者不屑理睬的问题结合起来，那么，最崇高的理想也是一文不值的。"[①] 马克思主义认为，物质生产及生产方式是人类社会赖以生存和发展的基础，是人类其他活动的首要前提。人类社会的全部社会生活，如经济生活、政治生活、社会生活等都受生产力发展水平的制约，生产力的发展是人类社会发展的最终决定力量。人类进入现代社会后，虽然社会组织高度发展，社会制度日趋复杂，然而生产力作为历史发展决定性力量的性质并没有改变，生产力决定生产关系，经济基础决定上层建筑的人类社会基本矛盾规律仍然在发挥作用。人类社会的任何政治制度、任何政党组织都必须遵循这一规律，把握这一规律才能存在和发展；反之，则必然被历史规律所抛弃。任何政党要取得并保持执政地位，首要一点就是要促进生产力的发展，不断满足人民群众日益增长的物质和文化需要，这是一个政党的执政基础，执政党一切政策必须以生产力的巨大增长和高度发展为前提。

当代世界各国政党执政的实践表明，提升执政绩效对于防范执政风险具有重要作用。因为执政绩效是政党执政能力的最直接外在表现，是执政党能否获得执政合法性的主要依据，是影响人民对党评价的最重要的因素之一。政党认同是政党执政合法性的基础，执政党如果丧失了民众的认同，其必将产生执政合法性危机，最终导致政权的更替。从政党和民众的关系角度而言，政党认同问题就是广大人民群众是否支持和拥护政党的执政。一般来说，执政党的执政绩效越大，民众对执政党的认同度就越高，执政的基础就越稳固，相反，执政党的绩效越小，民众

---

① 《列宁全集》第 1 卷，人民出版社 1984 年版，第 353 页。

对执政党的认同度就越低，执政基础就越不稳固，甚至可能丧失执政地位。

提高执政绩效，不断满足人民群众日益增长的物质文化需要是社会主义初级阶段的主要任务，是党执政的根本目标和任务，也是党执政基础巩固的物质基础。毛泽东在领导中国革命的过程中就认识到，政党赢得人民支持的根本标准就是能否满足人民群众的物质需求。他指出："中国一切政党的政策及其实践在中国人民中所表现的作用好坏、大小，归根到底，看它对于中国人民的生产力的发展是否有帮助及其帮助之大小，看它是束缚生产力的，还是解放生产力的。"① 把人民满意作为检验党的执政绩效的根本标准。在改革开放的过程中，邓小平多次提出：我们的各项政策的制定和实施，必须以人民"拥护不拥护""赞成不赞成""高兴不高兴""答应不答应""满意不满意"作为出发点和归属点。人民利益是我们党的一切工作的出发点和归宿点。执政的纲领、执政的方式和执政的绩效如何，最终要由人民来评判。凡是人民拥护的政策，我们都要坚持，凡是人不喜欢的政策，我们都要抛弃。中国共产党执政以来，带领全国各族人民不断进行理论创新、实践探索、艰苦奋斗，走出了一条中国特色的社会主义道路，在经济建设、政治建设、文化建设和社会建设等方面取得了举世瞩目的成绩，以良好的执政绩效取得了人民的支持和信任。进入新世纪新阶段，世情、国情和党情都发生了深刻变化，我们党执政更是面临着前所未有的风险和挑战。因此，在新形势下，我们党必须高度重视防范执政风险问题，不断增强防范执政风险的意识，不断创新执政理论，紧紧依靠人民，发展为了人民，努力提升执政绩效，用新的执政业绩和成就取信于民，为我们党执政奠定良好的执政基础，只有这样才能化解执政风险，巩固执政地位，完成执政使命。

---

① 《毛泽东选集》第 3 卷，人民出版社 1991 年版，第 1079 页。

二　抓住发展这个党执政兴国的第一要务

经济是党执政的物质基础，经济活动是人类最基本的活动，是人类生存和发展的前提和基础。人类要生存繁衍、要追求幸福生活、要获得自我价值的实现，首先必须解决物质生活资料问题。因此，发展生产力是人类的第一要务。政党虽然是一定阶级的代表，但作为执政党必须代表大多数人的利益，顺应时代发展的潮流。当今世界的一大趋势就是谋求经济的快速发展。凡是认识到这一趋势、抓住发展机遇的政党其执政地位就牢固，政权的合法性就更充分；反之，则无法获得人民的支持和拥护，甚至丧失执政地位。

发展是解决中国所有问题的关键，如果政党在执政期间，生产力得到发展，人民生活水平得到提高，社会就会更加稳定和谐，政党执政就会有合法性，执政绩效越好，政党的执政风险就越小，执政地位就越稳固。邓小平指出：“在社会主义国家，一个真正的马克思主义政党在执政以后，一定要致力于发展生产力，并在这个基础上逐步提高人民的生活水平。”党要想长期执政，巩固其执政地位，首要的问题就是筑牢经济基础。习近平指出：“我们要坚持发展是硬道理的战略思想，坚持以经济建设为中心，全面推进社会主义经济建设、政治建设、文化建设、社会建设、生态文明建设，深化改革开放，推动科学发展，不断夯实实现中国梦的物质文化基础。”① 我国仍处于并长期处于社会主义初级阶段，人民日益增长的物质文化需要同落后的社会生产之间的矛盾这一社会主要矛盾没有变，要解决中国的一切问题，主要依靠发展来实现。中国共产党作为执政党，要清楚认识到发展是执政兴国的第一要务，“发展是硬道理”，发展是解决中国社会问题的一把总钥匙。

---

① 习近平在第十二届全国人民代表大会第一次会议闭幕会上的讲话（2013 年 3 月 17 日）。

新世纪新阶段，对我国来说，是必须紧紧抓住并要有所作为的重要战略机遇期。在世情、国情、党情发生了深刻变化的情况下，我们党要克服困难，抓住机遇，深化改革，全面推进各项事业的发展进步。党的十八大报告指出："全党必须更加自觉地把推动经济社会发展作为深入贯彻落实科学发展观的第一要义，牢牢扭住经济建设这个中心，坚持聚精会神搞建设、一心一意谋发展，着力把握发展规律、创新发展理念、破解发展难题，深入实施科教兴国战略、人才强国战略、可持续发展战略、加快形成符合科学发展要求的发展方式和体现机制，不断解放和发展社会生产力，不断实现科学发展、和谐发展、和平发展，为坚持和发展中国特色社会主义打下牢固基础。"党的十八大为实现什么样的发展目标和怎么发展提出要求和指明了方向。

一是提高党驾驭社会主义市场经济的能力，完善党领导经济工作的体制机制和方式，以经济建设为中心，推进经济持续稳步增长，大力提高人民的生活水平；二是加快转变经济发展方式，提高经济发展的质量和效益，完善经济发展的考核办法和机制，不能仅依据 GDP 的增长来评价经济的发展状况；三是坚持协调发展，逐步缩小城乡之间、区域之间经济发展的差距，走共同富裕的发展道路；四是落实经济建设、政治建设、文化建设、社会建设和生态文明建设五位一体总体布局，促进现代化建设各方面协调发展，提高我国的经济实力和综合国力，创造让人民满意的执政绩效，用发展成果惠及人民群众。

三　努力降低执政成本

执政成本指的是执政党为了实施党的意志和主张，促进国家政治、经济、文化繁荣发展，需要采取一定的领导方式和领导制度来施行政策方针，在这个过程中所耗费的物质（如人力、物力、财力）以及非物质（如信息、时间、精力、机会成本）内容的总和。执政绩效在关注执政成绩的同时也关注执政成本，执政绩效的核心是以最小的投入谋取最大的产出，是执政成本和执政收益的统一体。执政党理想的执政目标应该是降低执政成本，获取最大化的执政绩效，从这个意义上说，降低执政成本是执政党执政绩效追求目标的重要内容。

1. 加强执政成本教育，在全党增强执政成本意识。

中国共产党执政过程就是对已有资源的利用和耗费过程，也是积累和开发新的经济、政治、文化和社会等资源的过程。中国共产党执政的过程必须耗费一定的资源和花费一定的成本，只有一定的成本投入，才会有国民经济的发展、社会稳定和谐、人民生活水平提高，提高人民群众对现有政治制度、执政党及其价值观念的认同和支持等。投入成本的目的是取得更大更好的效益，因此，执政时怎样花费最少的成本取得最大的效益，是中国共产党必须十分重视的问题，增强执政成本意识是当务之急。

中国共产党在过去的长期执政实践中，由于个别领导干部和地方组织执政政成本意识淡薄，大搞"政绩工程""形象工程""面子工程"，不计执政成本、不讲执政效益，浪费了大量的经济资源，同时也损害了党的形象，付出了巨大的无形成本。中国共产党是立党为公、执政为民的党，提高执政绩效，降低执政成本，是中国共产党执政的题中应有之义，为人民谋利益的执政过程，不仅要有"作为意识""政绩意识"，还要树立和增强"节俭意识"和"成本意识"，特别要摒弃那种不计成本、不惜代价，只重视大投入、不重视高产出的思想观念和执政意识。

2. 深化执政体制改革，减少执政资源消耗，提高执政效益。

执政体制主要是指执政党执政的制度和机制，包括党和国家的领导制度以及管理和运行制度等方面。深化执政体制改革就是要进一步推动党的领导体制改革、行政体制改革和社会体制改革等，理顺党政关系、社政关系、政企关系和政事关系，有效整合和利用公共资源，提高执政效率。

一是以精简机构、转变职能为关键，建立规范协调、公正透明、廉洁高效的行政管理体制，切实解决层次过多、职能交叉、人员冗杂、权责脱节等问题。2013 年，党在推进机构改革、继续简政放权、完善制度机制、提高行政效能上迈出了重要步伐，党的十八届二中全会审议通过了《国务院机构改革和职能转变方案》，十二届全国人大一次会议表决通过并批准了这个方案。二是精简会议和文件，切实发扬深入实际、调查研究、集思广益的工作作风，提高行政效率。把领导干部从"文山会海"中解脱出来，深入一线和基层，实地调研和解决问题，做到文件简报少而精，有针对性和操作性，使会议次数减少，会期缩短，规划控制，质量提高，多管齐下，降低执政成本。2012 年年末，中央政治局审议通过了关于改进工作作风、密切联系群众的八项规定，从改进调查研究、精简会议活动，切实改进会风、精简文件简报，切实改进文风、规范出访活动、改进警卫工作、改进新闻报道、严格文稿发表、厉行勤俭节约，严格遵守廉洁从政有关规定等八个方面做出详细和具体的规定，八项规定对于克服形式主义和官僚主义，切实地以人为本，执政为民，服务于老百姓，降低执政成本、提高执政效率有非常重要的意义。三是压缩"三公经费"，降低执政成本。"三公经费"（指公务接待、公务用车、公务出国所支出的经费）是执政活动所必需的一项成本支出，但如果经费支出过多，势必影响其他事业的经费支出特别是民生事业的改善，从而导致执政成本过高、执政效益低下。2013 年新一届中央政府庄严承诺"三公经费"只减不增，加大对民生事业的投入就是践行勤俭从政的生动体现。

3. 强化依法执政，加强执政成本核算，把控制和降低执政成本纳入法制化轨道。

西方发达国家的执政经验表明，依法执政，把降低执政成本纳入法制化轨道，是降低执政成本，提高执政绩效的有力举措和手段。在西方发达国家，政府的财政预算都要经过立法部门的批准，财政预算得到立法部门批准后，必须严格执行，否则就是违法。虽然中国国情和西方发达国家有区别，但其做法和经验值得借鉴。在我国，要大力推进依法执政，把执政成本和执政活动形成制度和法律的规范，推行财政预算公开制，接受人民代表大会、立法机构和民众的监督。财政预算执行结果必须接受审计，并向全社会报告和公开。降低执政成本，既要有与控制执政成本相关的法律和法规，也要有对执政党相关的法律规定，使执政党自觉依法执政，提高执政成效。

四　坚持国民公平共享发展成果

党的十八大报告指出："公平正义是中国特色社会主义的内在要求。要在全体人民共同奋斗、经济社会发展的基础上，加紧建设对保障社会公平正义具有重大作用的制度，逐步建立以权利公平、机会公平、规则公平为主要内容的社会公平保障体系，努力营造公平的社会环境，保证人民平等参与、平等发展权利。"维护社会公平和正义，实现国民共享发展成果是中国共产党提高执政绩效的价值目标和追求，如果失去了社会公平和正义，导致贫富差距过大，社会阶层分化形成利益集团，公民权利得不到保障，这样换来的经济和财富的增长也毫无意义。从这个意义上说，维护社会公平和正义，实现国民共享发展成果，是提高执政绩效的内在要求和根本原则。

维护社会公平和正义要充分保障每个公民发展和进步的权利。习近平总书记在阐释中国梦时指出，要让生活在我们伟大祖国和伟大时代的中国人民，共同享有人生出彩的机会，共同享有梦想成真的机会，共同享有同祖国和时代一起成长与进步的机会。只有实现每个人的全面发展，才能促进社会发展，保持社会稳定和谐，我们党才能有更牢固的执政基础。

健全共建共享的机制，营造公平、和谐的社会环境。人民群众是社会建设的主体，理应是社会建设的受益者，要形成人民群众共同建设美好社会，共同享受社会发展成果的良性机制，我们党要坚持执政为民，做到发展为了人民，发展依靠人民，发展成果由人民共享，努力创造让人民满意的执政绩效。

第七节　优化执政环境，为党长期执政
创造良好的外部条件

执政环境是指执政党执政所面临的各种情况和条件，是执政党进行执政活动的外部条件，必然会对执政活动产生重大而深刻的影响。执政党的活动总是处于一定的时空范围，包括国际和国内环境，良好的环境有利于党长期稳固执政，恶劣的环境则会导致执政危险，从而危及党的执政地位。执政环境从不同方面制约着执政党的执政行为，影响其执政效果。同时，执政党也不是完全被动地受执政环境的影响，执政党可以通过提高执政能力，在正确认识和适应执政环境的基础上，采用正确的措施和途径有效地改善和优化执政环境。

一　优化和改善执政环境，是党巩固执政地位必须认真解决的
重大课题

经过 90 多年的奋斗和发展，拥有 60 多年的执政实践，中国共产党已经成为一个掌握着全国政权并长期执政的党，当前正在全面改革开放条件下领导国家建设，中国共产党面临的执政环境已经发生了或正在发生着深刻的变化。掌握政权并长期执政，在全面改革开放条件下领导国家建设，这既是我们党执政所处的历史方位，也是执政必须面对的外部环境，给我

们党长期执政提出了崭新的课题和严峻的挑战。

新世纪新阶段，我们党所处的历史方位发生了巨大变化，执政条件和执政环境也发生了深刻变化。从国际环境看，和平与发展是时代主题。一方面，世界的和平与发展是时代不可逆转的潮流。在较长时间内，我国仍可实现和保持和平国际环境和良好周边环境，同时我们也应看到，不公正不合理的国际政治经济旧秩序没有彻底改变，影响和平与发展的不确定因素还在增加。传统安全威胁和非传统安全威胁的因素相互交织，恐怖主义暴力事件有上升趋势，霸权主义和强权政治有新的发展和表现形式。民族、宗教矛盾和边界、领土争端导致的局部冲突此起彼伏，世界还存在不安宁不稳定的因素，和平与发展面临着许多严峻挑战。另一方面，全球化趋势进一步发展，科技进步日新月异，信息技术突飞猛进，世界范围内的产业结构调整和产业转移步伐加快。作为世界贸易组织的成员国，我国与世界各国的经济技术合作进一步扩大和加强，有利于发挥我国的后发优势实现跳跃式发展。但是，随着经济全球化的快速发展，各国对市场、人才、资源的争夺日益激烈，由于西方发达国家经济和科技实力雄厚，掌握着国际经贸组织及国际经济规则的主导权，它们通过这些组织，加紧向发展中国家进行经济渗透和扩张，并极力推行其发展模式、政治制度和价值观念，从而使发展中国家的经济主权和国家安全面临着严峻挑战和威胁。

从国内环境看，改革开放以来，在建设中国特色社会主义的基本理论、基本路线和基本纲领的指导下，我国经济持续快速发展，综合国力显著增强，人们生活明显提高，社会和谐稳定。但是，改革开放带来了深刻而巨大的变化，社会经济成分、组织形式、就业方式、利益关系和分配方式日益多样化，阶级、阶层和群体呈现出新的特点和发展趋势。当前，改革进入攻坚阶段，发展进入关键时期，随着改革开放的进一步深入，人民的思想观念和价值观念显现出多元化和复杂化的特点，在人民生活水平提高的同时，但城乡差距、东西差距和家庭差距有进一步扩大的趋势，如果不能正确处理贫富差距问题，不能切实维护社会公平正义，将对社会稳定和当前安定团结的政治局面构成很大威胁。

因此，如何营造良好的执政环境，是中国共产党执政必须解决的基本问题。面对新的形势和新的任务，我们党只有更好地适应已发生了深刻变化的执政环境，通过自身的努力，不断优化和改善党的执政环境，才能从容应对复杂局面，抵御来自各方面的风险。

二　优化和改善中国共产党执政的国际环境，维护国家安全

当今风云变幻的国际环境一方面使我国面临严峻的外部风险和挑战，另一方面也为我国提供了难得的发展机遇，使我国有机会融入发展进步的世界大家庭中。在这样的国际环境下，对执政的中国共产党来说，如何使中国经济发展融入经济全球化一体化进程中，维护国家的经济利益；如何在政治多极化的进程中坚持独立自主，维护国家主权和安全；如何在各种文化相互激荡中保持马克思主义在意识形态上的指导地位等问题都需要我们创造一个良好的国际政治经济新秩序和国际文明的新秩序。习近平总书记在十八届中央政治局第三次集体学习的讲话中指出："实现我们的奋斗目标，必须有和平国际环境，没有和平，中国和世界都不可能顺利发展；没有发展，中国和世界也不可能有持久和平。我们一定要抓住机遇，集中精力，把自己的事情办好，使国家更加富强，使人民更加富裕，依靠不断发展起来的力量更好走和平发展道路。"[1] 因此，我们党必须科学地分析和应对深刻变化的国际形势。高举和平、发展、合作、共赢的旗帜，推动建立国际政治经济和国际文明的新秩序，争取在激烈的国际竞争中始终掌握主动权，为中国

---

[1]　习近平：《在十八届中央政治局第三次集体学习时的讲话》（2013 年 1 月 28 日），《人民日报》2013 年 1 月 30 日。

特色社会主义建设事业争取较长时间的和平国际环境和良好周边环境。为此，党的十八届三中全会决定设立国家安全委员会，主要目的是更好适应我国国家安全面临的新形势新任务，建立集中统一、高效权威的国家安全体制，加强对国家安全工作的领导，从而实现国家长治久安，为全面建成小康社会、实现中华民族伟大复兴中国梦提供重要保障，2014年4月15日，习近平主持召开中央国家安全委员会第一次会议，并发表重要讲话。习近平指出："增强忧患意识，做到居安思危，是我们治党治国必须始终坚持的一个重大原则。我们党要巩固执政地位，要团结带领人民坚持和发展中国特色社会主义，保证国家安全是头等大事。"并强调："要准确把握国家安全形势变化新特点新趋势，坚持总体国家安全观，走出一条中国特色国家安全道路。"在会上，习近平提出和阐述了"总体国家安全观"："既重视外部安全，又重视内部安全；既重视国土安全，又重视国民安全；既重视传统安全，又重视非传统安全；既重视发展问题，又重视安全问题；既重视自身安全，又重视共同安全。"①因此，创造执政的良好国际环境，需要从我国的政治、经济、文化、国防等方面的安全出发，以"总体国家安全观"为指导，构建国家安全体系，维护国家安全，积极营造一个有利于我国发展的安全环境。

1. 适应经济全球化趋势，提高防范国际经济风险能力，维护经济安全。

当前世界处在和平与发展时期，经济利益是国家利益中的核心利益，经济实力在综合国力竞争中具有基础地位和关键作用，因此，经济安全在国家总体安全中越来越具有核心地位。经济发展不仅关系到国计民生、国家长治久安，也关系到世界的和平与安全。经济合作和协同发展越来越成为当今国际关系中最首要和关键的因素。在新的形势下，我国经济安全面

---

① 《人民日报》2014年4月16日第1版。

临更大的挑战，因此努力探索维护经济安全的新方法和有效途径是目前面临的紧迫任务。从国家安全的高度看，经济应当在发展中保证安全，在维护经济安全中促进发展。要强化经济安全意识、夯实内在经济基础、创造良好的国际安全合作环境、提升经济发展能力来为维护国家安全打下坚实的基础。

一是增强经济安全意识，制订国家经济安全战略。在经济全球化时代，经济安全成为各个国家重点关注的安全领域，各国经济在融入全球化过程中，充满着各种影响和制约经济发展的风险和威胁，对经济发展可能造成破坏和阻碍，因此，如果不增强积极预防经济风险和威胁的安全意识，当我们面对风险和威胁时，就会乱了阵脚、束手无策。我们党要增强经济安全意识，破除传统的安全观念，建立新的总体国家安全观，把经济安全纳入国家安全战略之中，做好预防，保障国家经济安全免受威胁或把可能发生的风险控制在较小范围内，不受破坏性的冲击。国家经济安全战略是维护经济安全的重要保障，我们党要制定正确科学的国家经济安全战略，着眼于长远性、全局性的筹划，应对各种经济风险和挑战，维护国家经济安全。

二是掌握参与经济全球化的主动权。2013 年 12 月 10 日，中央经济工作会议指出："观察当前和今后世界经济形势，必须联系国际金融危机大背景，要冷静扎实办好自己的事，大力推进改革创新，把发展的强大动力和内需的巨大潜力释放出来，以转变经济发展方式的主动，调整经济结构的主动，改革开放的主动，赢在经济发展上的主动和国际竞争中的主动，努力创造和维护政治关系友好、经贸规则有利、发展空间广阔的良好环境。"① 在当前经济全球化背景下，我国要积极主动参与和融入全球化一体化的进程中，但要牢牢把握参与经济全球化的主动权，要根据国民经济自

① 《人民日报》2013 年 12 月 14 日。

身具备的承载能力和全球化带来的经济利益来决定参与的程度和步伐，切实维护国家经济主权和经济安全。在参与经济全球化的过程中，既要兼顾当前利益，也要兼顾长远利益，促进国民经济健康发展，要防止"只看利，不见损""只见树木，不见森林"的思想和观点，避免受制于他国，让别国牵着鼻子走。

三是在参与经济全球化过程中，要积极稳妥安排好市场开放的步骤。中国融入经济全球化必然涉及市场开放问题，在经济全球化进程中，市场开放关系一个国家国民经济的安全，由于我国产业发展水平参差不齐，有些产业和产品在世界市场上已有较强的竞争力和抗风险能力，而有些产业和产品竞争力较弱，需要扶持和保护，因此，我们必须认真谨慎做好有关工作，要根据我国产业竞争力的强弱，合理确定市场开放的时机、顺序和程度。对具有较强竞争力的产业，可以大胆放到世界市场参与市场竞争，进一步提高产业的发展水平和质量，而对于竞争力较弱的产业可运用国际市场通用手段和世界贸易规则加以必要的保护，促进产业成长壮大。在经济全球化中，我国要防止发达国家通过竞争优势和市场手段，掠夺我国物产和资源、转嫁经济危机、转移高污染企业，使我国经济遭受损害。

2. 推动建立公正合理的国际政治新秩序，确保政治安全。

我国主张建立的国际政治新秩序包括以下要素：一是各国政治上相互尊重，共同协商，不把自己的意志强加于人，坚持国家不分大小、强弱、贫富一律平等，促进国际关系民主化；二是各国安全上相互信任，共同享受尊严，共同享受发展成果，共同享受安全保障，树立互信、互利、平等和协作的新安全观；三是尊重各国人民自主选择发展道路的权利，反对干涉别国内政，通过对话和合作解决争端，不诉诸武力或以武力相威胁，反对各种形式的霸权主义、强权政治和干涉主义，维护国际公平正义。

一是奉行独立自主的和平外交政策，努力构建合作共赢的新型国际关系。和平发展是中国特色社会主义的必然选择。2014 年 3 月 28 日，习近平总书记在德国科尔伯基金会的演讲中指出："中国走和平发展道路，不是权宜之计，更不是外交辞令，而是从历史、现实、未来的客观判断中得出的结论，是思想自信和实践自觉的有机统一。"① 在全球化时代背景下，我国要与世界各国加强合作，与爱好和平的国家建立起互助、互信、互利、平等的新型伙伴关系，坚持走和平发展道路，不断拓展中国的外交活动空间，不断化解现实的和潜在的安全威胁，改善外部环境，提高国际影响力。在和平共处五项原则的基础上，努力维护世界多样性，提倡国际关系民主化和发展模式多样化，彼此尊重世界上的各种文明、不同的社会制度和发展道路，在竞争比较中取长补短，在求同存异中共同发展，主张各国的事情应由各国人民自己决定，世界上的事情应由各国平等协商，建立起新的公正合理的国际政治新秩序，妥善应对各种问题和挑战，谋求合作安全、集体安全、共同安全，不断提高中国政治安全的系数。

二是加强睦邻友好，创造良好的周边环境。构建中国周边安全合作机制，营造睦邻友好环境，对全球化时代的中国发展来说，至关重要。习近平总书记指出，"做好周边外交工作，是实现'两个一百年'奋斗目标、实现中华民族伟大复兴的中国梦的需要，要更加奋发有为地推进周边外交，为我国发展争取良好的周边环境，使我国发展更多惠及周边国家，实现共同发展"②。从政治上看，周边是我国维护主权权益、发挥国际作用的首要依托；从经济上看，周边是我国对外开放，开展互利合作的重要伙伴；从安全上看，周边是我国维护社会稳定、民族和睦的直接外部屏障。与周边邻国关系搞好了，有利于为聚精会神搞建设，一心一意谋发展创造良好的外部环境。创造良好的周边环境，必须坚持"与邻为善""以邻为伴"的政策，坚持睦邻、安邻、富邻，突出体现"亲、诚、惠、

---

① 中共中央宣传部：《习近平总书记的系列重要讲话读本》，学习出版社、人民出版社2014年版，第148页。

② 习近平在周边外交工作座谈会发表重要讲话（2013年10月24日），《人民日报》2013年10月26日第1版。

容"的理念，处理好与周边国家的关系。首先，与邻友好，开展全方位周边外交。加强睦邻友好，巩固与周边中小国家的关系，我们必须坚持平等相待，相互尊重，坚持互信互利，谋求共同发展，开拓与周边大国的关系，我们应该本着求同存异、和睦相处的精神，发挥各自优势，增进了解，加强政治对话，扩大经济合作，努力实现共同利益。其次，要进一步加强区域合作。目前，中国与周边国家的合作呈现出机制化的特点。我们要进一步深化中国同周边国家建立的、中国参与的地区性组织和合作机制，如上海合作组织、东盟与中日韩合作机制、亚太经合组织、东盟与中国合作机制等，增进战略互信，积极推进和参与区域经济合作、安全合作等。

三是提高同国际社会交往的能力，掌握处理国际事务的主动权，坚决维护国家核心利益。我国已跃居世界第二大经济体，是联合国安理会常任理事国，是世界上最大的发展中国家，可以对国际事务发挥重要的影响和作用。在当今错综复杂的国际关系中，在处理国际事务中，我们要把原则性和灵活性结合起来，既要讲原则、态度坚决，又要讲究艺术和策略，做到有理有利有节，稳妥处理国际交往中的一些重大问题。我们参与国际活动和事务时，要按照国际上公认的基本规则办事，学会按照国际"游戏规则"观察事物和处理问题。我们要在对外交往中运用这些规则，来争取我国的最大利益。2013 年 1 月，习近平总书记在中央政治局第三次集体学习时指出："我们要坚持走和平发展道路，但决不能放弃我们的正当权益，决不能牺牲国家核心利益。任何外国不要指望我们会拿自己的核心利益做交易，不要指望我们会吞下损害我国主权、安全、发展利益的苦果。"① 因此，在维护国家领土主权、国家发展利益和国家安全等核心利益上，我们必须敢于亮出底线，划出红线，在维护国

---

① 中共中央宣传部：《习近平总书记的系列重要讲话读本》，学习出版社、人民出版社 2014 年版，第 148 页。

家利益中掌握主动权。

3. 推动文明对话，反对文化霸权，维护文化安全。

由于历史传统、文化背景、宗教信仰、价值观念的不同，各种文明之间存在差异，甚至会出现冲突与对抗。当今，西方文明仍占据强势地位，如何在文明多样化的世界中维护文化安全，保障国家利益，凝聚民族的巨大力量推动社会发展是我们面对的一个重要课题。

一是在文明多样性的世界上，建立有效的途径与机制，推动文明对话与交流。习近平总书记指出："文明因交流而多彩，文明因互鉴而丰富。文明交流互鉴，是推动人类文明进步和世界和平发展的重要动力。"① 在文明多样性的世界，推动文明的交流与对话非常必要。首先，推动文明对话与交流要疏通文明间的交流渠道，促进各文明间的相互了解、相互理解、相互认同，建立起国家、地区、民族间的交流以及政治、经济、宗教、文化等方面的交流通道，构建不同文明之间对话的有效机制；其次，推动文明对话与交流要促进文明间的交流、融合和互补，减少文明间的矛盾及冲突，使各种文明共同进步与发展，实现不同文明间的互知、互谅、互补和融合，进而达到共识和共存的目的。例如，"上海合作组织"确立不结盟的原则，与其他国家和地区组织开展各种形式的对话、交流与合作，就是文明交流与对话的典范。

二是反对文化霸权，推动建立国际文明新秩序。当前的国际文明秩序的"游戏规则"由少数发达国家制定，不利于文明的传播和发展。因此，包括中国在内的广大发展中国家应积极参与国际文化交流，提高对外文化交流水平，争取成为"游戏规则"的制定者和决策者，推动国际文明融合发展；认真制定国家文化产业战略，积极构建文化产业体系，深化文化体制改革，切实把中华文化建设好，提高我国的文化软

---

① 习近平在联合国教科文组织总部的演讲（2014 年 3 月 27 日，巴黎），《人民日报》2014年 3 月 28 日第 3 版。

实力，朝着建设社会主义强国的目标不断前进，使本国文化产品成为传播先进文化与民族文化的载体，抵御外来不良文化的侵蚀和渗透；进一步提高文化开放水平，推动更多的中国文化信息和文化产品进入世界文化市场，大力开展文化外交，构建中国文化发展的国际战略，努力展示中华文化的独特魅力，塑造良好的中国国家形象，推动建立国际文明新秩序。

三是积极营造有利于我国发展的国际舆论环境，努力提高我国国际话语权。在全球化时代特别是西方发达国家处于国际舆论垄断地位的条件下，要加强同外部世界的沟通，让中国更快地走向世界。习近平总书记在2013年8月19日至20日召开的全国宣传思想工作会议上发表重要讲话指出，"在全面对外开放的条件下做宣传思想工作，一项重要任务是引导人们更加全面客观地认识当代中国、看待外部世界。对世界形势发展变化，对世界上出现的新事物新情况，对各国出现的新思想新观点新知识，我们要加强宣传报道，以利于积极借鉴人类文明创造的有益成果。要精心做好对外宣传工作，创新对外宣传方式，着力打造融通中外的新概念新范畴新表述，讲好中国故事，传播好中国声音"[1]。一要正确分析和妥善回应国际社会对我国情况的关注，全面掌握反华舆论，及时作出分析判断，妥善应对，营造有利的国际舆论环境。二要重视媒体的对外宣传。加大主流媒体对外报道宣传的力度，对重大国际突发事件要讲究实效，对国际政治热点问题的报道，要讲究质量，在与世界各大通讯社的竞争中增强影响力。三要积极开展对外文化交流，加强互联网等高科技传媒的对外宣传，营造健康向上的网上舆论氛围。四要创新对外宣传方式，努力构建具有影响力、感召力和公信力的对外话语体系，使"中国故事"和"中国声音"更好地在世界上传播，提高我国的国际影响力和话语权。

---

[1] 习近平在全国宣传思想工作会议上发表重要讲话（2013年19日至20日），《人民日报》2013年8月21日。

4. 严厉打击暴力恐怖活动，维护国家安全和社会稳定。

民族分裂势力、宗教极端势力和暴力恐怖势力已成为当前影响世界安全与和平的国际公害，也对中国国家安全和社会稳定构成严重威胁。当前，各种敌对势力互相勾结、遥相呼应，"台独""藏独""东突"等势力逐步合流，一些敌对势力组织的暴力倾向有所强化，暴力恐怖活动有抬头之势。2014 年 4 月 25 日，习近平在中共中央政治局就切实维护国家安全和社会安定进行第十四次集体学习时指出："反恐怖斗争事关国家安全，事关人民群众切身利益，事关改革发展稳定全局，是一场维护祖国统一、社会安定、人民幸福的斗争，必须采取坚决果断措施，保持严打高压态势，坚决把暴力恐怖分子嚣张气焰打下去。"① 当前，要从以下几方面做好反恐工作。

一是建立健全反恐组织体系和工作机制，大力加强反恐力量建设。高度重视反对恐怖主义斗争的组织体系建设，建立和完善军警兵民一体化的防范体系，形成高效的联合打击恐怖势力和恐怖活动的工作程序和组织体系，制订防范和应急工作方案，努力建设指挥统一、反应灵敏、运转高效、力量多元、战斗力强的应急机制和打击机制；建立以反恐活动为主要任务的特种部队，加强训练，提高战斗力，随时准备处理可能发生的恐怖事件，同时，未雨绸缪，建立周密的情报网，以及时掌握恐怖活动的最新动向并及早将其消灭在萌芽状态，狠狠打击各类犯罪团体和暴力犯罪活动，防止其演变为恐怖组织；紧紧依靠各族人民群众，切实掌握解决矛盾、维护稳定的主动权，有效保障社会稳定和国家安全。

二是深入开展各种形式的群防群治活动。暴力恐怖活动漠视基本人权、践踏人道正义，挑战的是人类文明共同的底线，是各族人民的共同敌人。因此，在反恐斗争中要紧紧依靠人民群众，充分发挥人民群众的防

---

① 《人民日报》2014 年 4 月 27 日。

范、发现、治理作用。首先要加强国家安全教育，提高人民群众的国家安全意识，筑起人民群众防恐反恐的思想意识和观念，使暴力恐怖分子成为"过街老鼠、人人喊打"；其次要发动群众、依靠群众、武装群众，提高人民群众防恐反恐斗争中的基本自我保护能力，组织群众在反恐斗争中提供力所能及的援助，如反映情况、搜集线索、抓捕罪犯等；最后要发动群众在日常生活中做好矛盾排查和化解工作，要教育群众把暴力恐怖活动和一般的民族矛盾分割开来，对一般性的民族内部矛盾采取教育、疏导的方法，避免矛盾激化，对暴力恐怖活动则必须依法坚决打击，绝不手软。对不明真相的群众要耐心引导，最大限度地团结和依靠各民族人民，达到孤立和打击暴力恐怖分子的目的。

三是依法加强对民族宗教事务的管理和对信教群众的正面引导。暴力恐怖活动既不是民族问题，也不是宗教问题，我们要坚定不移相信和依靠各族干部群众，团结他们一道维护民族团结和社会稳定。坚决贯彻正确的民族政策，消除民族分裂、极端宗教思想和恐怖活动滋生和蔓延的社会基础；尊重少数民族地区人民的宗教信仰，实行信教群众的信仰自由政策，发挥爱国宗教人士作用，对信教群众进行正面引导、教育和宣传，既满足信教群众正常宗教需求，又有效抵御宗教极端思想的渗透，努力维护我国的社会稳定和国家安全。

5. 建立和发展新型的党际交往与合作关系。

政党外交既不同于政府外交，又不同于一般意义上的民间外交。它不拘泥于形式和外交礼仪，而是侧重深入对话和经验交流，它不直接处理国与国之间的外交事务，而是通过增进政党之间的相互了解和友谊，为国家关系的长远发展奠定基础。新的时代条件下，我们党要开展全方位的政党外交，顺应时代和形势发展的要求，致力于和平与发展，超越意识形态的差异，与一切愿与我党交往的各国政党联系往来，通过开展全方位、多渠道、宽领域的党际交流与合作，与各国政党建立联系，借鉴世界上其他政党执政的先进经验，创造良好的外部执政环境，进一步增强我们党的执政活力。

和平与发展仍是当今时代的主题，但国际环境仍继续处于深刻的变化和调整之中。世界政治格局处于向多极化方向发展时期，经济全球化趋势不断深入发展，科技进步日新月异，各国文化进一步交流交融交锋。总体上看，这些因素给我国的社会主义建设事业带来了难得的机遇和有利条件。只要我们高举和平、发展、合作、共赢的旗帜，坚持冷静观察、沉着应对的方针，牢牢掌握应对国际局势和处理国际事务的主动权，就能够创造有利于我国发展的外部环境，为我们党执政和中国特色社会主义事业争取较长时间的和平国际环境。

三　优化和改善中国共产党执政的国内环境，保持社会和谐稳定

人民群众的拥护和支持是执政党执政的重要保障和基础，因此社会和谐稳定、人民幸福安康是执政党执政最理想的执政环境。优化和改善我们党执政的国内环境需要从多方面入手，其中最重要的是构建社会主义和谐社会，使全体人民各尽所能、各得其所而又和谐相处。因此，努力构建社会主义和谐社会，是优化国内执政环境的重要举措。

1. 改善党执政的国内环境，构建社会主义和谐社会，要坚持稳定压倒一切的方针，正确处理改革发展稳定的关系。

在我国改革发展过程中，保持社会稳定是一个关系全局的重大问题。坚持稳定压倒一切的方针，正确处理改革、发展、稳定的关系，是我们党和政府工作的一条重要经验。邓小平指出："中国的问题，压倒一切的是需要稳定，没有稳定的环境，什么都搞不成，已经取得的成果也会失掉。"[①] 维护社会稳定是改革开放和实现现代化的根本保证，对我国来说，

---

① 《邓小平文选》第 3 卷，人民出版社 1993 年版，第 284 页。

社会主义事业建设过程要一直伴随着改革开放的进程，而社会稳定是改革开放的前提，也是社会生产力发展和国家正常运转的前提。因此，各级党委和政府要继续坚持稳定压倒一切的方针，努力为改革发展创造和谐稳定的社会环境，同时也要正确处理改革、发展、稳定的关系，这是我国社会主义现代化建设的三个重要支点，改革发展是稳定的基础，改革是解放和发展生产力的强大动力，发展是解决当代中国面临所有问题的关键，坚持把改革的力度、发展的速度和社会可承受的程度统一起来，在维护稳定的工作中，积极支持全面深化改革各项措施的推进，为改革创造良好的社会环境，为社会稳定夯实基础。

2. 改善党执政的国内环境，构建社会主义和谐社会，要正确处理新形势下的人民内部矛盾。

构建社会主义和谐社会的过程，就是妥善处理各种矛盾的过程，就是不断消除不稳定因素、不断增加和谐因素的过程。随着我国改革发展进入关键期、攻坚期和深水区，由于利益格局的调整，我国人民内部矛盾出现了多发多样的状况，当前也是社会矛盾的凸显期，这是我国改革发展过程中不可避免的。我们要正视矛盾，而不是回避矛盾，找到化解矛盾的正确途径和有效方法，建立妥善处理矛盾的体制和机制。一是建立健全社会矛盾调处机制，进一步做好信访工作，综合运用政策、法律、经济、行政等手段和教育、协商、调解等方法，依法及时合理地处理群众反映的问题，引导群众以合理合法的形式表达利益要求，解决利益矛盾，自觉维护安定团结的局面；二是进一步健全发现矛盾和问题的机制，各级党委要切实关心和解决群众的生产和生活问题，扩大信息来源，及早发现苗头，力争将矛盾消灭在萌芽状态，做到有备无患，防患于未然；三是要进一步健全纠正错误的机制，促使发现的问题迅速得到解决，防止小错拖成大错，小祸酿成大祸；四是积极预防和妥善处置群体性事件和突发事件，既依法维护群众正当权益，又依法维护社会安定团结。当前，要重点解决好在土地征用、城镇拆迁、企业重组和改制、污染环境破坏生态等事件和环节中损害群众利益的问题，坚决依法纠正各种损害群众利益的行为。

3. 改善党执政的国内环境，构建社会主义和谐社会，要加强社会管理和建设，推进社会管理体制创新。

在政党政治中，政党是联系国家和社会的桥梁和枢纽，是实现国家与社会良性互动的重要保证，执政党要获得广泛的群众支持，必须把执政理念传播和融入社会之中。建立健全与社会主义经济、政治、文化体制相适应的社会管理体制，形成与社会主义经济、政治、文化秩序相协调和相适应的社会秩序。《中共中央关于全面深化改革若干重大问题的决定》（以下简称《决定》）指出："创新社会治理，必须着眼于维护最广大人民根本利益，最大限度增加和谐因素，增强社会发展活力，提高社会治理水平，全面推进平安中国建设，维护国家安全，确保人民安居乐业，社会安定有序。"我们要按照《决定》的要求，把加强社会建设和管理同推进经济社会协调发展结合起来，同维护人民群众的根本利益结合起来，同增加社会发展活力结合起来，把社会建设和管理提高到一个新的水平。一要深入研究社会管理规律，加强社会管理体制的建设和创新，完善社会管理体系和政策法规，整合社会管理资源，建立健全党委领导、政府负责、社会协同、公众参与的社会管理格局；二要进一步落实维护社会稳定的工作责任制，一级抓一级，层层抓落实，建立健全处理人民内部矛盾和群体性事件的机制、社会治安防控体系机制、维护社会主义市场经济法律秩序机制，切实保障和维护人民群众的合法权益；三要建立健全社会预警机制、突发事件应急机制、社会动员机制，保障公共安全，营造和谐稳定的社会环境；四要建立健全打击敌对势力和恐怖暴力活动维护国家安全的机制，保障国家安全与稳定。

结　　语

　　执政风险是指执政党面临执政地位丧失的一种可能的、潜在的危险。执政风险是当今世界政坛共同面临的突出问题。中国共产党作为执政党，同样面临着执政风险。抵御执政风险，巩固执政地位，是中国共产党执政以后的一项根本任务，也是中国共产党将长期面对并须始终解决好的一个历史性课题。当今世界形势和环境错综复杂，国内改革不断深化，党所处的历史方位都增加了执政风险的因素，我们党执政面临着前所未有的风险和挑战。党的十八大提出，新形势下，我们党不仅担负着团结带领全国人民全面建成小康社会、推进社会主义现代化、实现中华民族伟大复兴的历史重任，而且面临着执政考验、改革开放考验、市场经济考验、外部环境考验四大考验，存在着精神懈怠的危险、能力不足的危险、脱离群众的危险、消极腐败的危险四大危险，需要解决好提高党的领导水平和执政水平、提高拒腐防变和抵御风险能力两大重大课题。正是在这样的背景下，执政风险问题日益凸显，防范执政风险已成为中国共产党必须面对并长期面对的问题。

　　进入新世纪新阶段，从国际环境来看，呈现出经济全球化、政治多极化、文化多元化、科技信息化等特征和趋势，我们党执政面临更加复杂多变的国际风险；从国内环境来看，我国已进入改革发展的关键时期和攻坚时期，经济体制深刻变革，社会结构深刻变化，利益格局深刻调整，思想观念深刻变化，我们党执政面临着更多的潜在的国内风险；从党内情况看，党员队伍和结构都发生了一些新变化，党的自身出现了一些新问题，我们党执政面临着"打铁还需自身硬"的党内风险。执政风险是客观存在的，但又是可以防范和化解的，因此，执政风险的存在并不可怕，关键是我们党要有忧患意识、危机意识和执政意识，认识存在的问题，及早准备，防范在先，根据共产党执政规律，借鉴世界上其他执政党的成功经验，采取防范执政风险的对策。本书提出中国共产党防范执政风险的对策建议：创新执政理论，为党长期执政建立强大的思想理论基础；完善执政方式，为党长期执政提供科学的方法和途径；巩固执政基础，为党长期执政筑牢人民根基和力量；提高执政能力，为党长期执政打好自身素质基础；健全执政体制，为党长期执政提供制度保障；提升执政绩效，为党长期执政奠定坚实的物质基础；优化执政环境，为党长期执政创造良好的外部条件。

执政风险是一个宏大的选题，涉及经济建设、政治建设、文化建设、社会建设、生态文明建设和党的建设等各个方面，本书的不足主要体现在对中国共产党所面临的执政风险不可能全面分析、面面俱到，只是构建了一个相对完整的体系。防范执政风险问题涉及多学科的综合性问题，必须借鉴其他学科的研究方法，从不同的角度、用不同的方法来加强和深化研究。任何时候研究中国共产党防范执政风险问题都是恰逢其时，因为时代是不断发展的，环境是不断变化的，中国共产党所面临的执政风险也是不断发展变化的，每个时代有每个时代所面临的执政风险，每个阶段有每个阶段所要应对的挑战和问题。唯物辩证法告诉我们，解决了一个矛盾又会出现新的矛盾，因此，中国共产党防范执政风险研究也应随时代和社会的发展不断深化和拓展，这也是本研究今后继续努力的方向。

主要参考文献

（一）经典著作与文献资料

[1]《马克思恩格斯文集》第1—10卷，人民出版社2009年版；《马克思恩格斯全集》第1—50卷，人民出版社1956年至1986年出版；《马克思恩格斯选集》第1—4卷，人民出版社1995年版。

[2]《列宁专题文集》第1—5卷，人民出版社2009年版；《列宁全集》第1—60卷，人民出版社1984年到1990年出版；《列宁选集》第1—4卷，人民出版社1995年版。

[3]《毛泽东选集》第1—4卷，人民出版社1991年版。

[4]《毛泽东文集》第1—8卷，人民出版社1999年版。

[5]《毛泽东著作选读》（上、下），人民出版社1986年版。

[6]《邓小平文选》第1—3卷，人民出版社1993、1994年版。

[7]《邓小平年谱》（1975—1997）（上、下），中央文献出版社2004年版。

[8]《邓小平理论专题摘编》，人民出版社1998年版。

[9]《江泽民文选》第1—3卷，人民出版社2006年版。

[10] 中央文献研究室编：《三中全会以来重要文献选编》（上、下），人民出版社1982年版。

[11] 中央文献研究室编：《十二大以来重要文献选编》（上、中、下），

人民出版社 1986—1988 年版。

[12] 中央文献研究室编:《十三大以来重要文献选编》（上、中、下），
人民出版社 1991—1993 年版。

[13] 中央文献研究室编:《十四大以来重要文献选编》（上、中、下），
人民出版社 1996—1998 年版。

[14] 中央文献研究室编:《十五大以来重要文献选编》（上、中、下），
人民出版社 2001—2003 年版。

[15] 中央文献研究室编:《十六大以来重要文献选编》（上、中、下），
中央文献出版社 2005—2008 年版。

[16] 中央文献研究室编:《十七大以来重要文献选编》（上、中），中
央文献出版社 2009、2011 年版。

[17] 江泽民:《在庆祝中国共产党成立七十周年大会上的讲话》,《人
民日报》1999 年 7 月 21 日。

[18] 江泽民:《论党的建设》,中央文献出版社 2001 年版。

[19] 江泽民:《论"三个代表"》,中央文献出版社 2001 年版。

[20]《江泽民论有中国特色社会主义》（专题摘编），中央文献出版
社 2002 年版。

[21] 江泽民:《全面建设小康社会，开创中国特色社会主义事业新局
面——在中国共产党第十六次全国代表大会上的报告》,人民出
版社 2002 年版。

[22]《十六大报告辅导读本》,人民出版社 2002 年版。

[23] 胡锦涛:《在"三个代表"重要思想研讨会上的讲话》,人民出
版社 2003 年版。

[24]《中共中央关于加强党的执政能力建设的决定》,人民出版社
2004 年版。

[25]《中共中央关于构建社会主义和谐社会若干重大问题的决定》,

人民出版社 2006 年版。

[26]《十七大报告辅导读本》，人民出版社 2007 年版。

[27]《中共中央关于加强和改进新形势下党的建设若干重大问题的决定》，人民出版社 2009 年版。

[28] 胡锦涛：《高举中国特色社会主义伟大旗帜　为夺取全面建设小康社会新胜利而奋斗——在中国共产党第十七次全国代表大会上的报告》，人民出版社 2007 年版。

[29]《中共中央关于深化文化体制改革、推动社会主义文化大发展大繁荣若干重大问题的决定》，人民出版社 2011 年版。

[30] 胡锦涛：《在庆祝中国共产党成立 90 周年大会上的讲话》，《求是》2011 年第 13 期。

[31] 胡锦涛：《深入贯彻落实党的十七届五中全会精神　不断开创中国特色社会主义事业新局面》，《求是》2011 年第 1 期。

[32] 胡锦涛：《坚定不移沿着中国特色社会主义道路前进　为全面建成小康社会而奋斗——在中国共产党第十八次全国代表大会上的报告》，人民出版社 2012 年版。

[33] 十八大报告文件起草组编：《十八大报告辅导读本》，人民出版社 2012 年版。

（二）学术著作

[1] 徐晨光：《执政党执政安全研究》，红旗出版社 2003 年版。

[2] 徐晨光：《执政党执政安全多维探究》，湖南师范大学出版社 2004 年版。

[3] 陈小林：《中国共产党执政安全问题研究》，江西人民出版社 2007 年版。

[4] 黄宏：《中国共产党执政规律和执政能力研究》，人民出版社

2006 年版。

[5] 虞维华、张洪根:《社会转型时期的合法性研究》,中国科学技术大学出版社 2004 年版。

[6] 王长江:《现代政党执政规律研究》,上海人民出版社 2002 年版。

[7] 俞可平:《全球化时代的"社会主义"》,中央编译出版社 1998 年版。

[8] 崔桂田:《马克思主义政党防范执政风险研究》,山东大学出版社 2012 年版。

[9] 邢文利:《执政安全研究》,光明日报出版社 2012 年版。

[10] 陈小林:《防范执政危险的 8 大对策》,中共中央党校出版社 2012 年版。

[11] 袁准:《中国共产党执政风险防范研究》,中国书籍出版社 2012 年版。

[12] 雷厚礼:《中国共产党执政学》,人民出版社 2007 年版。

[13] 陈元中、陶维兵:《中西方政党执政比较初探》,中共中央党校出版社 2007 年版。

[14] 何云峰:《中国共产党执政经验研究》,中国社会科学出版社 2010 年版。

[15] 杨松菊:《中国共产党执政环境研究》,知识产权出版社 2010 年版。

[16] 关海庭:《执政兴国之路——中国共产党执政面临的挑战》,华文出版社 2007 年版。

[17] 新华社中央新闻采访中心:《执政中国》,人民出版社 2012 年版。

[18] 顾俊礼:《欧洲政党执政经验研究》,经济管理出版社 2005 年版。

［19］郭大方：《中国共产党执政党建设研究》，军事科学出版社 2012
　　　年版。

［20］张荣臣：《选择——中国共产党执政论》，中共中央党校出版社
　　　2009 年版。

［21］王真：《中国共产党抵御执政风险研究》，人民出版社 2011
　　　年版。

（三）学术论文

［1］刘峰：《浅析新时期下我党的安全执政》，《法制与社会》2009 年
　　　第 15 期。

［2］李燕：《浅析私营企业主入党对党执政的风险预控》，《长春理工
　　　大学学报》（社会科学版）2009 年第 4 期。

［3］肖纯柏：《执政合法性的一般理论及其启示——执政党建设的全
　　　球化视角》，《中国延安干部学院学报》2009 年第 6 期。

［4］张亮东：《邓小平对巩固中国共产党执政安全的思考》，《湖北教
　　　育学院学报》2007 年第 3 期。

［5］齐卫东：《民主执政：中国共产党执政实践的时代选择》，《中共
　　　宁波市委党校学报》2009 年第 5 期。

［6］李朝阳：《农民工的政治参与与党的执政安全研究》，《天津师范
　　　大学学报》（社会科学版）2011 年第 4 期。

［7］王志峰：《毛泽东执政理论与党的执政能力建设》，《思想理论教
　　　育导刊》2005 年第 11 期。

［8］安云初、陈爱清：《网络政治参与促进执政安全的路径选择》，
　　　《湖南农业大学学报》（社会科学版）2008 年第 6 期。

［9］徐来：《论转型社会中的中国共产党执政安全》，《社会科学论
　　　坛》2009 年第 20 期。

［10］周桃明：《论中国共产党执政合法性的基础》，《深圳大学学报》（人文社会科学版）2004 年第 4 期。

［11］张帆：《论中国共产党执政的内源性风险及防范》，《广西青年干部学院学报》2011 年第 6 期。

［12］马海然：《论中国共产党的执政合法性》，《辽宁工学院学报》（社会科学版）2005 年第 4 期。

［13］黄立营：《论执政理念的战略地位与时代内涵》，《毛泽东邓小平理论研究》2004 年第 11 期。

［14］陆传照：《论执政风险与党群关系》，《探索》2007 年第 2 期。

［15］周文翠：《论政府职能转变的两个维度——应对风险社会的视角》，《中共福建省委党校学报》2012 年第 3 期。

［16］杜刚：《论新型媒体对党的执政的影响》，《湖北社会科学》2011 年第 7 期。

［17］刘先春、李睿：《论新形势下中国共产党的执政风险及对策》，《宁夏党校学报》2010 年第 3 期。

［18］李永超：《论建国后中国共产党领导人化解执政风险的经验及启示》，《传承》（学术理论版）2011 年第 5 期。

［19］黄丽萍、徐晨光：《论邓小平执政安全思想的形成及特点》，《理论探讨》2006 年第 5 期。

［20］舒艾香、梅松、李妙颜：《论邓小平的执政风险思想》，《湖北社会科学》2011 年第 7 期。

［21］邢文利：《论邓小平的执政安全思想》，《辽宁师范大学学报》（社会科学版）2008 年第 6 期。

［22］陈元中、陈曦：《论党的执政合法性建设》，《湖北省社会主义学院学报》2004 年第 2 期。

［23］黄哲明、赖宏：《论党的执政道德建设》，《北京青年政治学院学

报》2004 年第 1 期。

[24] 王进芬：《列宁维护俄共执政安全的探索和尝试》，《当代世界与社会主义》2006 年第 4 期。

[25] 刘明华、王克群：《列宁关于执政考验的思考及其启示》，《中共济南市委党校　济南市行政学院　济南市社会主义学院学报》2003 年第 1 期。

[26] 邢文利：《列宁防范执政风险思想探析》，《理论视野》2012 年第 9 期。

[27] 刘明：《列宁的党群观及其现实启示》，《中共山西省委党校学报》2012 年第 5 期。

[28] 李晖：《优良的党风是凝聚党心民心的巨大力量》，《湖南师范大学社会科学学报》2009 年第 3 期。

[29] 王锋、张军凯：《利益整合中的执政风险》，《北京航空航天大学学报》（社会科学版）2012 年第 5 期。

[30] 江云岷：《科学发展观与党的执政安全》，《云南民族大学学报》（哲学社会科学版）2007 年第 5 期。

[31] 王真：《开创伟业奠磐石——建国初期中国共产党对执政风险的成功化解》，《长白学刊》2008 年第 3 期。

[32] 赵忠源、陈长明：《人才安全与党的执政安全》，《湘潭大学学报》（哲学社会科学版）2006 年第 4 期。

[33] 易清：《"三个代表"是党的执政权威的生动体现》，《广西社会科学》2004 年第 7 期。

[34] 杨柳：《社会阶层固化：应积极应对的严峻挑战》，《理论探索》2012 年第 5 期。

[35] 李祖平：《社会转型期中国共产党执政安全论析》，《学术论坛》2005 年第 8 期。

[36] 杨新红:《社会转型中的执政风险及防范路径》,《云南社会科学》2012 年第 6 期。

[37] 刘明:《互联网时代中国共产党的政治生态环境建设》,《长白学刊》2010 年第 1 期。

[38] 吴阳松:《新时期党群关系视野下的执政风险论析》,《党政干部论坛》2010 年第 11 期。

[39] 秦琳:《试论党内民主的功能》,《中共银川市委党校学报》2006 年第 1 期。

[40] 雷青松:《试论国外执政党意识形态中间化的特点及启示》,《党政干部学刊》2007 年第 1 期。

[41] 苟欣文、李国军:《试论应对突发事件与提高执政能力》,《探索》2003 年第 4 期。

[42] 李键:《试论执政创新风险的原因及其防范》,《广西社会科学》2005 年第 12 期。

[43] 王君君:《试析马克思主义关于无产阶级政党防范执政风险的理由》,《职业时空》2008 年第 8 期。

[44] 何喆:《试析脱离群众是马克思主义执政党的最大危险》,《平顶山工学院学报》2004 年第 2 期。

[45] 甘信奎:《苏东剧变对发展党内民主中风险规避的启示》,《理论导刊》2010 年第 2 期。

[46] 陶永华:《苏共消除执政安全隐患的失败及其启示》,《安徽教育学院学报》2005 年第 5 期。

[47] 李永超:《提高抵御风险能力的主要途径》,《理论前沿》2004 年第 19 期。

[48] 张孝延、赵宬斐:《网络集群效应下的执政风险及其规避》,《宁夏大学学报》(人文社会科学版) 2012 年第 4 期。

[49] 安云初：《刍论网络政治参与对执政安全的负面影响》，《广东行政学院学报》2007 年第 4 期。

[50] 徐新彦：《我党依法执政的深层动因探析》，《理论探索》2007 年第 6 期。

[51] 王芝华：《科学把握宗教的"三性"，维护党的执政安全》，《湖南师范大学社会科学学报》2011 年第 5 期。

[52] 周术国：《风险社会语境下党的执政安全问题研究》，《湖北社会科学》2011 年第 5 期。

[53] 李朝阳、孙月冲：《农民工向工人阶级转化与党的执政安全论析》，《理论探讨》2012 年第 1 期。

[54] 莫凡：《小康社会视域下党的执政基础建设研究——以执政风险问题为例》，《桂海论丛》2012 年第 6 期。

[55] 孙忠辉：《新的历史起点上防范执政风险的思考》，《中共云南省委党校学报》2011 年第 3 期。

[56] 王真：《新时期陈云对抵御执政风险问题的战略思考及其当代价值》，《中国延安干部学院学报》2012 年第 5 期。

[57] 吴阳松：《新时期党群关系视野下的执政风险论析》，《党政干部论坛》2010 年第 11 期。

[58] 雷青松：《新时期党执政的民心资源建设探讨》，《党政干部论坛》2013 年第 3 期。

[59] 曹英：《新时期反腐败工作的特点论析与建言》，《武汉交通职业学院学报》2011 年第 4 期。

[60] 杨伟宏：《新时期中国共产党增强抵御风险能力的对策》，《探索与争鸣》2006 年第 7 期。

[61] 谢嘉梁、郑博旺：《新时期中国共产党执政风险若干问题研究述要》，《十堰职业技术学院学报》2009 年第 3 期。

［62］刑文利：《新中国成立初期党应对各种风险和考验的历史经验》，《大连海事大学学报》（社会科学版）2012 年第 6 期。

［63］叶青：《新中国建立初期中共反腐倡廉思想与实践的启示》，《中共福建省委党校学报》2012 年第 7 期。

［64］豆庆升：《延安时期党应对执政风险的基本经验探析》，《延安大学学报》（社会科学版）2012 年第 5 期。

［65］尹德慈：《一些政党长期执政防范风险的经验》，《当代世界》2004 年第 1 期。

［66］朱彩萍：《以党的十八大精神为指导促进党群关系和谐论析》，《中共贵州省委党校学报》2012 年第 6 期。

［67］马兵：《以人为本执政理念形成的时代背景探析》，《重庆三峡学院学报》2008 年第 6 期。

［68］谢新力：《影响执政合法性的六大因素》，《求实》2003 年第 11 期。

［69］张维功：《基于群体性事件视野下的执政安全研究》，《党史博采》（理论版）2010 年第 7 期。

［70］鞠健：《改革开放初期陈云防范与化解执政风险的理论与实践》，《世纪桥》2010 年第 21 期。

［71］李永超：《在抵御风险中提高执政能力》，《社会主义论坛》2005 年第 10 期。

［72］丁俊萍、甘信奎：《执政安全与党内民主建设中的风险防范》，《理论学刊》2009 年第 6 期。

［73］李雨飞：《外国一些执政党以改革谋求执政安全的经验教训》，《当代世界》2007 年第 9 期。

［74］刑文利：《政党执政安全问题探析》，《理论探索》2006 年第 6 期。

［75］ 王芝华、曾长秋：《从执政安全的视角审视党的先进性建设》，《湖南师范大学社会科学学报》2008 年第 6 期。

［76］ 王真：《要从执政安全高度重视增强党的阶级基础》，《上海党史与党建》2005 年第 8 期。

［77］ 相清平：《回顾与评析：执政安全研究》，《中共桂林市委党校学报》2009 年第 1 期。

［78］ 贺萍：《执政安全与意识形态领域反分裂斗争》，《新疆社科论坛》2006 年第 3 期。

［79］ 徐晨光：《执政安全：执政党建设研究新领域》，《湖湘论坛》2005 年第 2 期。

［80］ 李晖：《执政党群众基础概念探析》，《湖湘论坛》2007 年第 5 期。

［81］ 袁准、肖飞：《中国共产党防御执政风险、确保执政安全的基本经验》，《湖湘论坛》2006 年第 2 期。

［82］ 陆传照：《执政风险和党群关系》，《求实》2007 年第 4 期。

［83］ 陆传照：《执政风险与民主执政》，《理论导刊》2006 年第 7 期。

［84］ 陈忠理：《执政风险的合法性资源开发研究》，《辽宁行政学院学报》2008 年第 10 期。

［85］ 肖纯柏：《执政合法性的一般理论及其启示》，《理论探讨》2010 年第 1 期。

［86］ 董瑛：《执政忧思："风险"的研判与应对》，《甘肃社会科学》2011 年第 5 期。

［87］ 车辚：《中国共产党的执政生态与执政安全》，《中共四川省委党校学报》2006 年第 4 期。

［88］ 王真：《中国共产党抵御执政风险的历史考察与基本经验》，《中国延安干部学院学报》2012 年第 3 期。

［89］舒艾香、曹庆伟：《中国共产党防范和抵御风险的基本经验》，《湖北社会科学》2007 年第 1 期。

［90］苏世隆：《中国共产党防范和化解执政党风险的基本经验与启示》，《云南行政学院学报》2007 年第 6 期。

［91］解桂海：《中国共产党防范和应对执政风险的基本经验》，《经济与社会发展》2012 年第 8 期。

［92］龚晨：《中国共产党防范执政风险能力的历史考察与启示》，《中共太原市委党校学报》2007 年第 5 期。

［93］李荣武：《中国共产党防范执政风险研究》，《求实》2001 年第 4 期。

［94］刘永志：《中国共产党新一代领导集体在应对重大突发事件上的执政形象创新》，《理论月刊》2009 年第 9 期。

［95］张素云：《中国共产党应对各种风险考验的经验与启示》，《辽宁大学学报》2009 年第 6 期。

［96］范茹平：《毛泽东执政时期中国共产党政治安全问题及初步解决》，《北京电力高等专科学校学报》（社会科学版）2011 年第 6 期。

［97］车辚：《中国共产党执政安全度的评估》，《中共四川省委党校学报》2003 年第 1 期。

［98］陈炳源：《中国共产党执政历史上拒腐防变抵御风险的成功典范——在三次重大历史关头邓小平的"警示之言"及启示》，《中共福建省委党校学报》2005 年第 4 期。

［99］周术国：《中国共产党执政六十年来防范执政风险的基本经验》，《甘肃理论学刊》2010 年第 6 期。

［100］王行靳：《转型期的执政风险与执政资源开发研究》，《宜春学院学报》2008 年第 5 期。

[101] 赵晓蕾：《转型期消极腐败的概念、成因、危害及对策的探析》，《武汉理工大学学报》（社会科学版）2012 年第 4 期。

[102] 车辚：《构建边疆民族地区维护党的执政安全的长效机制》，《云南社会主义学院学报》2010 年第 3 期。

[103] 曹骏：《经济全球化与中国共产党执政安全》，《广西社会科学》2005 年第 12 期。

[104] 陈翠英：《经济全球化下如何维护党的执政安全》，《科教文汇》2012 年第 9 期。

[105] 应小丽：《经济全球化进程中执政风险的防范》，《浙江师范大学学报》2002 年第 2 期。

[106] 陈小林：《江泽民防范执政风险思想研究》，《南昌大学学报》（人文社会科学版）2006 年第 4 期。

[107] 雷青松：《加强新时期党的执政民心资源建设的思考》，《桂海论丛》2013 年第 1 期。

[108] 李子彪、蒋斌、王经伦、刘小敏、温宪元、陈金龙、廖胜华：《加强党的执政能力建设的新路径》，《广东社会科学》2005 年第 4 期。

[109] 王芝华、曾长秋：《加强党的先进性建设与维护党的执政安全》，《社会科学家》2008 年第 5 期。

[110] 李晖：《基于国际金融危机下对党的执政安全再认识》，《湖南社会科学》2009 年第 4 期。

[111] 张维功：《基于群体性事件视野下的执政安全研究》，《党史博采》（理论版）2010 年第 7 期。

[112] 钱河清：《基于群体突发事件看执政行政风险》，《产业与科技论坛》2011 年第 13 期。

[113] 潘怀平：《化解社会矛盾的能动性策略与机制》，《党政论坛》2011 年第 9 期。

[114] 许思义、包仕国：《和谐社会视野下执政风险化解》，《学理论》2010 年第 1 期。

[115] 罗帆：《夯实新世纪中国共产党执政的合法性基础——"三个代表"重要思想的一种解读》，《中共四川省委省级机关党校学报》2003 年第 3 期。

[116] 舒艾香：《国外执政党防范和应对执政风险的主要经验教训》，《江汉论坛》2006 年第 2 期。

[117] 谢嘉梁、郑博旺：《新时期中国共产党执政风险若干问题研究述要》，《十堰职业技术学院学报》2009 年第 3 期。

[118] 刘起军：《中国共产党执政的国际环境与执政安全》，《湖南师范大学社会科学学报》2004 年第 3 期。

[119] 张浩：《改革开放以来中国共产党抵御执政风险的回顾与思考》，《中共福建省委党校学报》2012 年第 7 期。

[120] 莫岳云：《"官本位"文化积习与共产党的执政风险》，《湖湘论坛》2009 年第 4 期。

[121] 马振华：《关于防范党内执政风险问题的思考》，《学习论坛》2007 年第 2 期。

[122] 陈仁涛：《"关键是我们共产党内部要搞好"——邓小平防范执政风险思想述略》，《理论探讨》2008 年第 2 期。

[123] 车辚：《中国共产党执政安全的成本——收益分析》，《中共云南省委党校学报》2006 年第 1 期。

[124] 陈湘清：《巩固新世纪党的执政安全》，《贵阳市委党校学报》2003 年第 6 期。

[125] 陈元元：《新生代农民向工人阶级转化对党的执政安全的影

响》，《中共桂林市委党校学报》2012 年第 4 期。

[126] 汪杰：《改革开放以来中国共产党应对重大突发事件与提高执政能力的互动》，《理论探讨》2012 年第 6 期。

[127] 吴阳松、刘先春：《改革开放以来中国共产党对执政风险问题的认识及其启示》，《黑龙江社会科学》2011 年第 3 期。

[128] 张浩：《改革开放以来中国共产党抵御执政风险的回顾与思考》，《中共福建省委党校学报》2012 年第 7 期。

[129] 杨仲林：《风险与防范：中国共产党执政考验透视》，《中共浙江省委党校学报》2012 年第 3 期。

[130] 张首先：《风险社会与和谐社会：执政党权威的生成逻辑及运行场域》，《中共福建省委党校学报》2010 年第 3 期。

[131] 车辚：《以科学发展观构建党的执政安全的长效机制》，《楚雄师范学院学报》2006 年第 11 期。

[132] 胡祖凤：《对中国共产党执政理念科学化若干问题的思考》，《党史文苑》（学术版）2013 年第 1 期。

[133] 邵海军：《抵御执政风险——以"共建共享"为核心保障》，《天水行政学院学报》2012 年第 2 期。

[134] 曾庆美：《邓小平关于社会主义执政党建设的理论创新》，《湖南社会科学》2005 年第 2 期。

[135] 张亮东：《邓小平对巩固中国共产党执政安全的思考》，《湖北教育学院学报》2007 年第 3 期。

[136] 贺全胜：《邓小平党的执政安全思想探微》，《湖南行政学院学报》2007 年第 5 期。

[137] 杜瀚、朱宪臣：《保持共产党员先进性是党执政安全的重要条件》，《新疆社科论坛》2006 年第 2 期。

[138] 徐晨光：《党的建设与执政安全》，《湖湘论坛》2010 年第

6 期。

[139] 李怀录:《当前我国的贫富差距与党的执政安全》,《学习论坛》2006 年第 11 期。

[140] 陈平其:《当前党执政面临的文化风险及其防范对策》,《湖湘论坛》2008 年第 4 期。

[141] 黄和航:《从中国共产党执政安全看"三个代表"的重要性》,《探索》2003 年第 4 期。

[142] 陆传照:《从执政风险视角看社会主义核心价值体系建设》,《中共云南省委党校学报》2007 年第 5 期。

[143] 王芝华、曾长秋、邓志强:《从执政安全的视角审视党内民主建设》,《湖南师范大学社会科学学报》2010 年第 2 期。

[144] 赵淑梅:《从一重"考验"到四重"考验"——中共执政忧患意识衍化考察》,《学术论坛》2012 年第 12 期。

[145] 陆传照:《从社会阶层分化视角看执政风险及其防范》,《理论导刊》2010 年第 3 期。

[146] 李绍华、张首先:《从清朝的覆亡看执政风险的化解》,《湖湘论坛》2011 年第 6 期。

[147] 丁瀚:《中国共产党执政安全面临的国际挑战及对策》,《齐齐哈尔大学学报》(哲学社会科学版)2008 年第 2 期。

[148] 车辚:《中国共产党对执政安全问题探索的历史演进》,《云南民族大学学报》(哲学社会科学版)2006 年第 2 期。

[149] 顾杰:《必须强化共产党执政的坚定意识和风险意识》,《理论月刊》2001 年第 7 期。

[150] 曹大:《21 世纪初中共执政风险综析》,《南方论刊》2006 年第 2 期。

[151] 王真:《20 世纪 90 年代前后中国共产党抵御执政风险的历史经

验》，《当代中国史研究》2007 年第 1 期。

[152] 刘朋：《应然与必然：由党领导地位的确立看执政安全——纪念中国共产党执政 60 周年》，《大连干部学刊》2009 年第 10 期。

[153] 谢嘉梁、黄岩：《中国共产党执政理论前沿热点问题研究的新进展——谨以此文纪念中国共产党诞辰 90 周年》，《濮阳职业技术学院学报》2011 年第 5 期。

（四）学位论文

[1] 王歆：《新时期党的执政方式的历史考察》，博士学位论文，南开大学，2009 年。

[2] 伍鸿亮：《中国共产党"以人为本"的执政理念初探》，博士学位论文，湖南师范大学，2007 年。

[3] 何芹：《中国共产党科学执政研究》，博士学位论文，中共中央党校，2006 年。

[4] 陈蔚：《中国共产党民主执政：理念、体制和运行机制研究》，博士学位论文，南京师范大学，2008 年。

[5] 杨坤洋：《中国共产党执政安全问题研究》，博士学位论文，中共中央党校，2011 年。

[6] 张建德：《中国共产党执政方略研究》，博士学位论文，山东大学，2003 年。

[7] 杨绍华：《中国共产党执政方式研究》，博士学位论文，首都师范大学，2008 年。

[8] 梅松伟：《中国共产党执政规律研究》，博士学位论文，吉林大学，2010 年。

[9] 郝首栋：《中国共产党执政基础研究》，博士学位论文，中共中央

党校，2001 年。

[10] 汪涛：《中国共产党执政理念研究》，博士学位论文，湖南师范大学，2011 年。

[11] 贾小明：《共产党执政合法性研究》，博士学位论文，中共中央党校，2003 年。

[12] 刘起军：《江泽民执政安全思想研究》，博士学位论文，湖南师范大学，2006 年。

[13] 邓朴：《马克思主义政党执政理念研究》，博士学位论文，电子科技大学，2011 年。

[14] 付铎：《社会转型期中国共产党执政安全研究》，博士学位论文，中国科学技术大学，2009 年。

（五）国外学术著作

[1]［美］詹姆斯·R. 汤森、布兰特利·沃马克：《中国政治》，顾速、董方译，江苏人民出版社 2010 年版。

[2]［美］塞缪尔·亨廷顿：《第三波：20 世纪后期民主化浪潮》，上海三联书店 1998 年版。

[3]［美］塞缪尔·亨廷顿：《变化社会中的政治秩序》，生活·读书·新知三联书店 1996 年版。

[4]［美］塞缪尔·亨廷顿：《文明的冲突与世界秩序的重建》，新华出版社 2002 年版。

[5]［英］麦迪森：《中国经济的长期表现，公元 960—2030 年》，上海人民出版社 2008 年版。

[6]［美］兹比格涅夫·布热津斯基：《大失控与大混乱》，中国社会科学出版社 1994 年版。

[7]［美］阿尔蒙德：《比较政治分析》，上海译文出版社 1987 年版。

［8］［美］利普塞特：《政治人：政治的社会基础》，商务印书馆1993年版。

［9］［美］曼库尔·奥尔森：《国家兴衰探源》，商务印书馆1993年版。

［10］［英］约翰·汤姆林森：《全球化与文化》，郭英剑译，南京大学出版社2002年版。

［11］［德］哈贝马斯：《合法化危机》，上海人民出版社2000年版。

［12］［澳］欧文·E.休斯：《公共管理导论》，中国人民大学出版社2001年版。

［13］［美］沈大伟：《中国共产党：收缩与调适》，吕增奎、王新颖译，中央编译出版社2012年版。

后　记

在整整工作 10 年之后，怀着对梦想的追逐，带着对学术的向往，2010年 9 月，我又重返学习的课堂。品味着四年博士研究生学习过程艰辛的滋味，2014 年 6 月顺利毕业并获法学博士学位。本书是在笔者的博士学位论文的基础之上修改而成。在本书即将付梓之际，心中的感激感谢感恩之情油然而生。

感谢我的导师张艳国教授，他治学严谨，学术造诣深厚，对学生要求既严格又宽容，处处体现了对青年学子的鼓励之情和关爱之心。在我的博士学位论文的选题、开题和撰写过程中，始终是精心指导，诲人不倦，激发学术创新思维，碰撞学术观点和思想，每一次的探讨都让我受益匪浅。论文的完成倾注了导师大量的心血和汗水，更折射出导师对学生的关心和关爱。

感谢导师组的祝黄河教授、汪荣有教授、曾建平教授、周利生教授、王员教授、万振凡教授、吴仁平教授、冯霞教授、吴瑾菁教授，他们在我的博士学位论文开题、预答辩和答辩等环节中，给予我无私的指导和帮助，直言论文的优点和不足，让我在论文结构调整、内容修改和材料选择上有了方向和目标。我的博士学位论文正是在各位老师的关心和指导下逐渐完善，不断丰满。同时，也要感谢在百忙之中抽出时间评阅论文的各位专家以及出席答辩会悉心指导的张雷声教授、钟瑞添教授和王永贵教授等知名专家学者，他们对我的博士学位论文提出了许多宝贵的意见和建议。

感谢同班同学伍复康、李正兴、汪春翔、邱向军、邓文平、游春、冯琳对我学习和工作上的帮助和支持。从年龄和经历上看，他们有的是长于自己的领导、老师和长辈，有的是小于自己的学弟和朋友，不管年龄、职业和地位的差异，我们一起学习、共同探讨，度过了痛苦并快乐的博士研究生学习生涯，这份同学之情永生难忘，本书的形成也凝结了同学们的点拨和智慧。

感谢我的父母、岳父岳母，他们虽然年事已高，但仍承担了大量的家务，不辞辛苦，不知劳累，毫无怨言，为我的博士研究生学习阶段创造了良好的生活和家庭环境，免去了我的后顾之忧；感谢我的爱人陈蓓蓓女士，她不但主动承担了照顾和培养女儿的重任，而且在学习上为我加油鼓劲；感谢我的女儿肖羽孜，她优异的学习成绩、可爱的笑容激励着我勇敢前行。

本书能够顺利出版得益于江西师范大学博士文库专项基金资助，得益于中国社会科学出版社的大力支持，责任编辑郭晓鸿为本书的出版付出了辛勤的劳动，席建海编辑的热情和敬业令我敬佩和感动，在此一并表示衷心感谢！

"书山有路勤为径，学海无涯苦作舟"，在学术研究的道路上，我要秉承一份坚持，带着一把韧劲，去开启学术创作的广阔天地，唯有如此，才能回报那些关心爱护我的恩师、亲人和朋友。

肖子良

2016 年 8 月